VERSUS

# CORPORATE GOVERNANCE & MANAGEMENT COMPENSATION

## WERTSTEIGERUNG DURCH LÖSUNG DES MANAGER-INVESTOREN-KONFLIKTS

Reto Suter

*Versus · Zürich*

Die Wirtschaftswissenschaftliche Fakultät der Universität Zürich hat diese Arbeit als Dissertation angenommen und zur Drucklegung freigegeben, ohne damit zu den darin ausgesprochenen Anschauungen Stellung zu nehmen.

Zürich, den 1. Dezember 1999

Der Dekan: Prof. Dr. P. Stucki

Referent: Prof. Dr. R. Volkart



Die Deutsche Bibliothek – CIP-Einheitsaufnahme
**Suter, Reto:**
Corporate governance & management compensation :
Wertsteigerung durch Lösung des Manager-Investoren-Konflikts /
Reto Suter. – Zürich : Versus, 2000
Zugl.: Zürich, Univ., Diss., 1999
ISBN 3-908143-74-8



Informationen zu Büchern aus dem Versus Verlag finden Sie unter
http://www.versus.ch

*Umschlagbild:* Brigitte Fries · Gockhausen
*Layout und Herstellung:* Versus Verlag · Zürich
*Druck:* Comunecazione · Bra
Printed in Italy

ISBN 3 908143 74 8

# *Vorwort*

Moderne Marktwirtschaften sind durch Spezialisierung geprägt. Investoren als Eigentümer von Unternehmen delegieren – mangels Zeit oder Know-how – die Führung ihrer Unternehmung an einen Verwaltungsrat, welcher das operative Geschäft wiederum dem Management überlässt. Diese spezielle Konstellation ist von Interessenkonflikten zwischen den beteiligten Parteien sowie von einer nicht überall perfekten Informationslage geprägt und kann in letzter Konsequenz dazu führen, dass Unternehmen nicht im Sinne ihrer Eigentümer, sondern vielmehr im Sinne der Manager geführt werden.

Die Erfahrung lehrt, dass Marktmechanismen allein nicht in der Lage sind, die erwähnten, wertbeinträchtigenden Konflikte zu lösen. Vielmehr ist es zusätzlich nötig, das Management mit den richtigen Anreizen auszustatten. Es ist das Ziel dieser Arbeit, die Position des Managements zu analysieren, um darauf aufbauend Lösungsvorschläge für die Entschärfung des Investoren-Management-Konfliktes zu präsentieren.

Entstanden ist diese Arbeit im Rahmen meiner Tätigkeit als Assistent am Institut für schweizerisches Bankwesen der Universität Zürich. Bedanken möchte ich mich zuerst und besonders herzlich bei meinem akademischen Lehrer und Vorgesetzten, *Prof. Dr. Rudolf Volkart,* der mit seinen vielfältigen Anregungen und Erfahrungen diese Arbeit wesentlich mitgestaltet hat. Der offene und unkomplizierte Dialog mit ihm, auf akademischer wie auch auf persönlicher Ebene, war für die Entstehung dieser Dissertation von höchstem

Wert. Die gemeinsam bearbeiteten Projekte und Vorhaben haben ohne Zweifel ihre Spuren in dieser Arbeit hinterlassen.

Beim gesamten Team des Instituts für schweizerisches Bankwesen der Universität Zürich bedanke ich mich für die intensive und fruchtbare Zusammenarbeit. In der einen oder anderen Art unterstützt haben diese Dissertation Patrick Diggelmann, Heike Hecker, Peter Labhart, Peter Lautenschlager, Christine Marseille, Evelyne Meier, Jean-Marc Piaz und Reto Rauschenberger. Ich danke ihnen für ihre Hilfe herzlich.

Meinen Freunden, dabei ganz besonders meiner Freundin Christine Pfannes, danke ich für die Unterstützung, die zahlreichen aufmunternden Worte und das grosse Verständnis, das sie dieser Arbeit entgegengebracht haben.

Ein besonderer Dank gilt meinen lieben Eltern, Margrit und Karl Suter, denen diese Arbeit gewidmet ist. Sie haben mich auf meinem Weg stets vorbehaltlos unterstützt und mir eine Ausbildung nach Wunsch ermöglicht.

Minusio, Casa Ronchitt, im August 1999 Reto Suter

# *Inhaltsverzeichnis*

## Teil I Grundlagen

Kapitel 1: Einleitung . . . . . 21
1.1 Darstellung der Thematik . . . . . 21
1.2 Problemstellung und Herausforderung . . . . . 23
1.3 Zielsetzungen . . . . . 24
1.4 Aufbau und Vorgehen . . . . . 25
1.5 Die Anreize des Managements . . . . . 27
1.5.1 Anreize durch Pay-for-Performance-Systeme . . . . . 27
1.5.2 Anreiz durch eine mögliche Beförderung . . . . . 28
1.5.3 Berurteilung und Abgrenzung . . . . . 30
1.6 Fundierung der Arbeit . . . . . 32
1.6.1 Verwendete Literatur . . . . . 32
1.6.2 Gespräche . . . . . 34
1.6.3 Projektbeziehungen . . . . . 34

Kapitel 2: Theoretische Grundlagen . . . . . 35
2.1 Einleitung . . . . . 35
2.2 Die Theorie der Unternehmung . . . . . 36
2.2.1 Entwicklung der Theorie der Unternehmung . . . . . 36
2.2.2 Die Trennung zwischen Eigentum und Kontrolle . . . . . 38
2.2.3 Zur Situation in Kontinentaleuropa . . . . . 39

2.3 Die Prinzipal-Agenten-Beziehung ... 43
2.3.1 Informationsökonomie und Prinzipal-Agenten-Theorie ... 43
2.3.2 Positive vs. normative Ausrichtung ... 47
2.3.3 Arten und Kosten von Prinzipal-Agenten-Beziehungen ... 47
2.4 Transaktionskostentheoretische Ansätze ... 50
2.4.1 Transaktionskostentheorie ... 50
2.4.2 Der Ansatz von Alchian/Demsetz ... 51
2.4.3 Die Theorie der inkompletten Kontrakte ... 52
2.5 Fazit ... 53

Kapitel 3: Die Position des Managements ... 55
3.1 Einleitung ... 55
3.2 Das zugrundegelegte Menschenbild ... 56
3.2.1 Das ökonomische Modell ... 56
3.2.2 Das soziologische Modell ... 57
3.2.3 Das psychologische Modell ... 57
3.2.4 Das politische Modell ... 58
3.2.5 Das Resourceful, Evaluative, Maximizing Model ... 58
3.2.6 Das Menschenbild in der Transaktionskostentheorie ... 59
3.3 Managerial Welfare Maximization ... 62
3.3.1 Maximale Entlöhnung ... 63
3.3.2 Maximale Handlungsfreiheit ... 64
3.3.3 Minimales persönliches Risiko ... 64
3.4 Auswirkungen ... 65
3.4.1 Investitionspolitik ... 66
3.4.1.1 Management Myopia ... 66
3.4.1.2 Managerial Reputation ... 68
3.4.1.3 Die Abhängigkeit des Entlöhnungsschemas vom Investment Opportunity Set ... 71
3.4.2 Diversifikationspolitik ... 73
3.4.3 Kapitalstrukturpolitik ... 74
3.4.4 Dividendenpolitik ... 78
3.4.5 Risikopolitik ... 80
3.4.6 Informationspolitik ... 81
3.5 Fazit ... 83

## Teil II Möglichkeiten der Konfliktbewältigung

Kapitel 4: Management Compensation ... 87
4.1 Einleitung ... 87
4.2 Einordnung und Möglichkeiten der Ausgestaltung ... 88
4.2.1 Einordnung ... 88
4.2.2 Kernfragen der Ausgestaltung ... 89
4.2.3 Sensitivität der variablen Entlöhnung ... 89
4.3 Funktionsweise der Management Compensation ... 92
4.3.1 Modellierung ... 92
4.3.2 Risikobeteiligung des Managers ... 94
4.3.3 Festlegung des Ausübungspreises und Repricing ... 98
4.3.4 Absolute vs. relative Bemessungsgrössen ... 101
4.3.5 Empirisches Beispiel zur relativen Entlöhnung ... 104
4.4 Rolle und Stellenwert des regulatorischen Umfeldes ... 108
4.4.1 Einleitende Bemerkungen ... 108
4.4.2 Steuern ... 109
4.4.3 Rechnungslegungsvorschriften ... 110
4.5 Fazit ... 113

Kapitel 5: Corporate Governance ... 115
5.1 Einleitung ... 115
5.2 Corporate Governance ... 116
5.2.1 Definition ... 116
5.2.2 Der Ansatz von Jensen ... 117
5.2.3 Der Ansatz von Hart ... 118
5.2.4 Corporate Governance im internationalen Vergleich ... 119
5.3 Zur Funktionsweise der Corporate Governance-Mechanismen ... 123
5.3.1 Kapitalmärkte und der Markt für Corporate Control ... 123
5.3.1.1 Überwachung durch den Aktionär ... 123
5.3.1.2 Überwachung durch institutionelle Investoren ... 124
5.3.1.3 Markt für Corporate Control-Transaktionen ... 126
5.3.1.4 Fremdkapital ... 128
5.3.2 Interne Kontrollsysteme (Verwaltungsrat) ... 129
5.3.3 Produkt-, Arbeits- und Faktormärkte ... 131
5.3.4 Politisches und regulatorisches System ... 132
5.3.5 Transparenz und Berichterstattung ... 133

5.4 «Best Practices» im Bereich Corporate Governance ............ 134
5.4.1 Investoren ........................................ 135
5.4.2 Supranationale Organisationen ........................ 137
5.4.2.1 OECD .................................. 138
5.4.2.2 Weltbank ................................ 138
5.4.3 Börsen ............................................ 139
5.4.4 Gesellschaften ..................................... 141
5.5 Fazit ................................................ 141

## Teil III Der Manager-Investoren-Konflikt im Rahmen der wertorientierten Unternehmensführung

Kapitel 6: Erfassung der unternehmerischen Wertgenerierung ....... 145
6.1 Einleitung ............................................ 145
6.2 Der Wert im Zentrum der Unternehmensführung .............. 146
6.2.1 Der Unternehmenswert als Zielgrösse ................. 146
6.2.2 Wertorientierte Unternehmensführung ................. 149
6.2.3 Der Marktwert als objektiver Massstab? ............... 151
6.3 Verfahren der Performance-Messung ...................... 153
6.3.1 Discounted Cash-flow-Methode (DCF) ................ 154
6.3.2 Residual Income-Ansätze (EVA, EP, SVA) ............. 156
6.3.2.1 Übergewinnverfahren und Residual Income Approach .................. 156
6.3.2.2 Economic Value Added (EVA) ................ 158
6.3.3 Shareholder Value Added (SVA) ..................... 158
6.3.4 Zusammenfassende Beurteilung ...................... 160
6.4 Überlegungen zur Wertzumessung im Konzern ............... 164
6.4.1 Bestimmung von Risiko und Kapitalkosten ............. 164
6.4.1.1 Qualitativer Ansatz ......................... 165
6.4.1.2 Analogie-Ansatz .......................... 166
6.4.1.3 Analytischer Ansatz ........................ 167
6.4.1.4 Beurteilung ............................... 168
6.4.2 Bestimmung einer Zielkapitalstruktur ................. 168
6.4.3 Allokation des Invested Capitals ..................... 169
6.5 Fazit ................................................ 170

Kapitel 7: Konzept zur Lösung des Manager-Investoren-Konflikts .... 171
7.1 Einleitung .... 171
7.2 Handlungsempfehlungen zur Management Compensation .... 172
7.2.1 Grundsätzliches .... 172
7.2.2 Kreis der Berechtigten .... 172
7.2.3 Bemessungsgrundlage .... 175
7.2.4 Benchmark .... 177
7.2.5 Höhe des variablen Anteils .... 182
7.3 Handlungsempfehlungen zur Corporate Governance .... 183
7.3.1 Grundsätzliches .... 183
7.3.2 Verbesserung der internen Überwachung .... 184
7.3.3 Verbesserung der Marktmechanismen .... 187
7.4 Hinweise zur Implementierung .... 189
7.4.1 Grundsätzliches .... 189
7.4.2 Beurteilung der Lage .... 190
7.4.3 Die Phase der Überzeugung .... 192
7.4.4 Die Phase der Einführung .... 192
7.4.5 Die Phase der Festigung .... 193

Kapitel 8: Zusammenfassung, Schlussfolgerungen und Ausblick .... 195
8.1 Zusammenfassung .... 195
8.2 Schlussfolgerungen .... 201
8.2.1 Schlüsselfaktoren wertorientierter Entlöhnung .... 201
8.2.2 Risikoaversion des Managements .... 202
8.2.3 Transparenz .... 203
8.3 Ausblick .... 203
8.3.1 Zur aktuellen Situation in der Schweiz .... 203
8.3.2 Chancen in der Gestaltung der wertorientierten Entlöhnung 205
8.3.3 Chancen weiterer Forschungstätigkeit .... 206

Literaturverzeichnis .... 207

Stichwortverzeichnis .... 227

Autorenverzeichnis .... 233

Lebenslauf .... 237

# *Abbildungsverzeichnis*


Abb. 1/1 Anspruchsgruppen .... 22
Abb. 1/2 Elemente der Konfliktlösung .... 24
Abb. 1/3 Aufbau der Arbeit .... 26
Abb. 1/4 Output und Hierarchie .... 30
Abb. 1/5 Teilaufgaben eines Anreizsystems .... 31
Abb. 2/1 Theorie der Unternehmung .... 37
Abb. 2/2 Die Trennung zwischen Eigentum und Kontrolle .... 40
Abb. 2/3 Konsequenzen aus der Trennung zwischen Eigentum und Kontrolle .... 42
Abb. 2/4 Arten der Verhaltensrisiken .... 43
Abb. 2/5 Adverse Selektion .... 44
Abb. 2/6 Arten von Prinzipal-Agenten-Beziehungen .... 48
Abb. 2/7 Managerial Agency und Equity Agency .... 49
Abb. 2/8 Agency Kosten .... 49
Abb. 2/9 Prinzipal-Agenten-Theorie vs. Transaktionskostentheorie .. 54
Abb. 3/1 Klassische Erklärungsansätze menschlichen Verhaltens .... 56
Abb. 3/2 Shareholder Value vs. Managerial Welfare .... 62
Abb. 3/3 Komponenten der Managerial Welfare Maximization .... 63
Abb. 3/4 Anreizgestaltung und Risikogehalt von Investitionsprojekten 71
Abb. 3/5 Managerial Welfare Maximization und Investitionspolitik .. 72
Abb. 3/6 Managerial Welfare Maximization und Diversifikation .... 74

Abb. 3/7 Managerial Welfare Maximization und Kapitalstrukturpolitik 76
Abb. 3/8 Managementmotive und Kapitalstrukturpolitik ........... 77
Abb. 3/9 Managerial Welfare Maximization und Dividendenpolitik .. 79
Abb. 3/10 Managerial Welfare Maximization und Risikopolitik ...... 81
Abb. 3/11 Managerial Welfare Maximization und Informationspolitik . 82
Abb. 4/1 Einordnung der Management Compensation ............. 88
Abb. 4/2 Sensitivitäten von unterschiedlichen Entlöhnungsinstrumenten ............................. 90
Abb. 4/3 Managerleistung und Volatilität ........................ 95
Abb. 4/4 Managerleistung und Ausübungspreis .................. 99
Abb. 4/5 Indexierte vs. normale Call-Option am Beispiel EMS-Chemie ................................. 105
Abb. 4/6 Annualisierte Standardabweichungen der Preisänderungen 106
Abb. 4/7 Zusammenhang Korrelationskoeffizient und Volatilitätsdifferenz ............................ 107
Abb. 4/8 Einführung von Stock Option Plans und steuerliche Behandlung .......................... 109
Abb. 5/1 Four Control Forces Operating on the Corporation ....... 118
Abb. 5/2 Prämie für Aktien mit Stimmrechten .................. 121
Abb. 5/3 Bedeutung der Corporate Governance ................ 123
Abb. 5/4 Beteiligungen und Gewichte von CalPERS (per 30.6.1998) 125
Abb. 5/5 Institutionelle Investoren in der Schweiz (Werte 1995) .... 126
Abb. 5/6 CalPERS: Corporate Governance Core Principles & Guidelines ...................................... 136
Abb. 5/7 Corporate Governance-Mechanismus der Weltbank ...... 139
Abb. 5/8 The Combined Code: Principles of Good Governance .... 140
Abb. 6/1 Shareholder Value versus Stakeholder Value ............ 147
Abb. 6/2 Shareholder Value Management Cycle ................. 150
Abb. 6/3 Beispiel zur Wertzumessung: Ausgangslage ............ 154
Abb. 6/4 Beispiel zur Wertzumessung: Discounted Cash-flow-Methode ..................... 155
Abb. 6/5 Beispiel zur Wertzumessung: Residual Income Approach .. 157
Abb. 6/6 Anfangsbestand des Invested Capital und Wertzumessung . 157
Abb. 6/7 Beispiel zur Wertzumessung: Shareholder Value Added ... 159
Abb. 6/8 Beispiel zur Wertzumessung: SVA (alternative Berechnung) 160
Abb. 6/9 Zusammenfassende Beurteilung der vorgestellten Modelle . 161
Abb. 6/10 Beispiel zum Full Information-Ansatz: Ausgangslage ..... 167
Abb. 6/11 Beispiel zum Full Information-Ansatz: Betas ........... 167
Abb. 7/1 Vorgehensweise ................................ 172

Abb. 7/2 Kreis der Berechtigten ... 174
Abb. 7/3 Bemessungsgrundlage ... 176
Abb. 7/4 Bemessungsgrundlage und Bemessungshöhe ... 178
Abb. 7/5 Anteil der variablen Entlöhnung in Prozenten des fixen Gehalts ... 183
Abb. 7/6 Beurteilungskriterien Verwaltungsrat ... 185
Abb. 7/7 Implementierungsprozess ... 189
Abb. 7/8 Corporate Governance-Situation einer Unternehmung ... 191
Abb. 8/1 Verbreitung von Aktienoptionsplänen in der Schweiz ... 204

# *Abkürzungsverzeichnis*

| | |
|---|---|
| APB[a] | Accounting Principle Board (USA) |
| AV | Anlagevermögen |
| CalPERS | California Public Employees' Retirement System |
| CAP | Competitive Advantage Period |
| CEO | Chief Executive Officer |
| CII | Council of Institutional Investors |
| DCF | Discounted Cash-flow |
| EBIT | Earnings before Interest and Taxes |
| ECGN | European Corporate Governance Network |
| EP | Economic Profit |
| ESOP | Executive Stock Option Plan |
| EVA | Economic Value Added[b] |
| FASB | Financial Accounting Standard Board |
| FER | Fachempfehlungen zur Rechnungslegung (CH) |
| IC | Invested Capital |
| LBO | Leveraged Buyout |
| LMBO | Leveraged Management Buyout |
| MBO | Management Buyout |
| NED | Non-Executive Director |
| NOPAT | Net Operating Profit After Taxes |
| NPV | Net Present Value |

| | |
|---|---|
| OECD | Organisation for Economic Co-operation and Development |
| PV | Present Value |
| REMM | Resourceful, Evaluative, Maximizing Model |
| RI | Residual Income |
| ROIC | Return on Invested Capital |
| SEC | Securities and Exchange Commission |
| SMI | Swiss Market Index |
| SPI | Swiss Performance Index |
| SVA | Shareholder Value Added |
| TCE | Transaction Cost Economics |
| UV | Umlaufvermögen |
| VBM | Value Based Management |
| WACC | Weighted Average Cost of Capital |

a Dieses Abkürzungsverzeichnis beschränkt sich auf fachspezifische Abkürzungen. Alle anderen Abkürzungen werden gemäss ihrer üblichen Verwendung eingesetzt. Die Definition von Variablen erfolgt jeweils im Anschluss an deren Verwendung.

b EVA® ist ein eingetragenes Markenzeichen von Stern, Stewart & Co. In der vorliegenden Arbeit wird der Economic Value Added als ökonomisches Konzept dargestellt, d.h. der Begriff soll möglichst breit verstanden werden. Folglich wird im weiteren Verlauf der Arbeit als Notation nur «EVA» verwendet.

*Teil I*

# *Grundlagen*

*Kapitel 1*

# *Einleitung*

## 1.1 Darstellung der Thematik

Es gibt wohl kaum ein finanzwirtschaftliches Thema, das in jüngster Zeit so kontrovers diskutiert wurde, wie das der Entlöhnung des höheren Managements *(Management Compensation)*. Während in den USA erfolgsorientierte Entlöhnungsschemata bereits seit rund zehn Jahren breit Fuss gefasst haben, ist in Kontinentaleuropa und insbesondere in der Schweiz erst in jüngerer Zeit eine Bewegung in diese Richtung feststellbar.[1]

Verschiedene Gruppen fühlen sich durch die Thematik angesprochen (▶ Abb. 1/1 auf Seite 22). Dementsprechend breit gefächert sind denn auch die geäusserten Meinungen und Ansichten.

Die *breite Öffentlichkeit* diskutiert die Entlöhnung von Spitzenkräften der Wirtschaft vor allem unter dem Aspekt der Gerechtigkeit. Es wird die Frage in den Raum gestellt, ob die horrenden Erlöse, die durch das Ausüben von Optionen erzielt werden, im Verhältnis zu den Lohnzahlungen an die übrigen Angestellten der Unternehmung so zu vertreten sind. Diese Diskussion ist in den

1 Die kulturellen Unterschiede zwischen den Kontinenten sind nach wie vor gross. Besonders bei Fusionen zwischen amerikanischen und kontinentaleuropäischen Unternehmen manifestieren sich die Unterschiede in der Kaderentlöhnung. Vgl. z. B. für die Fusion Daimler mit Chrysler Steinmetz/White 1998.

Abb. 1/1 Anspruchsgruppen[a]

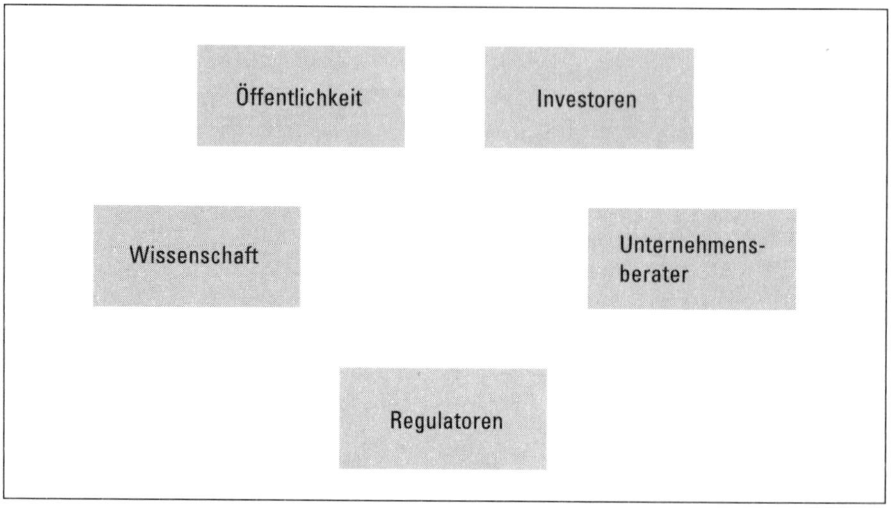


a Quelle: Eigene Darstellung.

USA bereits seit geraumer Zeit aktuell[2], in der Schweiz[3] ist sie noch einigermassen neu.

Der *Gesetzgeber* bzw. die *Regulatoren* versuchen, den Entwicklungen im Bereich Entlöhnung gerecht zu werden und die neuen Instrumente auch regulatorisch zu erfassen. Auf fiskalischer Ebene geht es um die steuerliche Behandlung, auf der Ebene der Rechnungslegung um die korrekte buchhalterische Erfassung wertorientierter Instrumente. Das schnelle Fortschreiten der betrieblichen Realität führt naturgemäss zu einem gewissen Rückstand der Regulation auf das aktuelle Geschehen. Dieser Rückstand bringt nicht zu unterschätzende Verzerrungen mit sich, welche einerseits die Verbreitung der wertorientierten Entlöhnung entweder beschleunigen oder bremsen[4], andererseits aber auch unerwünschte Folgen im Bereich Transparenz zeitigen können.[5]

2 Vgl. z.B. die Darstellung in Morgenson 1998, S. 50f.

3 Vgl. Gisler 1998.

4 So war aufgrund von gesetzlichen Bestimmungen in Deutschland oder Japan bis vor kurzem die Abgabe von Mitarbeiteraktien stark erschwert. Umgekehrt beschleunigte die günstige steuerliche Behandlung von Kapitalgewinnen in der Schweiz die Einführung wertorientierter Entlöhnungsmodelle.

5 Vgl. Smithers & Co. 1998. Es wurde nachgewiesen, dass durch die besondere buchhalterische Behandlung von Kaderoptionen die wahren Personalkosten zu tief und die Gewinne entsprechend zu hoch (teilweise bis 50% überhöht) ausgewiesen waren. «In these cases, earnings (...) have been overstated because they followed the standard – but, in our view dead wrong – accounting practice of ignoring the cost to a business of issuing options.» (Warren Buffet in einem Brief an die Aktionäre von Berkshire Hathaway, zit. in: Smithers & Co. 1998).

Die *Aktionäre* als Eigentümer der Unternehmung müssten grundsätzlich an einer geeigneten Anreizsetzung für das Management interessiert sein. Der Aspekt der Verwässerung des Eigenkapitals durch künftige Ansprüche des Managements wurde bis anhin allerdings nicht angemessen berücksichtigt und erst selten diskutiert. Angesichts der wachsenden Zahl ausstehender Kaderoptionen wird der Verwässerungsaspekt jetzt aber vor allem in den USA zu einem wichtigen Thema.[6]

*Unabhängige Unternehmensberater* spielen vor allem bei der Einführung wertorientierter Entlöhnungsmodelle eine wichtige Rolle. Ihre Tätigkeit beschränkt sich aber oft – von wenigen Ausnahmen abgesehen – auf die umfangreiche Erhebung von aktuellen und marktgerechten Entschädigungen für Manager. Sie sorgen damit für eine gewisse Transparenz im Markt, aber auch für eine Angleichung der Entlöhnungsschemata verschiedener Unternehmen.

Verschiedene Disziplinen der *Wissenschaft* beschäftigen sich mit der Entlöhnung von Führungskräften, namentlich die *Psychologie, die Verhaltenswissenschaften und die Ökonomie.*

## 1.2 Problemstellung und Herausforderung

Im Rahmen der *Prinzipal-Agenten-Theorie* sind Ursachen und Beschaffenheit des Konfliktes zwischen Management und Aktionären sehr gut analysiert und auf eine theoretisch solide Basis gestellt worden. Es ist bekannt, welchen Anreizen das Management ausgesetzt ist und wie diese Situation dazu führen kann, dass die Unternehmung nicht im Sinne der Aktionäre geführt wird. Die Prinzipal-Agenten-Theorie liefert auch Hinweise, wie die Kontrakte mit dem Management gestaltet werden müssten, um die Konflikte mit den Investoren zu minimieren.

Die *Transaktionskostentheorie* und die daraus hervorgehende *Theorie der inkompletten Kontrakte* zeigt, dass Kontrakte nie vollständig in dem Sinne sein können, dass sich darin alle künftig auftretenden Situationen abschliessend regeln lassen. Zusätzlich zur guten Kontraktgestaltung mit dem Management müssen damit noch Mechanismen etabliert werden, welche geeignet sind, als Substitute zu den Verträgen zu wirken. Die Summe all dieser Mechanismen ist unter dem Namen *Corporate Governance* bekannt. Corporate Governance sorgt damit für eine Miminierung des Konflikts zwischen Manage-

---

6 Vgl. Morgenson 1998, S. 51. Für das Sample der 200 grössten amerikanischen Gesellschaften betrug der Anspruch des Managements und der Mitarbeiter am totalen Eigenkapital der Gesellschaft 13.2%. Die Quantifizierung der Kapitalverwässerung im Geschäftsbericht ist in den USA bis anhin noch nicht obligatorisch.

Abb. 1/2 Elemente der Konfliktlösung[a]

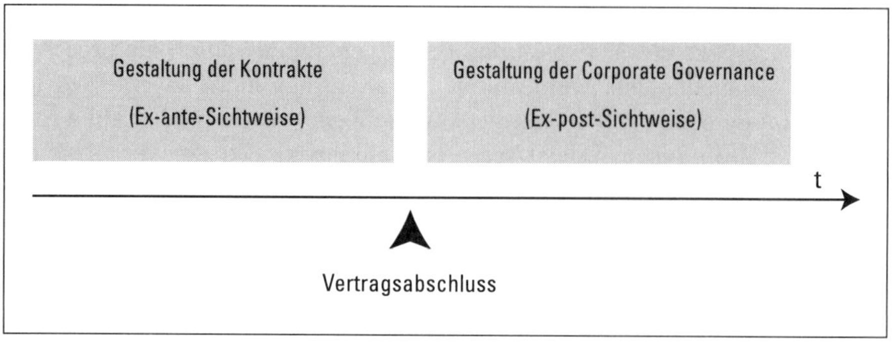


a Quelle: Eigene Darstellung.

ment und Investoren in der Phase nach dem eigentlichen Vertragsabschluss (Ex-post-Sichtweise).

Bis anhin konzentrierte sich die Forschung isoliert auf einzelne Bestandteile der Konfliktlösungsmöglichkeiten, also z.B. die optimale Gestaltung der *Management Compensation* oder *das optimale Corporate Governance-Umfeld.* Erst selten wurden die verschiedenen Bausteine im Zusammenhang analysiert.

Für eine effiziente und effektive Lösung des Manager-Investoren-Konflikts ist es aber von entscheidender Bedeutung, das Zusammenspiel der *Management Compensation* mit anderen Corporate Governance-Mechanismen zu verstehen. Beispielsweise kann eine gut gestaltete, wertorientierte Kommunikation *(Value Reporting)*[7] in der Lage sein, den Konflikt zwischen Management und Investoren teilweise zu entschärfen. Dementsprechend geringere Bedeutung kann in der Folge der *wertorientierten Entlöhnung* des höheren Kaders zukommen. Dieses Beispiel illustriert auch, dass *uniforme* Lösungen zur *Management Compensation* selten gute Lösungen sein können.

## 1.3 Zielsetzungen

Aus der im letzten Abschnitt dargelegten Problemstellung leiten sich für die vorliegende Arbeit die folgenden Zielsetzungen ab:

- In einem ersten Schritt soll der *Konflikt zwischen Management und Eigentümern* einer umfassenden ökonomischen Analyse unterzogen werden.

7 Vgl. zu diesem Punkt den Beitrag von Labhart 1999.

Besonderes Gewicht soll dabei auf das Konzept der *Managerial Welfare Maximization* gelegt werden. Die *Prinzipal-Agenten-Theorie* und die *Transaktionskostenökonomie* bilden die theoretische Basis für die weiteren Ausführungen.

- In einem zweiten Schritt sollen mögliche Mittel zur Konfliktlösung untersucht und beurteilt werden. Es sind dies namentlich die wertorientierte Entlöhnung des Managements *(Management Compensation)* und die Überwachung der Unternehmung *(Corporate Governance).*
- Aufbauend auf den Erkenntnissen aus dem ersten und dem zweiten Teil sollen in einem dritten Schritt *Handlungsempfehlungen* zur Lösung des Manager-Investoren-Konflikts gegeben werden.

## 1.4 Aufbau und Vorgehen

Die Arbeit ist in drei Teile und acht Kapitel gegliedert (▶ Abb. 1/3 auf Seite 26).

- Im *ersten Teil* erfolgt die theoretische Fundierung der Arbeit. Diese bildet die Basis für die weiteren Ausführungen.
  - Im *ersten Kapitel* werden Problemstellung, Zielsetzungen und Aufbau der Arbeit definiert. Die verschieden Anreize, welche auf das Management einer Unternehmung wirken, werden analysiert.
  - Das *zweite Kapitel* widmet sich – ausgehend vom Phänomen *Trennung von Eigentum und Kontrolle* – dem Konflikt zwischen Management und Eigentümern.
  - Darauf aufbauend folgt im *dritten Kapitel* eine Analyse der Position des Managements. Diese erfolgt in Anlehnung an das Konzept der *Managerial Welfare Maximization.*
- Der *zweite Teil* dieser Arbeit befasst sich in grundlegender Art und Weise mit den Mechanismen, welche in der Lage sind, den Konflikt zwischen Management und Investoren zu entschärfen. Es wird dabei einerseits eine Ex-ante-Sichtweise (Gestaltung der Entlöhnungskontrakte) und andererseits eine Ex-post-Sichtweise (Corporate Governance-Mechanismen) eingenommen.
  - Im *vierten Kapitel* wird auf Funktionsweise und Kernfrage der Management Compensation eingegangen.
  - Das *fünfte Kapitel* hat die Darstellung der verschiedenen Mechanismen der Corporate Governance zum Inhalt.

Abb. 1/3 Aufbau der Arbeit

**Teil I**
**Grundlagen**

Kapitel 1
Einleitung

Kapitel 2
Theoretische Grundlagen

Kapitel 3
Die Position des Managements

**Teil II**
**Möglichkeiten der Konfliktbewältigung**

Kapitel 4
Management Compensation

Kapitel 5
Corporate Governance

**Teil III**
**Der Manager-Investoren-Konflikt im Rahmen der wertorientierten Unternehmensführung**

Kapitel 6
Erfassung der unternehmerischen Wertgenerierung

Kapitel 7
Konzept zur Lösung des Manager-Investoren-Konflikts

Kapitel 8
Zusammenfassung, Schlussfolgerungen und Ausblick

- Im *dritten Teil* dieser Arbeit wird ein Konzept zur erfolgreichen Lösung des Manager-Investoren-Konflikts präsentiert.
  - Dazu werden im *sechsten Kapitel* zunächst ausgewählte Fragen der Unternehmensbewertung diskutiert.
  - Im *siebten Kapitel* werden – ausgehend von den bisher gewonnenen Erkenntnissen – Handlungsempfehlungen für die Lösung des Manager-Investoren-Konflikts abgegeben.
  - Das *achte Kapitel* beinhaltet eine Zusammenfassung, Schlussfolgerungen und einen Ausblick.

## 1.5 Die Anreize des Managements

Das exakte Verständnis der internen Anreize, welche auf das Management einer Unternehmung wirken, ist für das Verständnis und die Ausgestaltung der *Management Compensation* von zentraler Bedeutung. Wie *Baker/Jensen/ Murphy 1988* feststellen, ist heute eine Divergenz zwischen der aktuellen Unternehmensrealität und ökonomischer Logik zu beobachten. Die Motivation des Managements erfolgt heute fast ausschliesslich durch die Aussicht auf Beförderung, nur selten durch echte Pay-for-Performance-Entlöhnungssysteme.

Im folgenden werden die zwei Arten von Anreizen des Managements dargestellt und analysiert. Es sind dies:

- Anreize durch Pay-for-Performance;
- Anreize durch Aussicht auf Beförderung.

### 1.5.1 Anreize durch Pay-for-Performance-Systeme

Pay-for-Performance-Systeme knüpfen die Entlöhnung des Managements an die Performance der Unternehmung. Gute Performance wird so belohnt, schlechte Performance wird bestraft.[8] Bei einer geeigneten Wahl des Performance-Massstabs wird so die Subjektivität der Leistungsbeurteilung minimiert.[9]

Die motivierende Wirkung von Geld wird vielfach bestritten. Vor allem Wissenschafter aus den Bereichen Psychologie und Verhaltensforschung bekräftigen, dass monetäre Anreize nicht in der Lage sind, den Einsatz und die Leistung des Mitarbeiters zu steigern und daher eher kontraproduktiv wirken.

---

8 Vgl. zu Ausgestaltungmöglichkeiten von Pay-for-Performance-Systemen Kapitel 4 ab Seite 87.

9 Vgl. zu Performance-Massen Kapitel 6 ab Seite 145.

Eine erste Gruppe von Autoren[10] argumentiert, dass Geld grundsätzlich kein motivatorischer Gehalt zukommen kann. Ihre Argumente können in drei Kategorien unterteilt werden:

- Monetäre Anreize führen dazu, dass Mitarbeiter nur noch das tun, wofür sie auch bezahlt werden. Unternehmerisches Engagement bleibt dabei auf der Strecke.
- Korrumpierungseffekt der extrinsischen Motivation:[11] Materielle Belohnung von Leistung führt dazu, dass vorhandene intrinische Motivation zerstört wird.
- Eine Leistungsentlöhnung kann von Mitarbeitern als kontrollierend empfunden werden.

Eine zweite Argumenationslinie gegen Pay-for-Performance-Entlöhnung anerkennt die motivatorische Wirkung von Geld, geht aber davon aus, dass die Nachteile von Pay-for-Performance-Systemen weitaus grösser sind als die damit erzielbaren Vorteile.[12] Oft genannte Kritikpunkte sind die Verletzung der *horizontalen Lohngerechtigkeit* und die Schwierigkeit, die Leistung eines Mitarbeiters korrekt zu erfassen. Darunter fällt im Besonderen auch das sog. Trittbrettfahrerproblem *(free rider),* also die Gefahr, dass ein Mitarbeiter von einer Aktienkurssteigerung profitieren kann, obschon er nichts zu dieser beigetragen hat.

Eine sorgfältige Analyse der Kritik an Pay-for-Performance-Systemen ist wichtig. *Baker/Jensen/Murphy 1988* kommen zum Schluss, dass Pay-for-Performance-Systeme nicht ineffektiv sind, sondern im Gegenteil zu effektiv sind: «Strong pay-for-performance motivates people to do exactly what they are told to do. Large monetary incentives generate unintended and sometimes counterproductive results because it is difficult to adequately specify exactly what people should do and therefore how their performance should be measured.»[13]

### 1.5.2 Anreiz durch eine mögliche Beförderung

Die Höhe der Entlöhnung ist in Organisationen oft an den hierarchischen Rang gebunden. Eine Beförderung ist damit regelmässig von einer Lohnerhöhung begleitet.[14]

---

10 Vgl. Kohn 1988, Frey 1997 und 1998.

11 Vgl. dazu Osterloh 1999, S. 1996, Frey/Osterloh 1997 und Frey 1997.

12 Vgl. Hamner 1975.

13 Baker/Jensen/Murphy 1988, S. 597.

14 Vgl. Murphy 1985.

Die Beförderungspolitik einer Unternehmung verfolgt zwei Ziele. *Zum einen* gilt es, Positionen mit Menschen zu besetzen, welche die Fähigkeiten mitbringen, die gestellten Aufgaben zu bewältigen *(matching)*. *Zum anderen* generiert die Aussicht auf Beförderung für die Angestellten einen Anreiz, der auf der mit der neuen Aufgabe verbundenen höheren Entlöhnung und auf dem damit verbundenen Gewinn an Prestige und Handlungsfreiheit beruht *(promotion-based incentive)*.

*Baker/Jensen/Murphy 1988* stellen fest, dass die durch Beförderungen geschaffenen Anreize einen wichtigen Stellenwert einnehmen. «Promotions are used as the primary incentive device in most organizations, including corporations, partnerships, and universities.»[15] Die Aussicht auf Beförderung ist mit einer *Turniersituation* vergleichbar:[16] Der Beste unter Gleichen gewinnt das Turnier und wird befördert.

Beförderungsbasierte Anreize sind – im Vergleich zu performancebasierten Anreizen – mit einer ganzen Reihe von Nachteilen versehen.[17]

- In *langsam wachsenden* oder *schrumpfenden* Unternehmen ist die Zahl der neu zu besetzenden Kaderstellen regelmässig klein. Im Gegensatz zu schnell wachsenden Unternehmen sind beförderungsbasierte Anreize hier nur schwach wirksam.
- Bei Beförderungen *übergangene* Mitarbeiter oder Mitarbeiter, welche den an eine Beförderung gestellten *Anforderungen* offensichtlich nicht genügen, werden ihre Chancen auf Beförderung gering einschätzen und dementsprechend nicht zu höherer Leistung motiviert.[18]
- Beförderungsbasierte Anreizsysteme können nicht gleichzeitig die Ziele *matching* und *incentive* erreichen: Der beste Mitarbeiter einer unteren Kaderstufe ist nicht immer die bestgeeignete Besetzung für eine nächsthöhere Kaderstufe.[19] Diese Argumentation soll anhand der ▶ Abb. 1/4 illustriert werden.

---

15 Baker/Jensen/Murphy 1988, S. 600.

16 Vgl. zur Tournament-Idee Frank/Cook 1995 und Lazear/Rosen 1981.

17 Vgl. Baker/Jensen/Murphy 1988, S. 600–602.

18 Einen Spezialfall stellen sog. *up-or-out-Systeme* dar. Diese sind gerade darauf ausgerichtet, dass nicht beförderte Mitarbeiter die Unternehmung verlassen, um neuen Mitarbeitern Platz zu machen. Diese nehmen wiederum an einem neuen Beförderungsturnier teil. Up-or-out-Systeme sind in Unternehmen verbreitet, die auf die neuen Ideen, die neue Energie und den Enthusiasmus von neuen Mitarbeitern angewiesen sind, wie z.B. Beratungsunternehmen oder auf Forschung ausgerichtete Universitäten. Vgl. Baker/Jensen/Murphy 1988, S. 605.

19 Die Erfahrung aus dem militärischen Bereich zeigt, dass ein ausgezeichneter Zugführer nicht automatisch auch ein guter Einheitskommandant ist, da die Funktion des Einheitskommandanten zusätzliche und andere Anforderungen mit sich bringt.

Abb. 1/4 Output und Hierarchie[a]

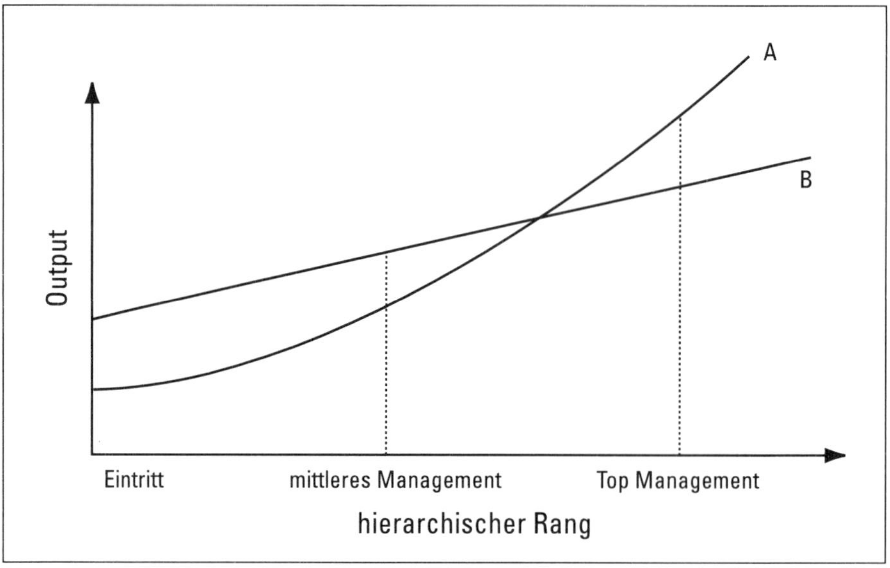


a Baker/Jensen/Murphy 1988, S. 603.

Die zwei Kurven in ◄Abb. 1/4 repräsentieren zwei Typen von Angestellten, A und B. Dargestellt ist der Output in Abhängigkeit der hierarchischen Stufe. Beide Typen erreichen in höheren Kaderstufen jeweils einen höheren Output. Der Angestellte A ist für eine Top-Management-Position besser geeignet als der Angestellte B. Die klassische, auf *aktueller* Performance basierende Beförderungspolitik wird die Top-Management-Position allerdings mit Mitarbeiter B besetzen, da er im Middle-Management die bessere Leistung gezeigt hat.[20]

- Die *Kriterien,* welche zur Beförderung führen, sind oft subjektiv geprägt und dem Beurteilten nicht klar verständlich.

### 1.5.3 Berurteilung und Abgrenzung

Die vorangegangenen Ausführungen zeigen, dass die durch beförderungsbasierte Systeme geschaffenen Anreize mit Mängeln behaftet sind. Pay-for-Performance-Systeme drängen sich deshalb auf.

---

20 Diese Argumentation ist eng mit dem sog. *Peter-Prinzip* verwandt: Dieses besagt, dass ein Mitarbeiter so lange befördert wird, bis er den gestellten Aufgaben nicht mehr gewachsen ist. Alle Kaderpositionen einer Unternehmung sind in der Folge mit überforderten Managern besetzt.

Abb. 1/5 Teilaufgaben eines Anreizsystems[a]

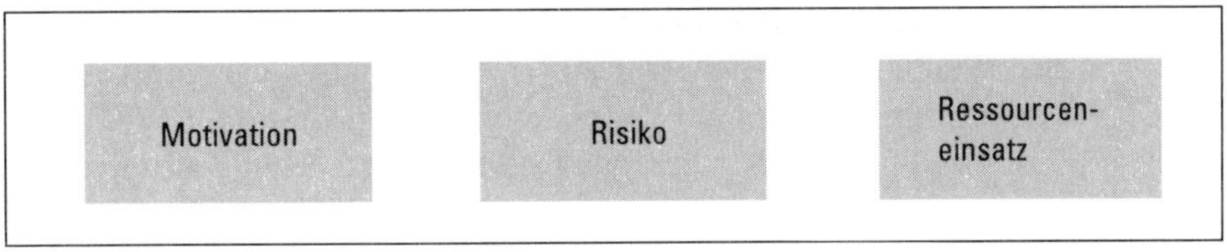


a Quelle: Eigene Darstellung.

Die gegenüber diesen Anreizsystemen geäusserten Kritikpunkte sind genauer und auf die Situation des Management bezogen zu analysieren. Ein Anreizsystem für das Management einer Unternehmung hat Anreize in drei Kategorien bereitzustellen. Diese sind in ◄Abb. 1/5 übersichtsartig dargestellt.

- *Motivation*
  Der Manager soll veranlasst werden, einen hohen Arbeitseinsatz zugunsten der Unternehmung zu leisten.
- *Risiko*
  Der Manager soll die Risikopositionierung der Unternehmung im Interesse der Eigentümer vornehmen. Dies entspricht der Forderung, zusätzliche Risiken dann einzugehen, wenn diese vom Markt mit einer adäquaten Rendite entschädigt werden und die Firmenexistenz nicht ernsthaft gefährdet wird.[21]
- *Ressourceneinsatz*
  Der Manager soll die Ressourcen der Unternehmung mit dem Ziel einsetzen, die Wohlfahrt der Eigentümer und nicht die eigene Wohlfahrt zu steigern.[22]

Die *Kritik* an Pay-for-Performance-basierten Anreizen fokussiert auf die fehlende Motivationswirkung von monetären Anreizen. Dem ist die Vermutung entgegenzuhalten, dass die Motivation des Managements – im Vergleich zu den zwei anderen Anreizkategorien – eine eher untergeordnete Rolle spielt. «However, given that CEOs are a self-selected group of high-effort, overachieving individuals, it may be that the lack of effort is not a first-order agency issue in this population.»[23] Es ist zu vermuten, dass sich diese für

21 Übertragen auf die unternehmerische Investitionspolitik entspricht dies dem Postulat, nur Projekte mit einem positiven Net Present Value zu unternehmen, da nur diese wertsteigernd wirken. Die Bestimmung der adäquaten Projekt-Kapitalkosten ist in der praktischen Anwendung mit Schwierigkeiten behaftet. Vgl. dazu Volkart 1998d, Bd. I, S. 314–317.

22 Vgl. Jensen/Meckling 1976.

23 Hall/Liebman 1997, S. 9.

CEOs formulierte Hypothese auch auf die im Rahmen dieser Arbeit analysierte Population des höheren Managements übertragen lässt. Zusätzlich ist festzuhalten, dass monetäre Anreize durchaus auch intrinsische, motivatorische Komponenten aufweisen können: «In addition, CEOs are likely to be motivated by factors other than the ability to consume wealth and their desire to keep their jobs. Good performance may earn them the respect of their peers. Increases in wealth that produce little marginal utility through direct consumption can increase their rankings on lists of the wealthiest citizens and bestow upon them status and attention. Many of these factors reinforce the impact of incentive-based compensation on CEO performance.»[24]

Für die Zielgruppe Management erscheint die Anreizgestaltung in den Bereichen Risiko und Ressourceneinsatz wichtiger als die Anreizsetzung im motivatorischen Bereich. Diese Arbeit legt das Schwergewicht deshalb auf die Anreizsetzung in den Bereichen *Risiko* und *Ressourceneinsatz.*

## 1.6 Fundierung der Arbeit

### 1.6.1 Verwendete Literatur

Die Anzahl wissenschaftlicher Beiträge zu den Themata *Management Compensation* und *Corporate Governance* ist in den letzten Jahren exponentiell gewachsen. Dabei lassen sich verschiedene Forschungsrichtungen unterscheiden.

- Eine *erste Forschungsrichtung* befasst sich in grundlegender Art und Weise mit dem Verhältnis zwischen dem Management als Entscheidungsträger und den Aktionären als Eigentümer der Unternehmung. Diese Konstellation mit ihren spezifischen Besonderheiten und die sich daraus ergebenden Konflikte werden im Rahmen der Prinzipal-Agenten-Theorie untersucht. Das Schwergewicht bilden dabei die Anreize, welchen sich das Management ausgesetzt sieht. Im Rahmen der Prinzipal-Agenten-Theorie haben sich zwei Unterrichtungen herausgebildet.
  - Die normative Prinzipal-Agenten-Theorie stellt die Konfliktsituation in mathematischen Modellen dar. Anhand dieser Modelle werden z.B. optimale Vertragsausgestaltungen abgeleitet. Diese Forschungsrichtung ist

24 Hall/Liebman 1997, S. 10. Diese Feststellung ist vom kompetitiv ausgerichteten amerikanischen Umfeld geprägt und kann in der Folge nicht uneingeschränkt auf kontinentaleuropäische Verhältnisse übertragen werden. Es ist dennoch zu vermuten, dass der beschriebene Effekt auch unter hiesigen Verhältnissen eine Rolle spielt.

stark analytisch geprägt. Aufgrund der stark einschränkenden Modellannahmen ist die Aussagekraft für praktische Problemstellungen aber begrenzt.
  - Die positive Prinzipal-Agenten-Theorie nimmt das Grundmodell der Prinzipal-Agenten-Theorie als Ausgangslage, wendet es auf den Konflikt Management-Investor an und leitet daraus Hypothesen ab. Diese Hypothesen werden in der Folge empirisch überprüft. Die positive Ausrichtung hat sich in der Analyse der *Management Compensation* als ausserordentlich fruchtbar erwiesen.
- Eine *zweite Forschungsrichtung* befasst sich in grundlegender Art und Weise mit den Mechanismen, welche dienlich sind, die – durch die Prinzipal-Agenten-Theorie gut analysierten – Konflikte zu lösen. Es wird analysiert, mittels welcher Mechanismen der Manager (Entscheidungsträger) dazu gebracht werden kann, sich im Interesse des Aktionärs (Eigentümers) zu verhalten. Die Summe all dieser Mechanismen wird heute unter dem Begriff *Corporate Governance*[25] zusammengefasst. Die optimale Vertragsgestaltung mit dem Management, auf welche die Prinzipal-Agenten-Theorie fokussiert, ist im Rahmen der Corporate Governance damit ein Mechanismus neben vielen anderen. Die Theorie der Corporate Governance baut auf der Transaktionskostentheorie und der daraus hervorgehenden Theorie der inkompletten Kontrakte auf. Auch hier lassen sich eine normative und eine positive Unterrichtung beobachten.
- Erst selten sind Beiträge veröffentlich worden, welche eine Kombination der beiden Betrachtungsweisen anstreben.

Die Arbeit stützt sich schwergewichtig auf Beiträge in anerkannten, wissenschaftlichen Zeitschriften ab. Der Aktualität wurde dabei besonderes Gewicht beigemessen. Quellen, welche in elektronischer Form vorgelegen haben, sind im Literaturverzeichnis entsprechend gekennzeichnet. Die Angabe von Seitenzahlen macht hier nur wenig Sinn, da sie sich von denjenigen der Papierausgabe unterscheidet. Internetquellen sind anhand ihres Unified Resource Locators (URL) identifiziert. Falls das Erstellungsdatum verfügbar ist, wird dieses zusätzlich angegeben.

---

25 Die Forschung im Bereich Corporate Governance hat sich in den letzten drei Jahren stark intensiviert. Neben privaten haben namentlich auch überstaatliche Organisationen (OECD, Weltbank, EU) ein beträchtliches Interesse an einer effektiven Ausgestaltung der Corporate Governance. Vgl. Abschnitt 5.4.2 auf Seite 137.

### 1.6.2 Gespräche

Gespräche mit den folgenden Vertretern aus Wissenschaft und Praxis waren für die Erarbeitung dieser Arbeit von grossem Wert.

- Prof. Dr. Christoph Auckenthaler, Institut für schweizerisches Bankwesen, Universität Zürich;
- Prof. Roger P. Bey, Professor of Finance, College of Business Adminstration, The University of Tulsa, Oklahoma, USA;
- Prof. Dr. Martin Janssen, a.o. Professor, Universität Zürich und Ecofin, Zürich;
- Prof. William Megginson, Professor of Finance, Rainbolt Chair in Finance, The University of Oklahoma, Oklahoma, USA;
- Prof. Ronald W. Melicher, Professor of Finance, College of Business Administration, University of Colorado at Boulder, Colorado, USA;
- Prof. Roger W. Mills, Professor of Accounting and Finance, Head of Accounting and Finance Faculty, Henley Management College, Henley-on-Thames, UK;
- Teilnehmer und Präsentatoren der «Conference on Executive Compensation and Shareholder Value: Theory and Evidence» vom 24. Oktober 1997 am Salomon Center der Leonard N. Stern School of Business, New York University, New York USA.

Zitate und spezifische Stellungnahmen der Gesprächspartner sind jeweils gekennzeichnet.

### 1.6.3 Projektbeziehungen

Am Institut für schweizerisches Bankwesen werden im Rahmen des Projektes «Shareholder Value Loops» Schlüsselbereiche des Value Based Managements untersucht. Zahlreiche Gespräche mit den Beteiligten dieses Projekts haben meine Sinne für Kernfragen in wertorientierter Unternehmensführung geschärft und diese Arbeit wesentlich geprägt. *Prof. Dr. Rudolf Volkart* war mit seinem reichen Erfahrungsschatz im Bereich *Shareholder Value Management* Initiant des Projekts «Shareholder Value Loops». Die durch meinen Kollegen *Dr. Peter Labhart* behandelte Thematik der Kommunikation zum Investor (Value Reporting[26]) baut auf dem gleichen neoinstitutionellen Setting auf wie die vorliegende Arbeit und weist vielfältige Schnittstellen zum Thema Management Compensation auf.

---

26 Vgl. Labhart 1999.

*Kapitel 2*

# *Theoretische Grundlagen*

## 2.1 Einleitung

Der *Manager-Investoren-Konflikt* ist untrennbar mit der Theorie der Unternehmung *(theory of the firm)* verbunden. Erst das Verständnis des Konfliktes zwischen verschiedenen Gruppen, die Anspruch an die Unternehmung stellen, ermöglicht es, Problemfelder zu erkennen und – darauf aufbauend – mögliche Lösungsansätze zu entwickeln. Dieses Kapitel hat zum Ziel,

- wichtige *Ansätze zur Theorie der Unternehmung* darzustellen und abzuleiten, inwiefern diese für das Verständnis des Konfliktes zwischen Management und Eigentümern von Bedeutung sein können;
- die relevanten Aspekte der *Principal-Agent-Theorie* hervorzuheben;
- darzulegen, welchen Beitrag die *Transaktionskostentheorie,* dabei insbesondere die *Theorie der inkompletten Kontrakte,* bieten kann.

## 2.2 Die Theorie der Unternehmung

### 2.2.1 Entwicklung der Theorie der Unternehmung

Bis 1976 hat die ökonomische Theorie – von wenigen Ausnahmen abgesehen – die Unternehmung als eigentliche *Black Box* gesehen, die – ausgehend von Marktpreisen für Input- und Absatzgüter und beschränkt durch ihre Produktionsfunktion – die gewinnmaximierende Menge an Produkten herstellte. Diese *Neoklassische Sichtweise* der Unternehmung basiert auf dem Preismechanismus, der Faktor-, Absatz- und Beschaffungsmärkte im Gleichgewicht hält. Sie beruht damit auf friktionslosen, perfekten Märkten.[1] Marktversagen tritt nicht ein. Zumeist wird von der Fiktion ausgegangen, dass die Unternehmung von einem einzelnen, wertmaximierenden Manager/Eigentümer geführt wird.

Die Neoklassische Theorie vermag aus verschiedenen Gründen das reale Unternehmensgeschehen nicht zu erklären:[2]

- *Anreizprobleme* innerhalb der Unternehmung werden ignoriert.
- Die *interne Organisation* wird nicht berücksichtigt. Phänomene wie Hierarchie, Delegation von Entscheidung oder Verantwortung und Autorität bleiben unberücksichtigt.
- Die *Grenzen der Unternehmung (boundaries of the firm),* zum Beispiel die Frage nach optimaler Unternehmensgrösse, werden nicht geklärt.[3]

Die *kontraktbezogene Sichtweise* (▶ Abb. 2/1) der Unternehmung konzentriert sich auf Fälle, welche die Neoklassische Sichtweise nicht zu erklären vermag. Sie versucht zu erklären, wie die Unternehmung unter der Annahme von nicht perfekten Märkten funktioniert. Damit befasst sich die kontraktbezogene Sichtweise auch mit der Frage, wieso gewisse Kombinationen von *Institutionen* der Ökonomie (Unternehmen, Märkte) entstehen. Die Theorien der Unternehmung, welchen eine kontraktbezogene Sichtweise zugrundeliegt, wer-

---

1 Vgl. für eine Auflistung und Diskussion der Annahmen perfekter Märkte z.B. Nowak 1997, S. 19.

2 Vgl. Hart 1995a, S. 17.

3 So sind die folgenden zwei Extremvorstellungen mit der Neoklassischen Theorie vereinbar (Hart 1995a, S. 17):
  - Alle Unternehmen der Welt (GE, Exxon, Unilever...) sind Divisionen einer gigantischen Superunternehmung. Es existiert also weltweit nur eine Unternehmung.
  - Alle Unternehmen der Welt (GE, Exxon, Unilever...) operieren unabhängig voneinander.

Abb. 2/1 Theorie der Unternehmung[a]

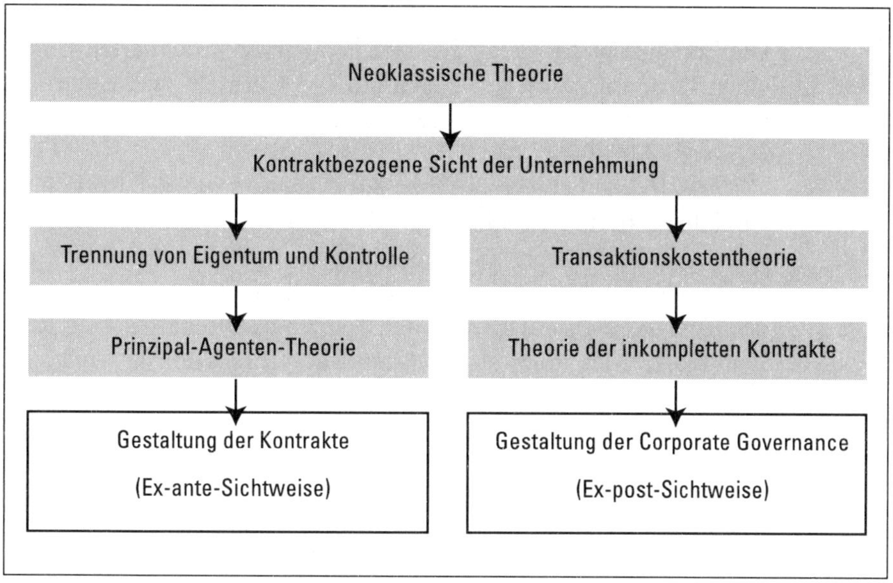


a Quelle: Eigene Darstellung.

den deshalb auch unter dem Stichwort *Neue Institutionenökonomik*[4] zusammengefasst. Dazu zählen die Prinzipal-Agenten-Theorie[5], die Theorie der Transaktionskosten[6] und die Property-Rights-Theorie[7].

In den folgenden Abschnitten gelangen diese Theorien und ihr Beitrag zur Problematik *Management Compensation* zur Darstellung.

---

4 Vgl. Williamson 1985, S. 16. Die Neue Institutionenökonomik befasst sich allgemein mit Situationen unvollkommener Informationen und Informationsasymmetrie. Sie beinhaltet die Transaktionskostentheorie, die Prinzipal-Agenten-Theorie und die Property-Rights-Theorie. Vgl. für eine umfassende Darstellung Schmidt/Terberger 1996, S. 392–404.

5 Vgl. zur Prinzipal-Agenten-Theorie Abschnitt 2.3 auf Seite 43.

6 Vgl. zur Transaktionskostentheorie Abschnitt 2.4 auf Seite 50.

7 Auf die Property-Rights-Theorie wird im Rahmen dieser Arbeit nicht näher eingegangen. Vgl. für eine kompakte Darstellung z.B. Hart 1995a, S. 29ff.

## 2.2.2 Die Trennung zwischen Eigentum und Kontrolle

Die Erkenntnis, dass es in grossen, kapitalmarktorientierten Unternehmen zu einer Trennung zwischen Eigentum (Aktionären) und Kontrolle (Management) kommen kann, geht zurück auf den oft zitierten Artikel von *Berle/Means 1932.*[8]

*Berle/Means* befassen sich in ihrer Analyse mit der Rolle der modernen, kapitalorientierten Gesellschaft *(the modern corporation).* Um die Jahrhundertwende war in den USA, aber auch in Kontinentaleuropa, eine vermehrte Hinwendung zu kapitalorientierten Gesellschaftsformen zu beobachten. Ziel des Gesetzgebers war es, mit den Kapitalgesellschaften eine Rechtsform zu schaffen, bei der – im idealtypischen Fall – eine Vielzahl von kleinen Investoren einem grossen Bedarf an Kapital gegenüberstehen, der vom Einzelnen in dieser Höhe nie hätte aufgebracht werden können. Die Kapitalgesellschaft hat damit die Funktion eines *Sammelbeckens* für kleine Kapitalbeiträge.[9] Diese Entwicklung war für die Entstehung der modernen, arbeitsteiligen Ökonomie von entscheidender Bedeutung. Nur so konnte es gelingen, den durch die Industrialisierung verursachten Kapitalbedarf zu decken.

*Berle/Means* begründen ihre Argumentation mit drei Thesen, die sich aus der Rolle der *modern corporation* in der Wirtschaft ergeben:

- *Ökonomische Macht konzentriert sich.*
  «The huge corporation (...) has come to dominate most major industries if not all industry in the United States. A rapidly increasing proportion of industry is carried on under this form of organization. There is apparently no limit to its increase.»[10]
- *Der Besitz an den Kapitalgesellschaften ist weit gestreut.*
  Durch das Wachstum der Gesellschaften wird die Verteilung des Besitzes zunehmen. «Accompanying the concentration of economic power, growing out of it, and making it possible, has come an ever wider dispersion of stock ownership.»[11]

---

8 Die Problematik wurde allerdings schon mehr als 100 Jahre früher von Adam Smith erkannt. «The directors of such [joint stock] companies, however, being the managers rather of other people's money than of their own, it cannot well be expected, that they should watch over it with the same anxious vigilance with which the partners in a private copartnery frequently watch over their own» Smith 1776, S. 700, zit. in: Jensen/Meckling 1976, S. 305.

9 Vgl. dazu Meyer-Hayoz/Forstmoser 1993, S. 264.

10 Berle/Means 1932, S. 44.

11 Berle/Means 1932, S. 47.

- *In Kapitalgesellschaften trifft es zu, dass das Management die Unternehmung führt, ohne diese zu besitzen.*
  Es kommt zu einer Trennung zwischen Eigentum und Kontrolle. «Under the corporate system, control over industrial wealth can be and is being exercised with a minimum ownership interest. Conceivably it can be exercised without any such interest. Ownership without wealth and control of wealth without ownership appear to be the logical outcome of corporate development.»[12]

Oft wird unter der Trennung zwischen Eigentum und Kontrolle nur gerade die dritte Feststellung von *Berle/Means* verstanden. Richtigerweise gründet sie allerdings auf allen drei erwähnten Thesen. So führt erst das atomisierte Eigentum an der Unternehmung zur verschwindend kleinen Stimmkraft des Einzelnen und damit zur geschwächten Position der Eigentümer gegenüber dem Management. «When the largest single interest amounts to but a fraction of one percent (...) no stockholder is in the position through his holdings alone to place important pressure upon the management.»[13]

*Berle/Means* sind in ihrer Analyse der Kontrollproblematik bei atomisierter Eigentümerstruktur nicht vollständig. Es kommt ihnen dennoch das Verdienst zu, sich bereits sehr früh dem Konflikt zwischen Eigentümern und Management gewidmet zu haben. Aufbauend auf der Analyse von *Berle/Means* ist eine Fülle von weiterführenden Arbeiten entstanden, so z.B. Alchian/Demsetz 1972, *Jensen/Meckling 1976* und *Fama/Jensen 1983.*[14] *Grossman/Hart 1983* beleuchten das Problem des fehlenden Gewichts des atomisierten Aktionariats speziell aus einer *free-rider*-Perspektive: Alle Aktionäre profitieren (kostenlos) vom Effort eines Einzelnen.

### 2.2.3 Zur Situation in Kontinentaleuropa

Ein grosser Teil der Literatur zu der in Abschnitt 2.2.2 auf Seite 38 dargestellten Trennung zwischen Eigentum und Kontrolle ist vom amerikanischen Umfeld geprägt. Für die weitere Argumentation im Rahmen dieser Arbeit ist eine Anpassung auf europäische Verhältnisse zwingend nötig.[15]

---

12 Berle/Means 1932, S. 69.

13 Berle/Means 1932, S. 69.

14 Die Ansätze zur Prinzipal-Agenten-Theorie werden in Abschnitt 2.3 auf Seite 43 dargestellt.

15 Im Rahmen der Corporate Governance-Forschung sind Vergleiche zwischen den anglo-amerikanischen, kontinentaleuropäischen und japanischen Systemen angestellt worden. Vgl. Megginson 1997, S. 68f. Die hier gemachte Analyse fokussiert auf die Trennung zwischen Eigentum und Kontrolle.

Abb. 2/2 Die Trennung zwischen Eigentum und Kontrolle[a]

| | **Atomisierte Stimmkraft (Kontrolle)** | **Konzentrierte Stimmkraft (Kontrolle)** |
|---|---|---|
| **Atomisierte Aktionärsstruktur (Eigentum)** | I<br>▪ Vereinigte Staaten<br>▪ United Kingdom | II<br>▪ Vereinigte Staaten (Management mit *proxy votes*[b])<br>▪ Kontinentaleuropa |
| **Konzentrierte Aktionärsstruktur (Eigentum)** | III<br>▪ Länder mit Möglichkeit der Stimmrechtsbeschränkung (u.a. Schweiz) | IV<br>▪ Kontinentaleuropa<br>▪ Vereinigte Staaten (nach Übernahmen) |

a Quelle: in Anlehnung an Becht 1997, S. 11.
b Proxy votes sind mit Depotstimmen nach schweizerischem Recht vergleichbar.

Die vorliegenden Ausführungen basieren auf einer Erhebung des *European Corporate Governance Network* von 1997.[16]

In Abweichung zur Analyse von *Berle/Means 1932,* wo die atomisierte Eigentumsstrukur zur Atomisierung der Stimmkraft führt, existieren vier verschiedene Fälle der Trennung zwischen Eigentum und Kontrolle. Diese sind in ◂Abb. 2/2 dargestellt.

- *Quadrant I: Atomisierte Stimmkraft und atomisierte Aktionärsstruktur*
  Diese Situation wurde von *Berle/Means 1932* analysiert. Sie ist heute in den Vereinigten Staaten und in England vorherrschend. Es entsteht der klassische Konflikt zwischen Eigentümern und Management. Trennmechanismus *(separation device)* ist der verschwindend kleine Einfluss des einzelnen Eigentümers, kombiniert mit *free-rider*-Problemen.
- *Quadrant II: Konzentrierte Stimmkraft und atomisierte Aktionärsstruktur*
  Diese Situation trifft für einen Teil der kontinentaleuropäischen Gesellschaften zu. Rechtliche Regelungen können zu einem Abweichen von der *«one share-one vote»*-Regel führen. Zusätzlich zum Eigentümer-Manager-Konflikt entsteht ein Konflikt zwischen verschiedenen Eigentümer-Kategorien.
- *Quadrant III: Atomisierte Stimmkraft und konzentrierte Aktionärsstruktur*
  Die Existenz der rechtlichen Möglichkeit zur Stimmrechtsbegrenzung[17] kann dazu führen, dass trotz konzentrierter Aktionärsstruktur die Stimm-

16 Vgl. European Corporate Governance Network 1997.
17 Vgl. zur Situation in der Schweiz Meyer-Hayoz/Forstmoser 1993, S. 65.

rechtsverhältnisse atomisiert bleiben. Der klassische Eigentümer-Manager-Konflikt entsteht.

- *Quadrant IV: Konzentrierte Stimmkraft und konzentrierte Aktionärsstruktur*
  In diesem Fall ist die Trennung zwischen Eigentum und Kontrolle und der mögliche Eigentümer-Aktionärs-Konflikt gering. Die Überwachung *(monitoring)* des Managements durch die starken Eigentümer ist ausgeprägt. Dieser Fall ist sowohl in den USA als auch in Kontinentaleuropa nach Übernahmen häufig.

Die auf *Berle/Means 1932* zurückzuführende, klassische Analyse konzentriert sich auf den Gegensatz zwischen den Quadranten I und IV.

Der Vorteil der atomisierten Aktionärsstruktur mit atomisierter Stimmkraft (Quadrant I) liegt dabei im liquideren Markt der Titel und kommt sowohl dem Aktionär (tieferes Preisrisiko) als auch der Unternehmung (tiefere Kapitalkosten) zugute. Der Nachteil erwächst aus dem bereits geschilderten Konflikt zwischen dem Management und den Aktionären.

Im Gegensatz dazu kann der Konflikt zwischen den Aktionären und dem Management mittels konzentriertem Aktienbesitz einiger weniger grosser Aktionäre reduziert werden.[18] Diese Lösung führt zu zwei Nachteilen: Einerseits wird die Marktliquidität der Titel reduziert. Andererseits besteht die Gefahr, dass Grossaktionäre ihre Stimmkraft dazu missbrauchen können, den Wert ihrer Anteile auf Kosten von kleineren Aktionären zu vergrössern.

Es erwächst daraus ein klassischer *trade-off* zwischen atomistischen und konzentrierten Eigentums- und Stimmkraftsverhältnissen, also zwischen der Marktliquidität und der Überwachung des Managements. Ein Optimum lässt sich allerdings nur schwerlich festlegen.[19]

Im *europäischen Umfeld*[20] sind Kombinationen zwischen konzentriertem Aktienbesitz und atomistischer Stimmkraft (◄ Abb. 2/2, Quadrant III) oder konzentrierter Stimmkraft und atomistischem Aktienbesitz möglich (◄ Abb. 2/2, Quadrant II). Gründe dafür liegen in der Möglichkeit, von der *«one share-one vote»*-Regel abzuweichen (Quadrant II) oder die Stimmkraft einzelner Aktionäre auf eine bestimmte Quote zu begrenzen (Quadrant III). Im

18 Vgl. Grossman/Hart 1983, Shleifer/Vishny 1986 und Admati/Pfleiderer/Zechner 1994. Jensen 1993 überträgt dieses Argument auf den Fall von *Leveraged Buyouts,* welche durch den erhöhten Druck auf das Management eine im Vergleich zu identischen Firmen mit atomistischer Aktionärsstrukur bessere Performance aufweisen.

19 Für eine Analyse vgl. z.B. Aghion/Tirole 1995.

20 Durch das Instrument der *proxy votes* können sich auch amerikanische Gesellschaften in Quadrant II positionieren.

oben beschriebenen *trade-off* zwischen Liquidität und Kontrolle über das Management lassen sich so zwar gute Lösungen erreichen, also z.B. eine hohe Liquidität durch atomistische Aktionärsstruktur bei gleichzeitig hoher Einflussnahme auf das Management durch konzentrierte Stimmkraft (◄ Abb. 2/2, Quadrant II). Das Problem verlagert sich aber auf einen Konflikt zwischen Grossaktionären *(blockholders)* und Kleinaktionären.[21]

Die Konsequenzen, die sich in den jeweiligen Quadranten ergeben, sind in ► Abb. 2/3 im Überblick dargestellt.

Es lässt sich somit erkennen, dass auch in Kontinentaleuropa die Problematik der Trennung zwischen Eigentum und Kontrolle manifest wird. Ergänzt wird sie durch einen Konflikt zwischen Mehrheits- und Minderheitsaktionären.[22]

Abb. 2/3 Konsequenzen aus der Trennung zwischen Eigentum und Kontrolle[a]

| | **Atomisierte Stimmkraft (Kontrolle)** | **Konzentrierte Stimmkraft (Kontrolle)** |
|---|---|---|
| **Atomisierte Aktionärs-struktur (Eigentum)** | I<br>▪ hohe Liquidität<br>▪ schwaches Monitoring<br>► klassischer Eigentümer-Manager-Konflikt | II<br>▪ hohe Liquidität<br>▪ starkes Monitoring<br>► Konflikt zwischen kontrollierenden Aktionären und der Minderheit |
| **Konzentrierte Aktionärs-struktur (Eigentum)** | III<br>▪ geringe Liquidität<br>▪ schwaches Monitoring<br>► klassischer Eigentümer-Manager-Konflikt mit zusätzlich geringer Liquidität | IV<br>▪ geringe Liquidität<br>▪ starkes Monitoring<br>► Konflikt zwischen kontrollierenden Aktionären und der Minderheit mit zusätzlich geringer Liquidität |

a Quelle: in Anlehnung an Becht 1997, S. 25.

21 La Porta/Lopez-de-Silanes/Shleifer 1998, S. 1, bestätigen diese Hypothese, allerdings nicht nur für Europa, sondern als weltweit gültiges Phänomen: «The results suggest that the principal agency problem in large corporations around the world is that of restricting expropriation of minority shareholders by the controlling shareholders, rather than that of restricting empire building by professional managers unaccountable to shareholders.»

22 Dieser wird im Rahmen dieser Arbeit nicht mehr weiterverfolgt.

## 2.3 Die Prinzipal-Agenten-Beziehung

### 2.3.1 Informationsökonomie und Prinzipal-Agenten-Theorie

Die Prinzipal-Agenten-Theorie befasst sich mit der Beziehung zwischen einem Prinzipalen und einem Agenten. Unter den ersten, welche zu dieser Beziehung geschrieben haben, war *Ross 1973*: «A principal-agent relationship arises between at least two parties, in which one (the agent) acts on behalf or as representative of the other (the principal) to perform services which involve delegating decision-making authority.»[23] Aufgrund von Informationsineffizienzen können verschiedene Situationen der Verhaltensunsicherheit entstehen. Diese sind in ▶ Abb. 2/4 dargestellt. Einerseits wird differenziert, ob man sich in der Phase vor oder nach dem Vertragsabschluss befindet (hidden information vs. hidden action). Andererseits wird unterschieden, ob der Prinzipal nach Beendigung des Vertragsverhältnisses das Verhalten des Agenten (Effort, Fleiss, Leistung) beurteilen kann.

Es entstehen drei mögliche Fälle der Verhaltensrisiken:[24]

- Im Falle der *Qualitätsunsicherheit* ist der Prinzipal unsicher in Bezug auf eine Eigenschaft des Agenten (beispielsweise seine Qualifikation).[25] Der Agent selbst kennt seine Qualifikation. Für den Prinzipal fallen Kosten an, falls er zusätzliche Informationen über den Agenten einholen will. Bei hohen Kosten der Informationsbeschaffung wird sich der Prinzipal nur dann

Abb. 2/4 Arten der Verhaltensrisiken[a]

| | **Hidden information (vor Vertragsabschluss)** | **Hidden action (nach Vertragsabschluss)** |
|---|---|---|
| **Verhalten des Agenten ex post feststellbar** | Qualitätsunsicherheit (adverse selection) | Holdup |
| **Verhalten des Agenten ex post unbekannt** | | Moral Hazard |

a Quelle: Eigene Darstellung.

23 Ross 1973, S. 134.

24 Die Kombination zwischen *ex post unbekanntem Verhalten* und *hidden information* wird oft nicht weiter verfolgt. Vgl. auch Spremann 1990, S. 566. Die Gliederung kann unterschiedlich erfolgen, vgl. für eine andere Variante Bühlmann 1998, S. 79.

25 Die Konstellation kann sich auf eine Situation beziehen, in welcher *ein ganzer Markt* nicht in der Lage ist, die Qualität der gehandelten Güter korrekt zu bewerten.

Abb. 2/5 Adverse Selektion

Adverse Selektion tritt auf, wenn in einem Markt Unsicherheit über die Qualität der gehandelten Güter herrscht. Werden nur gute oder schlechte Güter gehandelt und der Käufer ist nicht in der Lage, diese voneinander zu unterscheiden, führt dies dazu, dass sich ein Marktpreis einstellt, der – unabhängig von der Qualität – zwischen dem fairen Preis von guten und dem von schlechten Gütern liegen wird.[a]
Anbieter von guten Produkten werden in der Folge versuchen, aussermarktliche Kooperationsformen zu finden und den Markt verlassen. Die durchschnittliche Qualität der im Markt verbleibenden Güter wird so stetig abnehmen, bis schliesslich nur noch schlechte Güter im Markt verbleiben.
Die Theorie der adversen Selektion hat Anwendung in einer ganzen Reihe von ökonomischen Problemstellungen gefunden:

- *Kreditmärkte:* Uniforme, von der Bonität des Kunden unabhängig Kreditsätze führen zu einer Verschlechterung des Kreditportefeuilles.[b]
- *Arbeitsmärkte*: Die Anstellung eines neuen Mitarbeiters ist der klassische Fall eines Investitionsprojektes unter Unsicherheit.[c]
- *Versicherungsmärkte:* Bei risikounabhängigen Versicherungsprämien werden sich nur schlechte Risiken versichern lassen, gute Risiken werden auf eine Versicherung verzichten.

Es existieren zwei Lösungsansätze zur Überwindung der adversen Selektion:

- *Signalling:* Der Anbieter eines guten Produktes signalisiert die gute Qualität. Das Signal darf für schlechte Anbieter nur schwer kopierbar sein.[d] Signalling führt zum sog. *separating equilibrium.* Gute und schlechte Güter werden voneinander separiert.
- *Self selection:* Durch das Setzen von adäquaten Anreizen (z.B. betont erfolgsabhängige Entlöhnung) werden sich schlechte Marktteilnehmer (ungenügende Qualifikation) gar nicht erst zur Wahl stellen (nicht bewerben).

a Im Rahmen der Signalling Theorie spricht man von einem sog. *pooling equilibrium.* Vgl. für eine übersichtliche Darstellung z.B. Megginson 1997, S. 19f.
b Vgl. zur Problematik der adversen Selektion in Kreditmärkten Volkart 1993, S. 14–16 oder Wuffli/Hunt 1993.
c Vgl. für eine interessante Darstellung von adversen Selektionsprozessen im Arbeitsmarkt Spence 1973. Universitätsdiplome übernehmen hier die Rolle eines glaubwürdigen Signals.
d Die Signalling-Theorie erscheint sehr ansprechend. In vielen klassischen Problembereichen innerhalb der Corporate Finance hat sie den Praxistest allerdings noch nicht bestanden. Vgl. Megginson 1997, S. 21.

ohne zusätzliche Information entscheiden, wenn die Folgen einer Fehlentscheidung gering sind.
*Qualitätsunsicherheit* kann zu *Marktversagen* führen. Dieses ist auf *adverse Selektion*[26] zurückzuführen (◄ Abb. 2/5).

- Der *Holdup* tritt im Gegensatz zur Qualitätsunsicherheit erst nach Vertragsabschluss auf. Er entspringt der Gegebenheit, dass in Verträgen unmöglich alle Fälle und Varianten abschliessend geregelt werden können. Sie sind un-

26 Das Phänomen der *adversen Selektion* wurde von Akerlof 1970 in seinem Artikel «The market for lemons» erstmals aufgebracht.

vollständig. Der Agent hat nun – im Rahmen der vertraglichen Abmachung – einen Handlungsspielraum, den er gegen den Prinzipal ausspielen kann. Der Prinzipal hingegen ist an den Agenten gebunden, da er bereits Investitionen in die Beziehung zum Agenten getätigt hat, beispielsweise für dessen Auswahl und Einarbeitung. Die Auflösung des Vertrags ist für ihn mit hohen Kosten verbunden, weswegen er davon absehen wird.
Die *Lösung* der Holdup-Problematik kann nicht durch Vertragsgestaltung erfolgen, da diese nie komplett sein kann. Vielmehr wird vorgeschlagen, die vertraglichen Lücken durch Überwachung oder Autorität zu füllen.[27]

- Auch der Fall des *Moral Hazard* tritt erst nach Abschluss des Vertrags auf. *Moral Hazard* unterscheidet sich vom *Holdup* dadurch, dass das Verhalten (Effort) des Agenten ex post nicht beurteilt werden kann (◀Abb. 2/4). Nur das Resultat des Tätigwerdens des Agenten kann beobachtet werden. Dieses Resultat ist wiederum von zwei Faktoren abhängig: Einerseits von einer endogenen Variable, dem Effort (Aktivitätsniveau) des Agenten $e$, andererseits von einer exogenen, vom Agenten und Prinzipal nicht beeinflussbaren Grösse $\Phi$ (Formel (1)). Klassischerweise werden hier nicht beinflussbare, exogene Umweltbedingungen eingesetzt.
  Es ist für den Prinzipal also nicht möglich, aus dem Resultat der Kooperation auf den Effort des Agenten zu schliessen. Ein gutes Resultat kann durchaus auch auf eine exogene Variable zurückzuführen sein.[28]

$$x = x(e, \Phi) \qquad (1)$$

| | | |
|---|---|---|
| wobei | $x$: | Resultatfunktion |
| | $e$: | Effort des Agenten |
| | $\Phi$: | exogene Variable |

Die klassische Prinzipal-Agenten-Theorie befasst sich nun vertieft mit dem Fall des *Moral Hazard.*

Meistens wird die Prinzipal-Agenten-Theorie zurückgeführt auf den berühmten Artikel «Theory of the Firm: Managerial Behavior, Agency Costs and Ownership Structure» von *Jensen/Meckling 1976. Jensen/Meckling* stimmen

---

27 Vgl. zu inkompletten Kontrakten Spremann 1990, S. 580–581, und auch Abschnitt 2.4.3 auf Seite 52.

28 Ein oft angeführtes Beispiel dafür sei hier erwähnt: Ein Landbesitzer (Prinzipal) beauftragt einen Landarbeiter (Agenten) mit der Bewirtschaftung seines Ackers. Der Ertrag des Ackers ist nicht nur vom Effort des Landarbeiters (Pflügen, Säen, Düngen etc.) abhängig, sondern auch von der externen Variable Wetter. Ein guter Ertrag muss also nicht zwingend auf guten Effort des Landarbeiters zurückzuführen sein.

mit *Coase 1937* und *Alchian/Demsetz 1972* in der *Definition der Unternehmung* weitgehend überein. «(...) the firm is simply one form of legal fiction which serves as a nexus of contracts for contracting relationships and which is also characterized by the existence of divisible residual claims on the assets and cash flows of the organization which can generally be sold without permission of the other contracting individuals.»[29] Im Gegensatz zu *Alchian/Demsetz 1972* beschränken sie ihre Analyse nicht auf den engen Aspekt der Teamarbeit, sondern betrachten alle Beziehungen, die sich innerhalb der Unternehmung ergeben. Darunten fallen Beziehungen zwischen Mitarbeitern, Managern, Lieferanten, Kunden, Gläubigern und Eigentümern.

Die Prinzipal-Agenten-Beziehung und der daraus wachsende Agency-Konflikt wird wie folgt beschrieben: «We define an agency relationship as a contract under which one or more persons (the principal(s)) engage another person (the agent) to perform some service on their behalf which involves delegating some decision making authority to the agent. If both parties to the relationship are utility maximizers there is good reason to believe that the agent will not always act in the best interest of the principal.»[30]

Die Prinzipal-Agenten-Beziehung nach *Jensen/Meckling 1976* ist damit durch drei Eigenschaften geprägt:

- *Zieldivergenz*
  Sowohl Prinzipal als auch Agent sind nutzenmaximierende Individuen.[31] Der Agent verhält sich effort- und risikoavers.
- *Unsicherheit durch Umweltbedingungen*
  Der Prinzipal kann nicht vom Resultat auf den Effort des Agenten schliessen, da das Resultat von einer exogenen Variable mitbeeinflusst wird.
- *Asymmetrische Informationsverteilung*
  Der Prinzipal kann wohl das Ergebnis der Kooperation, nicht aber den Effort und die Arbeitsleistung des Agenten beobachten.

Für den Prinzipal geht es unter diesen Rahmenbedingungen darum, einen optimalen Kontrakt mit dem Agenten zu entwerfen. Dieser beinhaltet die teilweise Beteiligung des Agenten am Resultat x der Kooperation. Übertragen auf das Beispiel Investor-Manager wird die Eliminierung sämtlicher Agency-Kosten allerdings nur dann resultieren, wenn der Agent die Unternehmung zu 100% besitzt.

---

29 Jensen/Meckling 1976, S. 311.

30 Jensen/Meckling 1976, S. 308.

31 Vgl. zum zugrundegelegten Menschenbild und zu Aspekten der *Managerial Welfare Maximization* Abschnitt 3.2 auf Seite 56.

### 2.3.2 Positive vs. normative Ausrichtung

Innerhalb der Prinzipal-Agenten-Theorie wird – entsprechend den wissenschaftstheoretischen Grundbegriffen – zwischen einer positiven und einer normativen Forschungsrichtung unterschieden.[32] Diese unterscheiden sich im Forschungsdesign und im Formalisierungsgrad.

Innerhalb der *positiven Ausrichtung* der Agency-Theorie wird untersucht, welche praktischen Konsequenzen sich aus den Grundaussagen der Agency-Theorie ableiten lassen. Aus der Theorie abgeleitete Hypothesen werden empirisch getestet. Eine Hauptforschungsrichtung, welche sich in den letzten Jahren etabliert hat, ist die Agency-Beziehung zwischen dem Management (Inhaber der Kontrollrechte über die Unternehmung) und den Aktionären (Inhaber der Eigentumsrechte der Unternehmung). Die positive Ausrichtung der Prinzipal-Agenten-Theorie hat sich in vielen Gebieten der Theorie zur Corporate Finance als ausserordentlich fruchtbar erwiesen.[33]

Die *normative Ausrichtung* der Agency-Theorie ist durch einen stärkeren Formalismus und Abstraktionsgrad gekennzeichnet. Sie versucht, Kooperationsbeziehungen unter Berücksichtigung der Präferenzfunktionen Risikoneigungen der involvierten Parteien und dem Grad der Informationsasymmetrie (mehr oder weniger starke Existenz von privater Information) analytisch zu erfassen. Ziel ist es, auf entscheidungstheoretischer Grundlage optimale Kontrakte zu modellieren. Die normative Ausrichtung hat sich aufgrund des stark formalisierten Vorgehens mit zum Teil wirklichkeitsfremden Vereinfachungen für praktische Problemstellungen nicht bewährt. Wichtige Vertreter dieser Forschungsrichtung sind u.a. *Grossman/Hart 1983, Holmstrom/Milgrom 1987.*

### 2.3.3 Arten und Kosten von Prinzipal-Agenten-Beziehungen

Im Rahmen der kontraktbezogenen Sichtweise der Unternehmung wird diese als Knoten von Beziehungen und Verträgen *(nexus of contracts)* zwischen verschiedenen Anspruchsgruppen gesehen. Eigentlich spielen zwischen all diesen Vertragsparteien Prinzipal-Agenten-Beziehungen. Die positive For-

32 Vgl. z.B. Jensen 1983.

33 Dies betrifft einerseits die klassischen Problemfelder Kapitalstruktur und Dividendenpolitik, andererseits die in den USA während der 80er Jahre beobachteten Phänomene rund um Übernahmen (Unterbewertung, wertvernichtende Abwehrmassnahmen etc.) und die im Rahmen dieser Arbeit vertieft behandelte Frage der Entlöhnungspolitik. Vgl. für einen kompakten Überblick Megginson 1997, S. 17–19.

schungsrichtung der Agency-Theorie hat sich dabei aber vor allem auf die Beziehung zwischen Eigentümern und Management *(Managerial Agency)* und die Beziehung zwischen Eigentümern und Gläubigern der Unternehmung konzentriert *(Debt Agency).* Diese zwei Beziehungen haben im Rahmen der Theorie zur Corporate Finance grosse Bedeutung erlangt.

Seltener werden agencytheoretische Untersuchungen im makroökonomischen Umfeld durchgeführt. Diese analysieren das Verhältnis zwischen öffentlichem und privatem Sektor *(Social Agency)* oder zwischen verschiedenen Institutionen des öffentlichen Sektors *(Political Agency).* Diese Untersuchungen sind der politischen Ökonomie zuzuordnen. ▶ Abb. 2/6 zeigt die übliche Gliederung von Prinzipal-Agenten-Beziehungen im Überblick.

Zur Analyse der Management Compensation muss die Beziehung zwischen dem Management und den Eigentümern vertieft behandelt werden. Neben dem klassischen Konflikt zwischen Eigentümern *(Shareholders)* und dem Management (▶ Abb. 2/7, Fall I) existieren zwei weitere Beziehungen. Zum einen ist der Fall denkbar, dass das Management selbst am Unternehmen beteiligt ist (▶ Abb. 2/7, Fall II). Von dieser Annahme gehen *Jensen/Meckling 1976* aus. Das Management *(inside equity holders)* hat damit die Kontrolle über die Unternehmung, während die wertmässigen Konsequenzen ihres Handelns von allen Eigentümern getragen werden. Zum anderen kann sich die Situation ergeben, dass eine kontrollierende Mehrheit *(blockholders)* einer Minderheit *(minority)* gegenübersteht (▶ Abb. 2/7, Fall III).[34] Fall III überlagert die Fälle I und II. Es ist durchaus denkbar, dass die Position der kontrollierenden Mehrheit oder die Position der Minderheit durch das Management eingenommen wird. Dies muss aber nicht der Fall sein.

Abb. 2/6 Arten von Prinzipal-Agenten-Beziehungen[a]

| **Kategorie** | **Beziehung** |
|---|---|
| Managerial Agency (Managerialism) | Shareholder (Prinzipal) vs. Management (Agent) |
| Debt Agency | Bondholder (Prinzipal) vs. Shareholder (Agent) (Shareholder-Bondholder-Konflikt) |
| Social Agency | Öffentlicher Sektor (Prinzipal) vs. privater Sektor (Agent) |
| Political Agency | Gesamte Gesellschaft/Steuerzahler (Prinzipal) vs. Regierungen/Regulatoren (Agenten) |

a Quelle: Kose/Senbet 1998, S. 375.

34 Vgl. dazu Abschnitt 2.2.3 auf Seite 39 und Fussnote 21 auf Seite 42.

Abb. 2/7 Managerial Agency und Equity Agency[a]

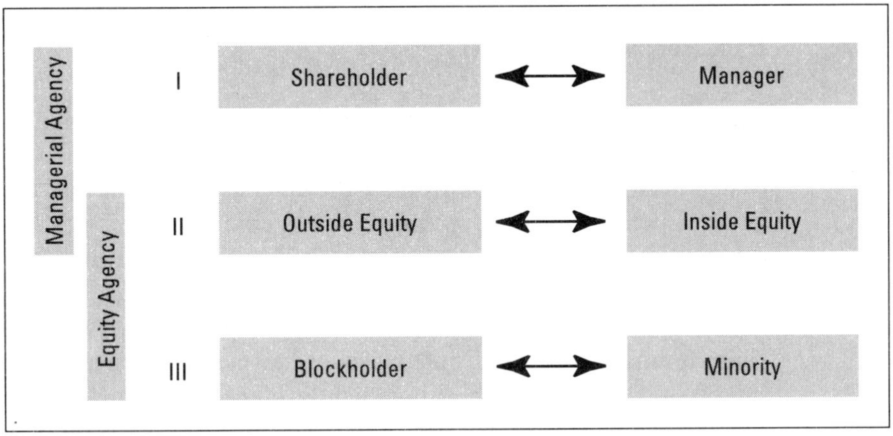


a Quelle: Eigene Darstellung

Agency-Konflikte treten bei Informationsasymmetrie auf. Damit sind für die Gestaltung von Prinzipal-Agenten-Beziehungen keine *first-best*-Lösungen im Sinne eines Pareto-Optimums[35] möglich. Die *second-best*-Lösung ist dadurch charakterisiert, dass die entstehenden Agency-Kosten minimal ausfallen. ▶ Abb. 2/8 gliedert die Agency-Kosten weiter auf.

Abb. 2/8 Agency Kosten[a]

| **Kategorie** | **Ausprägung** |
|---|---|
| Überwachungskosten des Prinzipal (monitoring expenditures) | ▪ Kosten eines Überwachungssystems, das die Handlungen des Agenten beobachtet.<br>▪ Kosten, die aus der Etablierung eines Anreizsystems entstehen (z. B. Kapitalverwässerung durch Abgabe von Aktien auf die eigene Unternehmung). |
| Bindungskosten des Agenten (bonding expenditures) | Kosten, welche der Agent auf sich nimmt, um zu signalisieren, dass er gewisse Handlungen nicht vornimmt. |
| Residualer Verlust (residual loss) | Trotz Überwachungs- und Bindungsbemühungen werden die Handlungen des Agenten nicht in jedem Falle optimal im Sinne des Prinzipal erfolgen. Der so entstehende Wohlfahrtsverlust wird als Residualverlust bezeichnet. |

a Quelle: Jensen/Meckling 1976, S. 308.

35 Ein Pareto-Optimum beschreibt eine Situation, in der kein Individuum zu höherem Nutzen gelangen kann, ohne dabei den Nutzen eines anderen Individuums zu vermindern.

## 2.4 Transaktionskostentheoretische Ansätze

### 2.4.1 Transaktionskostentheorie

Die Transaktionskostentheorie hat ihre Wurzeln beim berühmten Artikel «The nature of the firm» von *Coase 1937.* Die Transaktionskostentheorie ist Teil der Neuen Institutionenökonomie, die Fälle untersucht, welche die Neoklassische Theorie nicht zu erklären vermag. *Coase* stellte die Frage, weshalb die unternehmensinterne Koordination durch Planung und Autorität stattfinde und nicht – wie die Steuerung ausserhalb der Unternehmung auch – auf dem Preismechanismus beruhe. Er gelangt zu einer *ersten Erkenntnis,* dass die Verwendung des marktlichen Preismechanismus aus verschiedenen Gründen[36] kostspielig ist. Diese Erkenntnis allein würde allerdings in Frage stellen, weshalb sich überhaupt Märkte etabliert haben. Erst die *zweite Erkenntnis,* dass auch die Koordination innerhalb einer Unternehmung kostspielig[37] ist, führt zum Ergebnis, dass sowohl Unternehmen als auch Märkte existieren. Es sind damit die Transaktionskosten, welche entscheiden, ob eine Handlung innerhalb oder ausserhalb der Unternehmung stattfindet. Damit lässt sich – im Gegensatz zur Prinzipal-Agenten-Theorie – die Existenz von Unternehmen begründen. Ebenso kann die Grenze zwischen der Unternehmung und dem Markt klar definiert werden. Koordinationsformen zwischen Unternehmen (insbesondere vertikale Integration) oder zwischen Unternehmung und Markt lassen sich mittels der Transaktionskostentheorie untersuchen.

Die Transaktionskostentheorie hat sich nach *Coase* in *zwei Grundrichtungen* weiterentwickelt:[38]

- Die *Governance-Richtung* befasst sich eingehend mit den menschlichen Aspekten der Vertragsgestaltung, der Gestaltung von Vertragsbeziehungen und der Gestaltung von Koordinations- und Überwachungsmechanismen. Hauptvertreter der Governance-Richtung ist *Williamson.*
- Die *Measurement-Richtung* betont die Bewertungsproblematik der Faktorleistung innerhalb eines Unternehmens. Sie wird im Rahmen dieser Arbeit nicht mehr weiterverfolgt.

Im Laufe der Zeit hat sich aus der *Governance-Richtung* ein weiteres Spezialgebiet herausgebildet. Es ist dies die Theorie der inkompletten Kontrakte.

36 Es sind dies vor allem Informationskosten, Kosten der Verhandlung und Durchsetzung von Verträgen sowie Prognosekosten aufgrund der Unsicherheit der Zukunft.

37 Dies sind vor allem Kosten der Fehlallokation von Mitteln. Diese sind weitgehend dekkungsgleich mit den in Abschnitt 2.3.3 auf Seite 47 vorgestellten Agency-Kosten.

38 Vgl. zu dieser Unterteilung auch Williamson 1985, Abb. 1–1 auf S. 25 und S. 26–29.

Hauptvertreter ist *Hart.* Die Theorie der inkompletten Kontrakte ist für das Verständnis der *Management Compensation* von grosser Bedeutung und wird in Abschnitt 2.4.3 auf Seite 52 detailliert dargestellt.

*Williamson* greift für die Definition der Transaktionskosten auf eine Aussage von *Arrow* zurück: Transaktionskosten sind Kosten, die nötig sind, um das ökonomische System am Laufen zu halten.[39] Bildlich gesprochen sind sie damit das ökonomische Äquivalent zur Reibung in physikalischen Systemen. Hervorgerufen wird dieser «ökonomische Reibungsverlust» durch Verständigungsprobleme und Konflikte zwischen den am Vertrag beteiligten Personen. *Williamson* nimmt eine andere Kategorisierung der Transaktionskosten als Coase vor; er unterscheidet Ex-ante-Kosten von Ex-post-Kosten.[40]

- *Ex-ante-Transaktionskosten* entstehen vor dem Abschluss eines Vertrags. Es handelt sich dabei um Kosten des Vertragsentwurfes, der Vertragsverhandlungen und den Aufwendungen zur Sicherung eines Vertrags.
- *Ex-post-Transaktionskosten* sind solche, die erst nach Vertragsabschluss entstehen. Im Extremfall beschreibt ein Vertrag *ex ante* alle Situationen, die in Zukunft eintreten können; in der Realität wird dies nicht der Fall sein. Ein Vertrag ist damit inkomplett[41] und überlässt vieles späteren Verhandlungen. Diese Verhandlungen, Konkretisierungen oder Anpassungen an geänderte Rahmenbedingungen verursachen Kosten.

Für die hier analysierte Fragestellung der Management Compensation kommen beide Kostenkategorien in Betracht, wobei das Schwergewicht auf den *Ex-post-Transaktionskosten* liegen wird.

### 2.4.2 Der Ansatz von Alchian/Demsetz

*Alchian und Demsetz 1972* kritisieren und ergänzen *Coase 1937.* Sie argumentieren, dass es die Teamarbeit sei, welche die Existenz von Firmen begründe. Teamarbeit ist dabei definiert als ein Prozess,

- für den mindestens zwei Ressourcen nötig sind;
- dessen Output mehr Wert ist als die Summe der Werte der Inputfaktoren;
- bei dem nicht alle Ressourcen einer Person zugeordnet sind.

*Alchian und Demsetz* gehen davon aus, dass die Inputfaktoren – also der Effort der beteiligten Personen – nicht direkt beobachtbar sind. Alle Team-

---

39 Arrow 1969, S. 48 zit. in Williamson 1985, S. 19.

40 Vgl. Williamson 1985, S. 20–21.

41 Vgl. zur Theorie der inkompletten Kontrakte auch Abschnitt 2.4.3 auf Seite 52.

mitarbeiter haben also einen Anreiz, den eigenen Effort zulasten der anderen Mitarbeiter zu reduzieren *(shirking)*. Um diesen adversen Anreiz zu neutralisieren, führen *Alchian und Demsetz* eine zentrale Instanz ein *(central acting agent)*, die eine überwachende Funktion übernimmt. Ihr Disziplinierungsinstrument ist die Fähigkeit, sämtliche Verträge mit den Mitarbeitern neu aushandeln zu können.

Das Setting ist damit ein ähnliches wie bei der in Abschnitt 2.3 auf Seite 43 behandelten Prinzipal-Agenten-Theorie. Der Unterschied liegt im Analyseobjekt: Während die Prinzipal-Agenten-Theorie die Beziehung zwischen (beispielsweise) Management und Eigentümer betrachtet und Massnahmen zur Parallelisierung der Interessen vorschlägt, liegt der Fokus bei *Alchian/ Demsetz 1972* auf den *Kosten der Vertragsgestaltung*. Mit der jederzeitigen Möglichkeit der Neuverhandlung von Verträgen mit Mitarbeitern wird eine *Pay-for-Performance*-Entlöhnung eigentlich hinfällig. Zu klären bleibt die Frage, ob die Ex-ante-Interessenangleichung oder die Ex-post-Neuverhandlung des Vertrags zu kostenoptimaleren Ergebnissen führt.

### 2.4.3 Die Theorie der inkompletten Kontrakte

Die Theorie der inkompletten Kontrakte *(incomplete contracts)* ist eine neuere Forschungsrichtung, welche sich aus der Transaktionskostentheorie entwickelt hat. Diese neuere Forschungsrichtung befasst sich mit Verträgen, die zwischen zwei Parteien abgeschlossen werden. Diese können nicht alle künftigen Zustände und Entwicklungen in Betracht ziehen; sie sind unvollständig.

Diese Unvollständigkeit verursacht Kosten, die drei verschiedenen Quellen zugeordnet werden können:[42]

- In einer komplexen, unsicheren Welt ist es mit Aufwand verbunden, alle möglichen *zukünftigen Ereignisse zu planen*, um diese dann in einen Vertrag aufzunehmen.[43]
- Die *Aushandlung* von Verträgen ist mit Kosten verbunden.
- Das *Ausfertigen* von Verträgen und auch deren *Durchsetzung* ist kostspielig.

In Anbetracht dieser Kosten wird es für beide Parteien optimal sein, *unvollständige Kontrakte* abzuschliessen, in denen gewisse zukünftige Ereignisse

---

42 Diese Kosten können der beschränkten Rationalität *(bounded rationality)* von Individuen zugeschrieben werden. Vgl. für eine Diskussion Coase 1937 oder Williamson 1985.

43 Zusätzlich spielt hier die *bounded rationality* der Vertragsparteien eine Rolle. Vgl. Abschnitt 2.4.1 auf Seite 50f.

nicht exakt spezifiziert sind. Im Falle des Eintritts dieser Ereignisse muss der bestehende Vertrag neu ausgehandelt und angepasst werden, was wiederum mit Kosten verbunden ist.[44]

Auch für den Fall des Verhältnisses zwischen Management und Eigentümern wird es für die beiden Parteien nicht optimal sein, einen Vertrag auszuarbeiten, der dem Management für jeden Fall genau vorschreibt, wie es zu agieren hat. Der Vertrag ist damit unvollständig, und das Management wird – falls keine anderen Mechanismen bestehen – vertragliche Lücken zu seinen Gunsten ausnutzen. Das Problem wird akzentuiert, wenn die Eigentümerstruktur breit gestreut ist, da in diesem Falle zusätzlich ein Trittbrettfahrer-Problem *(free-rider-Problem)* entsteht. So wird kein Eigentümer ein Interesse zeigen, sein Eigentumsrecht aktiv auszuüben und das Management zu disziplinieren. Schliesslich müsste er die Kosten dieser Aktion vollständig selbst tragen, während der Nutzen der gesamten Eigentümerschaft zukäme.[45]

Es existieren nun Mechanismen, welche die Lücken, die in den Verträgen bestehen, automatisch ausfüllen und dafür sorgen, dass sich Manager auch in nicht im voraus definierten Situationen im Sinne der Eigentümer verhalten. In einer engeren Betrachtungsweise kommen hier die Aufnahme von zusätzlichem Fremdkapital (verbunden mit der drohenden Gefahr eines Bankrotts) oder die Gefahr einer unfreundlichen Übernahme *(unfriendly takeover)* als Automechanismen in Frage.[46] In einer weiteren Definition können alle Überwachungsmechanismen *(Corporate Governance)*[47] als ein Substitut zum Vertrag zwischen Management und Eigentümern betrachtet werden. «Governance structures can be seen as a mechanism for making decisions that have not been specified in the initial contract».[48]

## 2.5 Fazit

Dieses Kapitel hat gezeigt, dass die von *Berle/Means 1932* postulierte Trennung zwischen Eigentum und Kontrolle für die moderne Unternehmung nach wie vor Gültigkeit hat. Auch in Kontinentaleuropa ist das Problem manifest, teilweise sogar noch verschärft durch geringe Marktliquidität. In Kombination mit der von der Prinzipal-Agenten-Theorie postulierten Informations-

44 Vgl. für das berühmte Beispiel von *GM* und *Fischer Body* Hart 1995a, S. 24–25.

45 Vgl. dazu auch die in Abschnitt 2.2.2 auf Seite 38 gemachten Ausführungen zur Trennung zwischen Eigentum und Kontrolle.

46 Vgl. z.B. Hart 1995a, S. 126f. bzw. S. 186f.

47 Vgl. dazu das Kapitel 4 auf Seite 115.

48 Hart 1995b, S. 680.

Abb. 2/9 Prinzipal-Agenten-Theorie vs. Transaktionskostentheorie[a]

| **Dimension** | **Prinzipal-Agenten-Theorie** | **Theorie der Transaktionskosten** |
|---|---|---|
| Analyseebene | Individuum | Transaktion |
| entstehende Kosten | Agency-Kosten, Residualer Verlust | Kosten der schlechten Adaption (Markt versus Hierarchie) |
| Konsequenzen in Bezug auf den Kontrakt | *ex ante:* Interessenangleichung *(incentive alignment)* | *ex post:* optimale Überwachung *(governance)* |

a Quelle: Williamson 1996, S. 179.

asymmetrie und den Zieldivergenzen zwischen Management und Eigentümern entsteht ein Konflikt zwischen den beiden Parteien.

Die Prinzipal-Agenten-Theorie und die Transaktionskostentheorie weisen Gemeinsamkeiten und Unterschiede auf. Diese sind in ◂Abb. 2/9 zusammengefasst.

Trotz der trennenden Elemente lassen sich für die Problematik Management Compensation aus beiden Theorien wichtige Schlussfolgerungen ableiten:

- Die *Prinzipal-Agenten-Theorie* illustriert den Konflikt zwischen Management und Eigentümern sehr anschaulich. Das Schwergewicht liegt dabei auf der Existenz von Informationsasymmetrie und auf divergierenden Zielvorstellungen zwischen Management und Eigentümern. Die Massnahmen, die zur Abhilfe vorgeschlagen werden, können beiden Kategorien zugeordnet werden: *Informationsasymmetrien* können durch effizientere Kommunikation zwischen Unternehmung und Investoren abgebaut werden. *Divergierende Zielvorstellungen* müssen durch adäquate Anreizsysteme parallelgeschaltet werden. Da der individuelle Effort des Managers nicht kostenlos beobachtbar ist, ist das Anreizsystem an (beobachtbare) Resultate zu koppeln. Diese Abhilfemassnahmen betreffen primär die Zeit vor dem Vertragsabschluss.
- Die *Transaktionskostentheorie* und insbesondere die *Theorie der inkompletten Kontrakte* zeigt auf, welche Kostenwirkungen mit dem Abschluss von Verträgen einhergehen. Wichtig ist die Erkenntnis, dass Verträge nie komplett sein können. Daraus leitet sich ab, dass dem Etablieren von Überwachungsstrukturen *(Corporate Governance),* welche als Ersatzmechanismus in der Lage sind, vertragliche Lücken zu füllen, hohe Bedeutung zukommt.

*Kapitel 3*

# *Die Position des Managements*

## 3.1 Einleitung

Im zweiten Kapitel wurde die theoretische Basis für die Management Compensation gelegt. Mittel dazu war die Theorie der Unternehmung. Das genaue Verständnis des Konfliktes zwischen Management und Eigentümern setzt zusätzlich die Kenntnis der Anreize voraus, denen das Management ausgesetzt ist. Die Theorie der Unternehmung ist entsprechend durch eine Theorie menschlichen Verhaltens zu ergänzen. Dieses Kapitel hat zum Ziel,

- verschiedene Modelle menschlichen Verhaltens *(nature of man)* darzustellen und im Hinblick auf ihre Tauglichkeit zu beurteilen;
- darauf aufbauend das Konzept der *Managerial Welfare Maximization* vorzustellen;
- die Konsequenzen der *Managerial Welfare Maximization* auf Kernbereiche der Corporate Finance darzustellen und anhand *empirischer Untersuchungen* zu belegen.

## 3.2 Das zugrundegelegte Menschenbild

Das zugrundegelegte Menschenbild *(nature of man)* ist für das Verständnis der *Management Compensation* von tragender Bedeutung. Sowohl die Prinzipal-Agenten-Theorie als auch die Transaktionskostentheorie, damit die ganze daraus hervorgehende Theorie zur *Management Compensation,* stützt sich auf ein bestimmtes menschliches Verhalten ab. Das menschliche Verhalten und seine adäquate Abbildung in theoretischen Modellen ist damit die eigentliche Achillesferse der ganzen theoretischen Basis zur Management Compensation. Es ist daher nicht weiter verwunderlich, dass sich die Kritik an den Theorien zur *Management Compensation* auf diesen Punkt konzentriert.[1] Die Nützlichkeit eines Modells menschlichen Verhaltens hängt dabei einzig von seiner Fähigkeit ab, beobachtete Muster menschlichen Verhaltens zu erklären.

Im folgenden werden die fünf klassischen Ansätze menschlichen Verhaltens vorgestellt (vgl. ▶ Abb. 3/1). Dabei werden die im Rahmen dieser Arbeit verwendeten Theorien vertieft behandelt.[2] Im Anschluss an die Präsentation der klassischen Theorien wird ein Abschnitt der beschränkten Rationalität (bounded rationality) gewidmet, die im Rahmen der Transaktionskostentheorie eine grosse Bedeutung erlangt hat.

Abb. 3/1 Klassische Erklärungsansätze menschlichen Verhaltens[a]

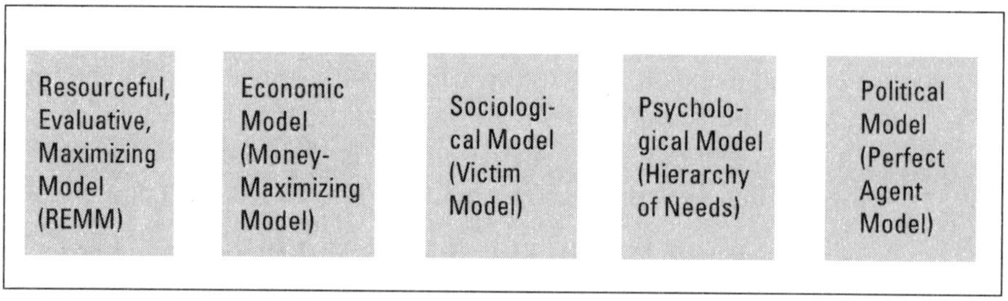


a Quelle: Jensen/Meckling 1994, S. 4.

### 3.2.1 Das ökonomische Modell

Das ökonomische Modell ist eine stark vereinfachte Beschreibung des Menschen. Es beschreibt das Individuum als kurzfristigen Geld-Maximierer, der sich in keiner Art und Weise um andere Werte – zum Beispiel Moral, Liebe, Respekt oder Ehrlichkeit – kümmert.

1 Vgl. für einen prominenten Beitrag Brennan 1994 und die Replik in Jensen 1994.

2 Die folgenden Ausführungen basieren auf Jensen/Meckling 1994.

Das ökonomische Modell in dieser Form beschreibt das menschliche Verhalten schlecht. «People do not behave this way.»[3] Es wird dennoch häufig von Ökonomen herangezogen, da es einfach zu modellieren und anzuwenden ist. Da es einzig auf das Verlangen nach Geld abstellt (Gier), erwächst dem ökonomischen Modell (berechtigterweise) massive Kritik.

### 3.2.2 Das soziologische Modell

Im soziologischen Modell werden Menschen als Produkt ihrer kulturellen Umgebung gesehen. Ihr Verhalten ist demnach geprägt von den Gebräuchen, Regeln und Traditionen der Gesellschaft, in der sie sich bewegen. Vielfach werden sie als eigentliche Opfer ihres sozialen Umfeldes gesehen *(social victims)*. Es wird damit eine klare Ursache-Wirkung-Beziehung zwischen dem sozialen Umfeld und dem Verhalten der Individuen hergestellt.

Das soziologische Modell betont die Wichtigkeit von Gebräuchen und Sitten in einer Gesellschaft und die Folgen der Missachtung derselben. Der innere Antrieb als Motor menschlichen Verhaltens wird im soziologischen Modell nicht in Betracht gezogen. Damit ist es – ähnlich wie das ökonomische Modell, das einseitig nur auf diesem Aspekt fusst – in seiner Aussagekraft äusserst beschränkt.

### 3.2.3 Das psychologische Modell

Das psychologische Modell ist eine Weiterentwicklung des soziologischen Modells. Bekanntester Vertreter des psychologischen Modells ist Maslow.[4] Das psychologische Modell gesteht dem Menschen Bedürfnisse und Wünsche zu. Diese sind allerdings weitgehend voneinander unabhängig und folgen einer Hierarchie. «Human needs arrange themselves in hierarchies of prepotency. That is to say, the appearance of one need usually rests on the prior satisfaction of another more prepotent need.»[5] Der Mensch ist also beispielsweise nicht bereit, ein wenig Nahrung für grössere Sicherheit einzutauschen, solange sein Bedürfnis nach Nahrung nicht vollständig befriedigt ist. Der *trade-off,* also das Abwägen zwischen verschiedenen Handlungsalternativen, ist im psychologischen Modell also kein Bestandteil des menschlichen Handelns.

---

3 Jensen/Meckling 1994, S. 10.

4 Maslow 1943.

5 Maslow 1943, S. 370, zit. in: Jensen/Meckling 1994, S. 14. Maslow ist in späteren Arbeiten von dieser strengen Bedingung abgerückt. Dies fand allerdings keinen Eingang in das psychologische Modell.

### 3.2.4 Das politische Modell

Im politischen Modell wird der Mensch als perfekter Agent *(perfect agent)* gesehen, der nicht sein eigenes Wohlergehen, sondern das Wohlergehen der Gesellschaft als Ganzes anstrebt. Er unterscheidet sich damit vom *Altruisten,* der bereit ist, eigene Zeit oder eigenen Wohlstand zu verwenden, um einer *bestimmten* Gruppe zu höherem Wohlstand zu verhelfen. Altruisten haben damit eigene Präferenzen, welche die perfekten Agenten im politischen Modell nicht haben. Das politische Modell wird verwendet, um das Verhalten von Politikern oder Regierungsstellen zu erklären, es hat aber den Praxistest nicht bestanden.[6]

### 3.2.5 Das Resourceful, Evaluative, Maximizing Model

Das *Resourceful, Evaluative, Maximizing Model (REMM)* ist eine Konstruktion, die im wesentlichen eine Kombination der vier vorangehend vorgestellten Modelle ist. Das REMM geht zurück auf *Jensen/Meckling 1994.*

Die Grundannahmen des REMM lassen sich am besten anhand von drei Kernaussagen beschreiben:

- *Menschen sind erfinderisch (resourceful).*
  Der Mensch ist kreativ. Er ist fähig, Veränderungen in den Rahmenbedingungen wahrzunehmen und darauf zu reagieren. Er ist aber auch in der Lage, selbständig Einfluss auf die beschränkenden Rahmenbedingungen zu nehmen und damit seine Handlungsalternativen *(opportunity set)* zu vervielfachen.
- *Jeder Mensch wählt permanent zwischen verschiedenen Möglichkeiten (evaluative).*
  Er ist dabei permanent bereit, ein Gut gegen ein anderes einzutauschen, wenn dies wertvermehrend ist, und wägt ständig zwischen Alternativen ab *(trade-off).* Bei der Evaluation einer Alternative berücksichtigt er eine Vielzahl von Faktoren: Umwelt, Ehre, Meinung von Gleichgestellten, Normen und Regeln der Gesellschaft usw.
- *Jeder Mensch ist ein Wert-Maximierer (maximizing).*
  Er wählt sein Handeln nach dem Kriterium Wert. Das Kriterium Wert ist dabei nicht beschränkt auf Geld oder Vermögen. Anerkennung von Freunden, Sitten der Gesellschaft, Ehre sind Beispiele der berücksichtigten Werte. Er

---

6 Vgl. für eine Reihe von Beispielen aus dem amerikanischen Raum Jensen/Meckling 1994, S. 16/17.

ist in der Maximierung durch verschiedene Faktoren eingeschränkt: Zeit, Vermögen, Gesetze usw.

Das *Resourceful, Evaluative, Maximizing Model (REMM)* übernimmt von jedem der vorgestellten Modelle gewisse Teile und fügt diese zu einem kohärenten Ganzen zusammen.[7]

- Das REMM übernimmt vom *ökonomischen Modell* die Annahme, dass der Mensch ein egoistischer Wertmaximierer ist, beschränkt sich dabei aber nicht auf Geld oder Vermögen als einzigen zu maximierenden Wert. Umwelt, Ehre, Meinung von Freunden und die Regeln der Gesellschaft sind dem Geld oder dem Vermögen gleichgestellt.
- Es stimmt mit dem *psychologischen Modell* insofern überein, als die Nachfrage der Menschen gewissen Regeln folgt, verneint aber die starre Hierarchie der Bedürfnisse.
- Das *soziologische Modell* betont die Wichtigkeit von Bräuchen, Sitten und Normen innerhalb einer Gesellschaft. Das REMM anerkennt, dass die Verletzung dieser Normen für das Individuum mit Kosten verbunden ist und daher dessen Verhalten beeinflusst. Falls der Nutzen der Verletzung höher ist als die erwachsenden Kosten, wird die Handlung dennoch vorgenommen. REMM ist so in der Lage, Änderungen im soziologischen Umfeld zu erklären.
- Es ist mit dem REMM vereinbar, dass Menschen einen Hang zum Altruismus aufweisen, wie dies das *politische Modell* beschreibt. Die Existenz von perfekten Agenten, welche sich vollständig im Sinne der Gesellschaft verhalten, wird aber bestritten.

Die Anwendung des REMM beschränkt sich nicht auf Gebiete der Ökonomie. Es findet im Bereich aller Sozialwissenschaften Anwendung, wie zum Beispiel im eigentlich klassisch soziologischen Arbeitsfeld der Ehe.[8]

### 3.2.6 Das Menschenbild in der Transaktionskostentheorie

Im Rahmen der Transaktionskostentheorie wird das menschliche Verhalten entlang von zwei Dimensionen modelliert. Es handelt sich dabei um die *Rationalität* einerseits und um das *eigennützige Verhalten* des Individuums andererseits. Jede Dimension kann in verschiedenen Intensitätsstufen auftreten.

7 Die folgende Argumentation folgt Jensen/Meckling 1994a, S. 18f.

8 Vgl. dazu den interessanten Beitrag des Nobelpreisträgers Becker 1973.

Bei der Rationalität des Individuums werden drei Stufen unterschieden:[9]

- *Volle Rationalität (maximizing)*
  Die volle Rationalität entspricht der strengsten Form der Rationalität. Die neoklassische Theorie geht von voller Rationalität aus. Das Individuum wählt – unter vollständiger Kenntnis der Preise, der Produktionsfunktionen und seiner eigenen Nutzenfunktion – die für ihn nutzenmaximierende Handlung. Im Grunde genommen ist damit das Verhalten von Anfang an vorbestimmt und die Welt wird zu einem «single gigantic once-for-all higgle-haggle»[10] reduziert.
- *Beschränkte Rationalität (bounded rationality)*
  Die Transaktionskostentheorie baut auf dieser (halbstarken) Rationalitätsdefinition auf. Menschliches Verhalten wird wie folgt beschrieben: Menschen sind in ihren Entscheidungen «*intendedly* rational, but only *limitedly* so»[11]. Sie beabsichtigen also, rationale Entscheide zu fällen, sind aber aufgrund der Unsicherheit der Zukunft nur beschränkt dazu in der Lage. Dies hat erhebliche Konsequenzen in zwei Dimensionen: Einerseits wird damit ausgesagt, dass Verträge, welche zwei Partner miteinander abschliessen, nie vollständig sein können.[12] Andererseits kommt damit den Überwachungsmechanismen, welche in der Lage sind, Vertragslücken den jeweiligen Veränderungen in der Umwelt anzupassen, grosse Bedeutung zu. Diese beiden Punkte treten bei voller Rationalität nicht auf. Die beschränkte Rationalität eröffnet Aspekten der Vertragsgestaltung und Überwachung wertvolle Einsichten.
- *Organische Rationalität (organic rationality)*
  Die organische Form der Rationalität erklärt die Existenz gewisser Unternehmens- oder Markttypologien aufgrund evolutorischer Prozesse, die in ihrer Richtung nicht zwangsläufig so geplant waren, sondern sich so ergeben haben.

Der Grad des Selbstinteresses eines Individuums wird nach drei Stufen unterschieden:[13]

- *Opportunismus*
  Opportunismus bedeutet das Verfolgen eigener Interessen, auch unter Zuhilfenahme von unehrlichen Mitteln oder durch Täuschen von Vertrags-

9 Vgl. Williamson 1985, S. 44–47.
10 Meade 1971, S. 166 zit. in Williamson 1985, S. 45.
11 Simon 1961, S. xxiv (Hervorhebungen im Original).
12 Vgl. dazu auch Abschnitt 2.4.3 auf Seite 52.
13 Vgl. Williamson 1985, S. 47–50.

partnern.[14] Opportunismus tritt sowohl vor als auch nach Vertragsabschluss auf. Es ergeben sich hier Parallelen zu den im Rahmen der Prinzipal-Agenten-Theorie besprochenen Fällen *adverse selection, moral hazard* und *holdup.*[15] Abhilfemassnahmen gegen opportunistisches Verhalten sind das *Setzen adäquater Anreize, Governance* oder das *Eingehen von glaubwürdigen Versprechen (credible commitments).*

- *Einfaches Selbstinteresse*
  Das einfache Verfolgen von eigenen Interessen entspricht der halbstarken Form von Opportunismus. Man geht nach wie vor davon aus, dass das Individuum eigene Ziele verfolgt, dieses Verhalten aber für alle beteiligten Personen transparent ist. Die neoklassische Theorie geht von einfachem Selbstinteresse aus.
- *Gehorsam (obedience)*
  Im Falle von Gehorsam verschwindet das Verfolgen eigener Ziele gänzlich. In den Vordergrund tritt ein Agieren im Sinne des Vorgesetzten oder der Regierung.

Im Rahmen der *Transaktionskostentheorie* wird von der Kombination von *beschränkter Rationalität* mit *Opportunismus* ausgegangen. Ein Vergleich mit dem aus der Prinzipal-Agenten-Theorie gewachsenen Verhaltensmodell REMM[16] zeigt, dass das unterstellte Menschenbild im Wesentlichen demjenigen der Transaktionskostentheorie entspricht, auch wenn nicht in beiden Theorien die gleiche Terminologie verwendet wird. «TCE (Transaction Cost Economics, Anm. des Verfassers) expressly assumes that human agents are subject to bounded rationality and are given to opportunism. (...) Although many economists, including those who work out of AT (Agency Theory, Anm. des Verfassers), are reluctant to use the term bounded rationality (...), bounded rationality has become the operative rationality assumption. Also, AT refers to ‹moral hazard› and ‹agency cost› rather than opportunism. But the concerns are the same, whence these are merely terminological differences.»[17]

---

14 So gesehen ist Niccolò Machiavelli mit seinem Werk «Il principe» einer der ersten Verfechter des Opportunismus: «Ein kluger Herrscher kann und darf daher sein Wort nicht halten, wenn ihm dies zum Nachteil gereicht und wenn die Gründe weggefallen sind, die ihn veranlasst haben, sein Versprechen zu geben.» Machiavelli 1532, S. 137.

15 Vgl. Abschnitt 2.3.1 auf Seite 43.

16 Vgl. Abschnitt 3.2.5 auf Seite 58.

17 Williamson 1996, S. 173.

## 3.3 Managerial Welfare Maximization

Die Prinzipal-Agenten-Beziehung zwischen Eigentümern (Prinzipal) und dem Management (Agent) wird oft auch als Spannungsfeld zwischen der Maximierung des *Shareholder Value* einerseits und der Maximierung der *Managerial Welfare* andererseits dargestellt (vgl. ▶ Abb. 3/2).[18] Basis ist wiederum der in Abschnitt 2.3 auf Seite 43 dargestellte Agency-Konflikt *(Managerial Agency).*

Abb. 3/2 Shareholder Value vs. Managerial Welfare[a]

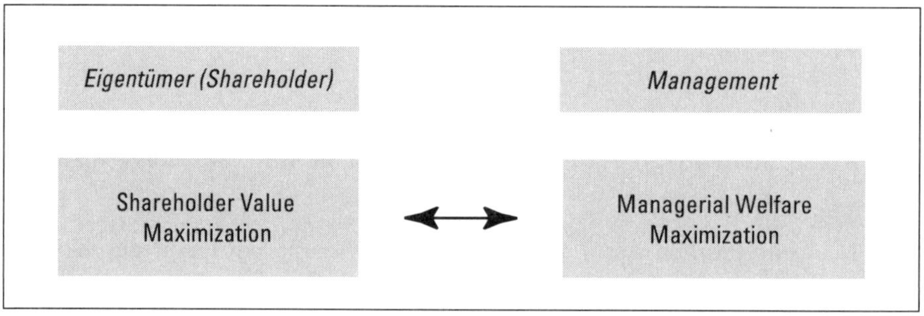


a Quelle: Eigene Darstellung.

Das Interesse der Eigentümer richtet sich auf die Steigerung des Unternehmenswertes und damit auf die Steigerung des Wertes ihrer Anteile *(Shareholder Value).*[19] Das egoistische und auf den eigenen Nutzen bedachte Management wird nun seine Handlungen nicht an der Zielgrösse *Shareholder Value* ausrichten, sondern andere, den *eigenen* Nutzen maximierende Grössen in den Vordergrund stellen. ▶ Abb. 3/3 stellt diese Grössen überblicksartig dar. Sie sollen im folgenden diskutiert werden. Die Folgen der Managerial Welfare Maximization auf die wichtigsten Entscheidungsfelder innerhalb der Corporate Finance werden im Anschluss in Abschnitt 3.4 auf Seite 65 behandelt.

18 Dieser Zielkonflikt wurde von Volkart bereits früh erkannt. Vgl. Volkart 1998d, Bd. I, S. 109–110.

19 Die Überlegenheit der Zielgrösse *Unternehmenswert* gegenüber anderen, rechnungswesenbasierten Zielgrössen ist heute aus finanztheoretischer Sicht unbestritten. Im täglichen Gebrauch ist der Begriff *Shareholder Value* allerdings politisch belegt und wird oft – fälschlicherweise – mit kurzfristiger Wertmaximierung durch Stellenabbau gleichgesetzt. Vgl. für eine umfassende Darstellung aus theoretischer Sicht Vettiger 1996, S. 78f.

Abb. 3/3 Komponenten der Managerial Welfare Maximization[a]

a Quelle: Eigene Darstellung.

### 3.3.1 Maximale Entlöhnung

Das Management zieht eine höhere Entlöhnung einer tieferen Entlöhnung vor. Es muss dabei zwischen monetärer und nichtmonetärer Entlöhnung unterschieden werden.

- Die *monetäre Entlöhnung* besteht aus Fix-Salär, Bonus und langfristig ausgerichteten Gehaltskomponenten (Aktien, Optionen). Sie wird vertraglich festgelegt und ist daher vom Manager eigentlich nicht beeinflussbar.[20]
- Die *nichtmonetären Entlöhnungskomponenten* bestehen aus nutzenmaximierenden Aspekten, die sich aus der Tätigkeit eines Managers ergeben können. Diese werden auch als *consumption on the job* bezeichnet. *Jensen/ Meckling 1976* führen einige Beispiele an: «Physical appointments of the office, attractiveness of the secretarial staff, (...) the kind and amount of charitable contributions (...).»[21] Ein Manager kann auf diese Weise seinen Nutzen erhöhen. Die Kosten tragen die Eigentümer durch Wertverlust.[22] Der Eigentümer wird versuchen, die *consumption on the job* des Managements durch Massnahmen der Überwachung zu reduzieren.
  Eine andere Kategorie von *nichtmonetären Entlöhnungskomponenten* sind Werte wie Macht, Prestige oder allgemein die Wertschätzung durch Gleich-

20 Diese Aussage muss in zweifacher Hinsicht relativiert werden: Einerseits kann das Management via Compensation Committee durchaus Einfluss auf die eigene Gehaltsgestaltung nehmen, dies vor allem bei verflochtenen Verwaltungsratsstrukturen *(interlocked boards),* vgl. dazu Hallock 1999, S. 55–77. Andererseits hat das Management Mittel und Möglichkeiten, den Aktienkurs der Unternehmung durch selektive Informationen an die Investment Community kurzfristig zu beeinflussen und damit den Wert seiner Aktien- und Optionsrechte zu erhöhen. Eine Studie von Yermack 1997 hat nachgewiesen, dass die Ankündigung von guten Unternehmensnachrichten durch CEOs auffällig oft kurz vor Verfall von Optionsrechten erfolgte.

21 Jensen/Meckling 1976, S. 312.

22 Argumentation gemäss Jensen/Meckling 1976.

gestellte (peers), Freunde oder die Gesellschaft. Im Gegensatz zur erstgenannten Kategorie sind diese Werte praktisch nicht quantifizierbar.

### 3.3.2 Maximale Handlungsfreiheit

*Maximale Handlungsfreiheit* ist im Sinne von *minimaler Einschränkung* durch interne und externe Kontrollmechanismen[23] zu verstehen. Im englischen Sprachgebrauch wird dies als *managerial entrenchment* bezeichnet.[24] Handlungsfreiheit wird vom Manager als wertvoll eingeschätzt. Er wird alles daran setzen, seine Handlungsfreiheit im beschriebenen Sinne zu wahren und grössere Handlungsfreiheit zu erlangen.

### 3.3.3 Minimales persönliches Risiko

Individuen sind grundsätzlich risikoavers.[25] Das Management ist im Rahmen seiner Tätigkeit verschiedenen Risiken ausgesetzt und wird versuchen, diese zu reduzieren. Die Risiken betreffen die *mangelnde Diversifikation* des Human- und des Finanzvermögens einerseits und das *Risiko eines Stellenverlusts* andererseits.

Das Management hat zum einen sein Humankapital, zum anderen – je nach Ausgestaltung der Entlöhnung – auch einen beträchtlichen Teil seines Vermögens in der Unternehmung gebunden. Im Gegensatz zum vollständigen diversifizierten (aussenstehenden) Investor, für den nur das *systematische Risiko* der Unternehmung massgebend ist, wird das Management das totale Risiko, also auch die unsystematische Komponente, in seine Beurteilung der Lage einfliessen lassen.[26] Das Management wird demnach Massnahmen ergreifen, welche das totale Risiko der Unternehmung reduzieren, auch wenn dies aus der Sicht des aussenstehenden Investors nicht optimal erscheint.[27]

---

23 Vgl. zu den Kontrollmechanismen Abschnitt 5.2 auf Seite 116.

24 Vgl. dazu die Definition von Berger/Ofek/Yermack 1997, S. 1411: «We define entrenchment as the extent to which managers fail to experience discipline from the full range of corporate governance and control mechanisms, including monitoring by the board, the threat of dismissal or takeover, and stock- or compensation-based performance incentives.» Die Kontrollmechanismen werden in Kapitel 5 ab Seite 115 behandelt.

25 Vgl. für eine gute Herleitung Copeland/Weston 1992, S. 88 und zur Frage der Risikoaversion von Unternehmen Bühlmann 1998, S. 51–55.

26 Vgl. Fama 1980.

27 Je nach Ausgestaltung der Entlöhnung kann auch das Gegenteil der Fall sein, also ein bewusstes Erhöhen der Risikos. Vgl. zum Zusammenhang zwischen Risikomanagement und Entlöhnung Abschnitt 3.4.5 auf Seite 80.

Zusätzlich besteht für das Management permanent das *Risiko eines Stellenverlusts.* Um die damit verbundenen Transaktionskosten[28] zu reduzieren, wird das Management darauf achten, die Investitionen in sein Human-Kapital nicht firmenspezifisch, sondern universell einsetzbar vorzunehmen.

Zusätzlich wird der Manager alles daran setzen, dem Arbeitsmarkt für Manager seine Qualitäten zu signalisieren *(signalling managerial skills).*[29] In einem weiteren Verständnis geht es dem Manager um das Aufbauen eines guten Rufs *(managerial reputation).*[30] Dieser gute Ruf hat zwei Wirkungen auf die Managerial Welfare: Einerseits führt der gute Ruf zu einer höheren Entlöhnung, und zwar sowohl in monetärer (Entlöhnung per se) als auch in nichtmonetärer Form (Anerkennung, Wertschätzung von Dritten). Andererseits reduziert der gut Ruf das persönliche Risiko des Managers, indem er die Transaktionskosten eines Stellenwechsels reduziert.[31]

## 3.4 Auswirkungen

Die in Abschnitt 3.3 vorgestellte *Managerial Welfare Maximization* hat Auswirkungen auf sämtliche Entscheide und Handlungen des Managements. Im Rahmen der positiven Agency-Theorie ist eine ganze Fülle von Modellen und Hypothesen zum Verhalten des Managements aufgestellt und empirisch getestet worden. Diese erstrecken sich auf sämtliche relevanten Teilgebiete innerhalb der Corporate Finance. Es ist das Ziel der nachfolgenden Abschnitte, die Wirkung der *Managerial Welfare Maximization* je Teilgebiet darzustellen. Im Anschluss an die Präsentation der Wirkungsweise werden empirischen Untersuchungen angeführt, welche die Wirkung belegen. Die Gliederung erfolgt nach den folgenden Bereichen:

- Investitionspolitik
- Diversifikationspolitik
- Kapitalstrukturpolitik
- Dividendenpolitik
- Risikopolitik
- Informationspolitik

---

28 Vor allem Suchkosten, aber auch das Risiko einer schlechteren Entlöhnung.

29 Vgl. für eine Darstellung unter dem Aspekt *Corporate Hedging* Bühlmann 1998, S. 176 bis 178.

30 Vgl. zu den Auswirkungen auf die Investitionspolitik Abschnitt 3.4.1 auf Seite 66.

31 Vgl. dazu Fussnote 28 auf Seite 65.

Diese Bereiche sind nicht klar voneinander abgegrenzt, sondern weisen vielfältige Interdependenzen auf. So erfolgt die Risikopositionierung einer Unternehmung sowohl durch die Investitionspolitik *(business risk)* als auch durch die Kapitalstrukturpolitik *(financial risk).*[32] Im Rahmen der Diskussion der einzelnen Bereiche werden die wichtigsten Interdependenzen angesprochen.

### 3.4.1 Investitionspolitik

Die Investitionspolitik ist ein zentraler und strategischer Gestaltungsbereich der Geschäftsleitung einer Unternehmung.[33] Sie regelt einen zielgerichteten, nach Wertkriterien optimalen Mitteleinsatz und ist damit eng mit anderen Entscheidungsfeldern der finanziellen Führung verbunden, z.B. mit der Risikopolitik oder der Kapitalstrukturpolitik.

Bei uneingeschränkter Finanzerhältlichkeit hat die Beurteilung grundsätzlich nach dem Wertkriterium zu erfolgen.[34] Nur Investitionsprojekte mit positivem *Net Present Value (NPV)* schaffen positiven Unternehmenswert und damit Mehrwert für die Aktionäre. Die in Abschnitt 3.3 auf Seite 62 präsentierte *Managerial Welfare Maximization* kann nun dazu führen, dass diese Regel vom Management verletzt wird.

In der wissenschaftlichen Diskussion haben sich drei Bereiche herauskristallisiert, in denen diese Abweichung vom Kriterium NPV manifest wird:

- Kurzsichtigkeit des Managements *(management myopia);*
- Verzerrungen im Investitionsverhalten durch Reputationsüberlegungen durch das Management;
- Unterschiede in der Charakteristik der Investitionsmöglichkeiten einer Unternehmung mit Auswirkungen auf das Investitionsverhalten des Managements.

#### 3.4.1.1 Management Myopia

Sowohl in Nordamerika als auch in Kontinentaleuropa wird Besorgnis darüber geäussert, dass das Management in seinen Investitionsentscheiden Resultatverbesserungen in der kurzen Frist anstrebt, anstatt sich auf die nachhaltige Schaffung von Wert in der mittleren oder längeren Frist zu konzentrie-

---

32 Vgl. Volkart 1998c, S. 45.

33 Vgl. Volkart 1998c, S. 59.

34 Vgl. Volkart 1998d, Bd. I, S. 38.

ren.[35] Die Gründe für diese *Myopia* können in zwei Kategorien eingeteilt werden:[36]

- Einerseits spürt das Management den Druck der Aktionäre auf eine schnelle und massive Wertsteigerung ihrer Unternehmensanteile und setzt diesen Druck in einer (wertmässig) suboptimalen, auf kurzfristige Wertsteigerung ausgerichteteten Investitionspolitik um.
- Andererseits können falsch gestaltete, auf kurzfristigen Grössen (beispielsweise Gewinnzahlen) beruhende Entlöhnungs- oder Bonusschemata falsche Anreize setzen. Im weitern können auch Reputationsüberlegungen des Management zu kurzfristig ausgerichtetem Handeln des Managements führen.[37] Die Implikationen des opportunistischen Verhaltens des Managements sind damit dieser Kategorie zuzuordnen.

Es ist offensichtlich, dass die Entlöhnung anhand von kurzfristig orientierten Grössen aus dem *Rechnungswesen*[38] den Anreiz setzt, diese Grössen zulasten einer nachhaltigen Wertsteigerung zu maximieren. Das Management wird also in Projekte investieren, welche einen positiven Einfluss auf die laufenden Erträge haben und Projekte vermeiden, deren positive Wirkung erst in fernerer Zukunft zum Tragen kommt. *Ryan/Wiggins 1998* nehmen eine interessante Unterscheidung von Investitionen in Forschungs- und Entwicklungs-(F&E-) Ausgaben einerseits und normalen Investitionen andererseits vor. Während F&E-Ausgaben eher längerfristig wirken und einen hohen Grad an Unsicherheit aufweisen, sind andere Investitionen durch kürzere Laufzeiten und besser kalkulierbares Risiko charakterisiert. Dies führt dazu, dass kurzfristig motivierte Manager dazu tendieren, Forschungs- und Entwicklungsausgaben zurückzustutzen.[39] Eine weitere Hypothese postuliert, dass Manager, die kurz

35 Vgl. dazu inbesondere die Stellungnahme von Michael Porter vor dem amerikanischen Kongress vom 21.2.1999, in welcher er die in der amerikanischen Volkswirtschaft dominierende Betonung kurzfristiger Elemente als Wettbewerbsnachteil gegenüber den europäischen Volkswirtschaften bezeichnet. Vgl. dazu auch Porter 1992a, S. 5 und 1992b, S. 72.

36 Vgl. Narayanan 1985, S. 1469.

37 Vgl. dazu die Erläuterungen auf Seite 68.

38 Bei hoher Unsicherheit der Zukunft kann das gleiche Resultat auch eintreten, wenn auf den aktuellen Aktienkurs abgestellt wird. Dieser reagiert sehr sensitiv auf Änderungen der aktuellen Ertragszahlen. Vgl. Ryan/Wiggins 1998, S. 2.

39 Dieser Zusammenhang wurde von einer empirischen Studie von Gibbons/Murphy 1992a bestätigt. Sie untersuchten das Investitionsverhalten in Abhängigkeit des Alters des CEO. Die Ergebnisse bestätigten die Hypothese, dass ältere Manager (mit kürzeren Planungs-Horizonten) dazu tendieren, weniger in F&E-Projekte zu investieren.

vor der Pensionierung stehen, dazu neigen, F&E-Aufwendungen zu kürzen, um ihre (an den Gewinn gekoppelte) Bonuseinnahmen zu maximieren.[40]

Entlang dieser Argumentationslinie ist eine ganze Reihe ökonomischer Modelle des Investitionsverhalten entstanden.[41] Sie alle betonen, dass das Management durch die Betonung der kurzfristigen Resultate dem Anreiz ausgesetzt ist, Projekte zu unternehmen, die ihre Wirkung sofort oder bald entfalten. Das Resultat ist in jedem Falle ein *underinvestment,* also ein Nichtrealisieren von eigentlich wertschöpfenden Projekten.

Eine neuere Arbeit von *Narayanan 1996* zeigt, dass auch eine langfristig orientierte, auf Eigenkapitalanteilen beruhende Entlöhnung zu Verzerrungen im Investitionsverhalten des Managements führen kann. In ihrem Modell führt eine ausschliesslich auf Aktien beruhende Entlöhnung zu einem *overinvestment* seitens des Managements. Sie gehen davon aus, dass die Entlöhnung (in Aktien) abhängig ist von der Einschätzung der Fähigkeiten des Managements durch die Investoren. Der Wert der Aktien ergibt sich aus zwei Überlegungen: Einerseits ist er abhängig von der Beurteilung der Managementfähigkeiten durch die Investoren, andererseits auch von den erwarteten Cash-flows in der Zukunft. Dieses Setting schafft für das Management den Anreiz, in der langen Frist zu überinvestieren. Sie schmälern dadurch die in näherer Zukunft eintretenden Cash-flows zugunsten der in fernerer Zukunft eintretenden Cash-flows. Dies führt zwar zu einer schlechteren Beurteilung ihrer Managementfähigkeiten durch die Investoren und damit zu einem frankenmässig tieferen Gehalt (ausbezahlt in Aktien). Die Aktie allerdings ist aus zwei Gründen unterbewertet: Einerseits fliesst die Beurteilung der Managementfähigkeiten in den Kurs ein. Andererseits schliessen die Investoren aus tieferen Cash-flows in der Gegenwart auf tiefere Cash-flows in der Zukunft. Trotz tieferem Gehalt erhält das Management damit durch die über zwei Effekte unterbewertete Aktie eine Entschädigung, die relativ zu den Fähigkeiten zu hoch ist.

#### 3.4.1.2 Managerial Reputation

Die hier getrennt dargestellten Kategorien *Management Myopia* und *Managerial Reputation* lassen sich nicht scharf voneinander trennen. So sind Reputationsüberlegungen des Management einer der Gründe, weshalb die Orientierung an kurzfristigem Erfolg überhaupt existiert. Dennoch existieren Unter-

40 Diese Hypothese wurde von Dechow/Sloan 1991 bestätigt.

41 Vgl. Narayanan 1985, Stein 1989, Bizjak/Brickley/Coles 1993.

schiede: Während die *Management Myopia* in der Herleitung schwergewichtig auf monetären Komponenten[42] der Entlöhnung abstellt, ist das Phänomen Managerial Reputation sowohl mit den Komponenten *Entlöhnung* und als auch *Minimierung des persönlichen Risikos* verbunden.

Investitionsentscheide beeinflussen die Reputation eines Managers. In einer umgekehrten Betrachtungsweise sind Investitionsentscheide ein Instrument in der Hand des Managers, um seine Reputation zu erhöhen. «Managers have an incentive to use investment choices as a tool for building their personal reputations.»[43] Die Forschung zur Managerial Reputation hat erst in den neunziger Jahren einen Aufschwung erlebt und befasst sich schwergewichtig mit den Anreizen, welche durch die Reputation für den Manager entstehen.[44]

Die Anreize lassen sich in drei Hauptkategorien unterteilen:[45]

- *Visibility Bias*
  Manager haben einen Anreiz, kurzfristige Erfolgsindikatoren zu manipulieren.
- *Resolution Preference*
  Manager haben den Anreiz, bessere Neuigkeiten stärker zu gewichten und das Bekanntwerden von schlechte Neuigkeiten zu verzögern oder zu verhindern.
- *Mimicry and Avoidance*
  Manager sind versucht, Aktionen und Taten anderer Manager mit gutem Ruf zu imitieren und solche von Managern mit schlechtem Ruf zu meiden.

Diese Anreize führen zu einer ganzen Reihe von unerwünschten Abweichungen vom optimalen Investitionsverhalten des Managements.[46] Drei oft diskutierte Fälle seien hier gesondert behandelt:

- *Manipulation von Cash-flows*
  Grundsätzlich geht es hier um das Verschieben von Cash-flows über die Zeit, zumeist im Sinne des Aufblähens aktueller zulasten von später auftretenden Cash-flows. Nach der Informationslage der Investoren unter-

---

42 Vgl. Abschnitt 3.3.1 auf Seite 63.

43 Hirshleifer 1993, S. 146.

44 Entgegen der landläufigen Vermutung müssen diese Anreize nicht in jedem Falle negativen Charakter aufweisen. So weisen Gibbons/Murphy 1992 nach, dass vor allem jüngere Manager durch die Sorge um ihre Reputation zu besserer Arbeitsleistung motiviert werden, da sie die Konsequenzen schlechter Reputation für eine lange Zeit (bis zur Pensionierung) tragen müssten.

45 Unterteilung nach Hirshleifer 1993, S. 146.

46 Vgl. für eine Aufzählung Hirshleifer 1993, S. 143.

scheidet man zwei Fälle: Wenn die Entscheidung für den Investor verborgen bleibt, spricht man von *hidden investment,* im anderen Fall von *visible investment*. Durch die Präferenz des Managements, in der kurzen Frist seine Reputation zu verbessern, führen *hidden investments* normalerweise zu *underinvestment.*[47] Bei *visible investments* sind die Investoren in der Lage, den eigentlichen Investitionsentscheid zu beobachten. Dieser Fakt spielt vor allem bei der Existenz von sog. latenten Vermögenswerten *(latent assets)* eine Rolle. Latente Vermögenswerte sind dadurch charakterisiert, dass sie mehr wert sind, als dies die Investoren erwarten. Damit verfügt beispielsweise eine Goldmine, welche die vorhandenen Goldreserven unter den erwarteten Kosten extrahieren kann, über einen latenten Vermögenwert. Es kann nun gezeigt werden, dass die Realisation dieses *latent asset* aus Reputationsgründen immer zu früh erfolgt.[48] Sämtliche Goldminen, darunter solche mit hohem Bestand an latenten Vermögenswerten und andere, sind gepoolt. Für den Investor ist nicht ersichtlich, welches die wertvollen Unternehmen sind. Die einzige Möglichkeit, diese Information zu übermitteln, ist das Realisieren des latenten Vermögenswertes, also das Ausbeuten der Goldmine. Auch in diesem Falle führen Reputationsaspekte zu einer Aufblähung der Cash-flows in der kürzeren Frist.
Die beiden bisher gezeigten Modelle favorisieren beide früh eintretende gegenüber später eintretenden Cash-flows. Beide Modelle führen damit zu *underinvestment.* Es existieren aber auch Erklärungsansätze, die belegen, dass Reputationsüberlegungen zu übermässigem Investitionsvolumen *(overinvestment)* seitens des Managements führen können. *Hirshleifer 1993* präsentiert dazu zwei Erklärungsansätze.[49] Zum einen kann das Tätigen von Investitionen bei beschränkter Mittelverfügbarkeit dem Investor ein qualitativ hochwertiges Projekt signalisieren.[50] Zum anderen kann ein Investitionsentscheid die Unsicherheit der Investoren über die längerfristige Zukunft der Unternehmung reduzieren und so die Reputation des Managements erhöhen.[51]

- *Manipulation im Bereich Risiko*
  Verschiedene Untersuchungen belegen, dass Manager den Risikogehalt ihrer Investitionspolitik in Abhängigkeit der gesetzen Anreize verändern

47 Vgl. Hirshleifer 1993, S. 150–152 und die dort angeführten Quellen.

48 Vgl. zu latent assets und zum folgenden Goldminenbeispiel Brennan 1990.

49 Vgl. Hirshleifer 1993, S. 152.

50 Bei beschränkter Mittelerhältlichkeit werden Projekte vorzugsweise in absteigender NPV-Folge realisiert. Vgl. Roll 1986.

51 So ist die Ankündigung von F&E-Ausgaben im Durchschnitt von positiven abnormalen Renditen verbunden. Vgl. Woolridge/Snow 1990.

Abb. 3/4 Anreizgestaltung und Risikogehalt von Investitionsprojekten

| Untersuchung | Fazit |
|---|---|
| DeFusco/Johnson/Zorn 1990 | Nach Einführung von Executive Stock Option Plans (ESOP) steigt im Durchschnitt die implizite Volatilität der kotierten Optionen dieser Unternehmungen. |
| Agrawal/Mandelker 1987 | Die Volatilität der Aktienrendite von Unternehmen, deren Manager mit mehr Optionskontrakten entlöhnt sind, steigt im Durchschnitt nach einer Übernahme einer Drittfirma stärker an als die Volatilität der Aktienrendite von Unternehmen, deren Manager mit weniger Optionskontrakten entlöhnt werden. |

(◀ Abb. 3/4). Einerseits spielt dabei die Anbindung der Entlöhnung des Managers an den Aktien- oder Optionskurs der eigenen Unternehmung eine Rolle, andererseits wird der Effekt durch Reputationseffekte noch verstärkt. Es ist daher nicht erstaunlich, dass sich Manager eher risikoavers verhalten, falls sie schwergewichtig mit Aktien entlöhnt sind.[52] Im besonderen werden Manager die Wahrscheinlichkeit eines Projektmisserfolgs stärker gewichten als die Wahrscheinlichkeit eines Erfolgs. Es kann also durchaus der Fall eintreten, dass einem unter NPV-Gesichtspunkten schlechteren Projekt der Vorzug gegenüber einem besseren Projekt gegeben wird, da dieses eine kleinere Wahrscheinlichkeit eines Misserfolgs in der kurzen Frist aufweist.[53]

#### 3.4.1.3 Die Abhängigkeit des Entlöhnungsschemas vom Investment Opportunity Set

Die empirische Forschung zur Management Compensation hat während langer Zeit *ex post* die Beziehung zwischen Entlöhnung und Unternehmensperformance untersucht.[54] In den letzten zehn Jahren hat sich ein eigenständiger Forschungszweig etabliert, der sich zum Ziel gesetzt hat, die Determinanten der Management Compensation *ex ante* zu bestimmen. Es hat sich gezeigt, dass die Charakteristik der Investitionsmöglichkeiten *(investment opportunity set)*, welche einer Unternehmung zur Verfügung stehen, die Zusammensetzung der Management Compensation nachhaltig prägt.

52 Anders sieht die Situation aus, wenn die Entlöhnung zu grossen Teilen aus Optionskontrakten besteht. Vgl. zu diesem Punkt Abschnitt 3.4.5 auf Seite 80.

53 Vgl. Hirshleifer 1993, S. 154/155.

54 Vgl. die Übersicht bei Pavlik/Scott/Tiessen 1993.

Abb. 3/5 Managerial Welfare Maximization und Investitionspolitik

| Untersuchung | Fazit |
|---|---|
| Gaver/Gaver 1995 | Unternehmen mit hohem Wachstumspotential (viele *growth opportunities*) entlöhnen ihre Manager mit einem höheren Anteil an wertorientierten Entlöhnungsinstrumenten. |
| Ryan/Wiggins 1998 | Zwischen den Investment opportunities und der Existenz von eigenkapitalbasierten Entlöhnungsschemata besteht eine positive Beziehung. |
| Bizjak/Brickley/Coles 1993 | Unternehmen mit hohen, nachhaltigen Informationsasymmetrien zwischen Management und Investoren entschädigen ihr Management mit langfristig ausgerichteten Entlöhnungsinstrumenten. |
| Smith/Watts 1992 | Unternehmen mit gutem Zugang zu positiven NPV-Projekten *(growth options)* weisen einen tieferen Leverage, tiefere Dividendenrenditen, höhere absolute Entschädigung des Managements und einen höheren Anteil von Optionen an der Gesamtentlöhnung auf. |

Die Informationslage zwischen Management und Investoren ist geprägt von den Investitionsmöglichkeiten, welche einer Unternehmung zur Verfügung stehen. Typischerweise wird dabei zwischen *growth firms* und *nongrowth firms* unterschieden.

Wachstumsfirmen *(growth firms)* sind dadurch gekennzeichnet, dass sie neben bestehenden Vermögenswerten *(assets in place)* auch Wachstumsoptionen[55] im Portefeuille halten. Während die bestehenden Vermögenswerte im *Substanzwert* eskomptiert sind, fliessen die Wachstumsoptionen ausschliesslich in den *Marktwert* ein. Wachstumsfirmen weisen damit ein hohes Marktwert/Buchwert-Verhältnis auf. In *growth firms* ist die Informationsasymmetrie zwischen Management und Investoren grösser als in Unternehmen ohne Wachstum. Diese Informationsasymmetrie entsteht dadurch, dass das Management über bessere Informationen über den inneren Wert künftiger Investitionsprojekte verfügt als die Investoren.[56] Dadurch ist es in *growth firms*

55 Vgl. für eine Darstellung der Charakteristik von Wachstumsoptionen Labhart 1999, S. 150 und die dort angeführte Literatur.

56 Vgl. Bizjak/Brickley/Coles 1993, S. 350.

schwieriger, den Effort des Managements nachzuweisen.[57,58] In Wachstumsfirmen ist demnach der Manager-Investoren-Konflikt in ausgeprägter Form vorhanden und die resultierenden Agency-Kosten sind hoch.

Daraus lässt sich die Hypothese ableiten, dass in Wachstumsfirmen die Entlöhnung schwergewichtig auf eigenkapitalbasierten, langfristig ausgerichteten Instrumenten beruhen sollte. Verschiedene Untersuchungen bestätigen diese Hypothese (◄ Abb. 3/5).

### 3.4.2 Diversifikationspolitik

Aus theoretischer Sicht kann Diversifikation dem Eigentümer sowohl Nutzen als auch Kosten bringen.[59] Jüngere Untersuchungen belegen allerdings, dass im Durchschnitt die Kosten den gestifteten Nutzen übersteigen. *Berger/Ofek 1994* und *Lang/Stulz 1994* dokumentieren signifikante Wertverluste nach Diversifikationen. Auf der anderen Seite zeigen die Untersuchungen von *Comment/Jarell 1994* und *Kose/Ofek 1994* einen signifikanten Wertanstieg als Reaktion auf Fokussierungsstrategien von Unternehmen. Es stellt sich die Frage, wieso Unternehmen Diversifikationsstrategien unternehmen, wenn diese doch offensichtlich zu Wertverlusten führen. Eine mögliche Antwort liegt in der *Managerial Welfare Maximization* begründet.

Im Laufe der Zeit sind verschiedene Unter-Hypothesen zur Beziehung zwischen *Managerial Welfare Maximization* und *Diversifikationsstrategie* entwickelt und empirisch getestet worden (vgl. ► Abb. 3/6).

- Diversifikation erhöht die Managerial Welfare, da das Führen einer grösseren Unternehmung mit mehr Macht und Prestige verbunden ist.[60]
- Zudem existiert zwischen Unternehmensgrösse und Entlöhnung ein positiver Effekt.[61]

---

57 «We suggest that managers' actions are less readily observable if the firm has more investment opportunities. It is difficult for shareholders or outside board members who do not have the managers's specific knowledge to observe all the investments from which the manager chooses.» Smith/Watts 1992, S. 275.

58 Der Fakt, dass aus langfristigeren Investitionsprojekten schwieriger auf die Fähigkeit des Managers geschlossen werden kann, wird von diesen aufgrund von Reputationsüberlegungen ausgenutzt. «In other words, promising a rosy future is the last refuge of incompetence.» Hirshleifer 1993, S. 146.

59 Vgl. Denis/Denis/Sarin 1997b, S. 135 und die dort angeführte Literatur.

60 Vgl. Jensen 1986, Stulz 1990.

61 Vgl. Jensen/Murphy 1990a.

Abb. 3/6 Managerial Welfare Maximization und Diversifikation[a]

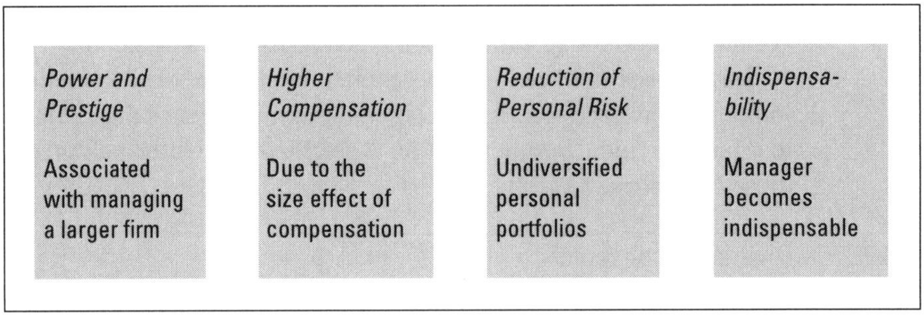


a Quelle: Denis/Denis/Sarin 1997b.

- Diversifikationsstrategien reduzieren das persönliche Risiko des (undiversifizierten) Portfolios des Managers.[62]
- Durch Diversifikationsstrategie erhöht der Manager seinen eigenen Wert für die Unternehmung, indem er unentbehrbar wird.[63]

Eine *Event study* der eher makabren Art zu Thema Diversifikation haben *Johnson/Magee/Nagarajan/Newman 1985* durchgeführt. Sie untersuchten die Kursreaktion nach einem plötzlichen, unerwarteten Tod eines CEO, beispielsweise infolge eines Flugzeugabsturzes oder einer Herzattacke. Sie wiesen nach, dass die Kursreaktion im Durchschnitt signifikant positiv ist. Weiter stellten sie fest, dass die höchsten positiven Preisreaktionen bei Unternehmen auftreten, die stark diversifiziert sind und deuteten dies als Anhaltspunkt für die Existenz von hohen Agency-Kosten in dieser Unternehmensform.

### 3.4.3 Kapitalstrukturpolitik

Spätestens seit dem seminalen Artikel von *Modigliani/Miller 1958* kommt der Gestaltung der Kapitalstruktur die Rolle eines eigentlichen «Dauerbrenners» innerhalb der Theorie zur Corporate Finance zu. Es existieren drei klassische Erklärungsansätze[64]:

---

62 Vgl. Amihud/Lev 1981 und insbesondere May 1995. May weist nach, dass CEOs mit einem hohen Anteil an gebundenem Kapital im eigenen Unternehmen zur Diversifikation neigen. Je nach Art und Weise der Entlöhnung kann der Manager auch den Anreiz haben, das Risiko der Unternehmung zu erhöhen. Vgl. Abschnitt 3.4.5 auf Seite 80f.

63 Vgl. Shleifer/Vishny 1989.

64 Vgl. zu den klassischen Erklärungsansätzen z.B. Megginson 1997, S. 305–352 oder Brealey/Myers 1996, S. 447–515.

- Das *Trade-off-Modell* der Kapitalstruktur wägt zwischen den positiven (Steuerersparnisse) und den negativen (Eskalation des Agency-Konfliktes zwischen Eigen- und Fremdkapitalgebern) Wirkungen des Fremdkapitals ab. Das trade-off-Modell hat in Bezug auf die beobachteten Kapitalstrukturen eine hohe Erklärungskraft.
- Die *Pecking-Order-Hypothese* geht zurück auf *Myers/Majluf 1984* und *Myers 1984*. Myers geht davon aus, dass (1) das Management über die bessere Kenntnis künftiger Investitionsprojekte verfügt und (2) sich im Interesse des bestehenden Aktionariats verhält. Diese Rahmenbedingungen implizieren, dass es vorkommen kann, dass eine Unternehmung Projekte mit positivem NPV nicht realisiert, falls diese mit (unterbewertetem) neu zu emittierendem Eigenkapital finanziert werden müssten. Damit erklärt die *Pecking-Order-Hypothese,* wieso dem Bilden von finanziellen Reserven *(financial slack)* aus Sicht der Unternehmung ein Wert zukommt und wieso Unternehmen Eigenkapital erst dann emittieren, wenn ihnen keine andere Finanzierungsvariante mehr offensteht. Die *Pecking-Order-Theorie* vermag die Priorisierung der verwendeten Finanzierungsinstrumente mit hoher Erklärungskraft zu begründen.
- Das *Signalling-Modell* der Kapitalstruktur basiert – in Analogie zur *Pecking-Order-Hypothese* – auf der Prämisse asymmetrischer Informationsverteilung zwischen Unternehmung und Investoren. Der Wahl einer Kapitalstruktur erfolgt in diesem Modell mit dem Ziel, den Investoren ein glaubwürdiges (da kostspieliges) Signal über die (guten) Zukunftsaussichten einer Unternehmung zu übermitteln und sich damit von der Masse der anderen (schlechteren) Unternehmen abzuheben. Obschon das *Signalling-Modell* der Kapitalstruktur interessante Einsichten ermöglicht, hat es bis heute den Test der empirischen Überprüfung noch nicht bestanden.

Die dargestellten, klassischen Erklärungsansätze zur Kapitalstrukturgestaltung berücksichtigen teilweise die im Rahmen dieser Arbeit zentrale Annahme der Informationsasymmetrie zwischen Unternehmung und Investoren.[65] Ebenso finden *Prinzipal-Agenten-Konflikte* Berücksichtigung: Das *Trade-off-Modell* berücksichtigt implizit den *Shareholder-Bondholder-Konflikt*[66], die *Pecking-Order-Theorie* den Konflikt zwischen bestehendem und neuem Aktionariat. Die klassischen Modelle gehen damit von einem Management aus, das sich im Interesse der (Alt-)Investoren verhält.

---

65 Vgl. zur Informationsasymmetrie Abschnitt 2.3 auf Seite 43f.

66 Vgl. für eine konzentrierte Darstellung des Shareholder-Bondholder-Konflikts Bühlmann 1998, S. 90–97.

Abb. 3/7 Managerial Welfare Maximization und Kapitalstrukturpolitik

| Untersuchung | Fazit |
|---|---|
| Berger/Ofek/Yermack 1997 | ▪ Manager wählen weniger Leverage als optimal, um der disziplinierenden Wirkung des Fremdkapitals zu entgehen. Die empirische Erhebung unterstützt damit die von Jensen 1993 aufgestellte Hypothesen.<br>Der Leverage ist tiefer, falls<br>□ der Manager schon lange in der Funktion ist;<br>□ der Manager wenig Eigenkapitalbeteiligung am Unternehmen hat;<br>□ schwache Überwachung durch Verwaltungsrat oder grosse Aktionäre besteht.<br>▪ Nach Ereignissen, welche eine erhöhte Überwachung des Managements nach sich ziehen, wird der zu tiefe Leverage in Richtung Optimum korrigiert.<br>□ Bei erzwungenen Wechseln im Management steigt der Leverage im Durchschnitt um 9 Prozent an.<br>□ Falls ein grosser Aktionär Einsitz im Verwaltungsrat nimmt, steigt der Leverage im Durchschnitt um 7 Prozent an. |
| Harris/Raviv 1988 | Managers wählen mehr Leverage als optimal, um die eigenen Stimmrechte aufzublähen und damit die Wahrscheinlichkeit eines Takeovers zu minimieren. |
| Stulz 1988 | Ein erhöhter Leverage erhöht das Gewicht der Stimmrechte des Managements. Die Wahrscheinlichkeit einer unfreundlichen Übernahme wird damit reduziert. |

Neuere Untersuchungen weisen deutlich darauf hin, dass diese Prämisse nicht der Realität entspricht (◄ Abb. 3/7). Es kann gezeigt werden, dass der opportunistisch agierende Manager durchaus Anreizen ausgesetzt ist, eine aus Sicht der Investoren nicht optimale Kapitalstruktur zu wählen. Bei allen Erklärungsansätzen wird dabei angenommen, dass der Manager frei die Kapitalstruktur gestalten kann, ohne von Kontrollmechanismen in der Wahl eingeschränkt zu werden.

Die Motive des Managements zur Kapitalstrukturgestaltung lassen sich in vier Modelle unterteilen, wobei je zwei Modelle für eine Reduktion resp. eine Erhöhung des Leverage sprechen (► Abb. 3/8).

- Der erste Erklärungsansatz geht zurück auf *Fama 1980* und *Amihud/Lev 1981*. Sie argumentieren, dass ein Manager, der sowohl Humankapital als unter Umständen einen beträchtlichen Teil seines persönlichen Finanzkapi-

Abb. 3/8 Managementmotive und Kapitalstrukturpolitik[a]

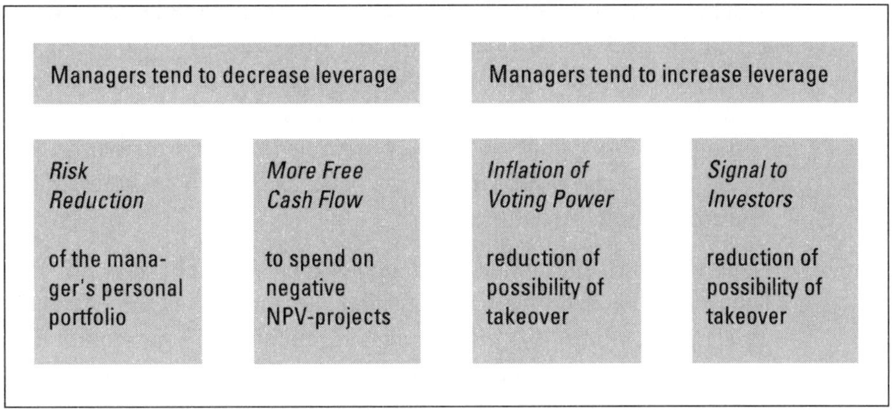


a Quelle: Eigene Darstellung.

tals in der Unternehmung gebunden hat, unterdiversifiziert ist und damit den Anreiz hat, das Risiko der Unternehmung durch eine Fremdkapitalreduktion zu reduzieren. Ihr Ansatzpunkt ist damit identisch dem in Abschnitt 3.4.2 auf Seite 73f. im Rahmen der Diversifikationspolitik behandelten.

- Einen prominenten Beitrag zur Diskussion hat *Jensen 1986* geleistet. Er weist als erster darauf hin, dass Fremdkapital nicht nur Kosten im Sinne eines verschärften Agency-Konflikts zwischen Eigentümern und Fremdkapitalgebern nach sich zieht, sondern im Gegenteil den Konflikt zwischen Eigentümern und Management teilweise entschärfen kann. Er argumentiert, dass das Management einen Nutzen aus hohen Free Cash-flows zieht, da diese die Finanzierung von unterdurchschnittlichen[67] Projekten ermöglichen, ohne dass die disziplinierende Wirkung des Kapitalmarktes zum Tragen kommt. Fremdkapital hat damit eine kontrollierende Wirkung auf das Management: «Thus debt reduces the agency costs of free cash flow by reducing the cash flow available for spending at the discretion of managers.»[68] Das Management wird sich diesem Kontrollmechanismus im Gegenzug nach Möglichkeit entziehen und den Leverage tief halten.
- *Harris/Raviv 1988* und *Stulz 1988* liefern Argumente dafür, dass das Management dazu tendiert, den Leverage der Unternehmung zu erhöhen. Sie führen an, dass ein erhöhter Leverage das Gewicht der Stimmrechte des (an

67 Unterdurchschnittlich kann hier zwei Bedeutungen haben: Einerseits Investitionsprojekte mit einer Rendite, die unter den Kapitalkosten liegt, andererseits Projekte, die einzig dem Management Nutzen stiften und nicht im Interesse der Unternehmung liegen. Vgl. Jensen 1986, S. 323.

68 Jensen 1986, S. 324.

der Unternehmung beteiligten) Managements erhöht und so die Wahrscheinlichkeit einer unfreundlichen Übernahme reduziert wird.

- Ein weiteres Modell basiert auf der *Signalling-Theorie*[69] zur Kapitalstruktur. Mit übermässigem Leverage signalisiert der Manager dem Markt, dass die Unternehmung in der Lage sein wird, die in Zukunft höhere Zinslast zu tragen.[70] Dies führt zu einer positiven Markteinschätzung der Zukunftsaussichten und reduziert damit ebenfalls die Wahrscheinlichkeit einer unfreundliche Übernahme.

Neuere empirische Untersuchungen zeigen deutlich, dass der Leverage von Unternehmen, deren Manager weniger disziplinierenden Mechanismen ausgesetzt sind, tiefer liegt als der von vergleichbaren Unternehmen mit effizienten Disziplinierungsmechanismen (◄ Abb. 3/8). Untersucht wurden auch Änderungen des Leverage im Zeitablauf: Es kann nachgewiesen werden, dass Verbesserungen in der Überwachung des Managements – beispielsweise durch Einsitznahme eines Grossaktionärs in den Verwaltungsrat, oder ein Übernahmeangebot – zu einer signifikanten Erhöhung des Leverage führen. Damit haben die ersten beiden Modelle den höheren empirischen Erklärungsgehalt.

### 3.4.4 Dividendenpolitik

Seit dem frühen Werk von *Lintner 1956* ist die Dividendenpolitik zu einem der meistuntersuchten Gebiete innerhalb der Corporate Finance avanciert. Ausgangspunkt war auch hier – in Analogie zu den Untersuchungen zur Kapitalstrukturpolitik – das Irrelevanztheorem von *Miller/Modigliani 1961,* in welchem sie zeigen, dass unter der Annahme perfekter Kapitalmärkte die Dividendenpolitik keinen Einfluss auf den Wert einer Unternehmung haben kann. Die weitere Forschung konzentrierte sich in der Folge auf die Verletzungen der Annahme perfekter Märkte und die Auswirkungen auf die beobachtete Dividendenpolitik. In der Folge haben sich zwei in sich konsistente Erklärungsansätze zur Dividendenpolitik entwickelt: Das *Agency Cost Modell*[71] und das *Dividend Signalling Modell*[72].

Das *Agency Cost Modell* zur Dividendenpolitik berücksichtigt explizit den Konflikt zwischen Management und Investoren. Wenn die Investitionspolitik

69 Vgl. z.B. Megginson 1997, S. 378–381.

70 Dies kann einerseits durch die Erhöhung des operativen Cash-flow-Aufkommens, andererseits aber auch durch den Verkauf von nicht betriebsnotwendigen Aktiva erfolgen.

71 Vgl. z.B. Megginson 1997, S. 377–378.

72 Vgl. z.B. Megginson 1997, S. 378–381.

Abb. 3/9 Managerial Welfare Maximization und Dividendenpolitik

| Untersuchung | Fazit |
|---|---|
| Jolls 1998 | ■ Unternehmen, die eine optionsbasierte Entlöhnung des höheren Managements aufweisen, tendieren dazu, überschüssige Liquidität eher via Aktienrückkäufe als via erhöhte Dividendenzahlungen an die Investoren auszuzahlen.<br>■ Dieser Effekt tritt nicht ein, wenn das Management mit sog. *restricted stock* entlöhnt ist, die keine Dividendenverwässerung aufweisen. |
| Lambert/Lanen/Larcker 1989 | Nach Einführen eines Stock Option Plans reduzieren sich die bezahlten Dividenden relativ zu den erwarteten Dividenden. |

als fix angenommen wird, ist das Management durch das Zahlen von (hohen) Dividenden gezwungen, Mittel für die Finanzierung der Investitionsprojekte am Kapitalmarkt zu beschaffen und ist damit dessen disziplinierender Wirkung ausgesetzt.[73] Damit sind die empirisch beobachteten negativen Kursreaktionen[74] auf Dividendenbeschränkungen mit dem *Agency Cost Modell* vereinbar.

Erst in jüngerer Zeit ist die Frage aufgetreten, wie die *Entlöhnungsstruktur* des höheren Managements die Dividendenpolitik beeinflussen kann. Allen Untersuchungen liegt dieselbe Grundüberlegung zugrunde: Eine Dividendenzahlung reduziert ceteris paribus den Wert einer Aktie und damit auch den Wert einer (nicht dividendengeschützten) Option auf diese Aktie. Ein Manager, der teilweise in Aktien oder Optionen auf die eigene Unternehmung entlöhnt ist, wird versuchen,

- entweder die Höhe der bezahlten Dividenden zu senken, um damit seine eigene Entlöhnung zu erhöhen, oder
- Dividendenzahlungen durch andere Mechanismen des Werttransfers zum Aktionär zu ersetzen, welche den Wert der Aktie nicht beeinträchtigen, beispielsweise Aktienrückkaufsprogramme.

Zwei jüngere Untersuchungen (◄Abb. 3/9) erhärten diese beiden Hypothesen empirisch.

73 Der Mechanismus ist damit identisch dem von Jensen 1986 beschriebenen. Allerdings ist das Versprechen von höheren künftigen Dividenden das schwächere Mittel. «Such promises are weak, because dividends can be reduced in the future.» Jensen 1986, S. 324.

74 Vgl. Megginson 1997, S. 356–357 und die dort in Fussnote 9 zitierten Untersuchungen.

### 3.4.5 Risikopolitik

Die Risikopositionierung einer Unternehmung ist abhängig von einer Reihe von Parametern, die unter sich wiederum viele Interdependenzen aufweisen. Grundsätzlich lässt sich das Risiko einer Unternehmung in die Komponenten *Investitionsrisiko* und *finanzielles Risiko* unterteilen.[75] Während das *Investitionsrisiko* durch die Investitionspolitik[76] und die Diversifikationspolitik[77] bestimmt wird, ergibt sich das *finanzielle Risiko* durch die Kapitalstrukturpolitik[78].

Die Risikopolitik erstreckt sich über sämtliche Bereiche der Unternehmung und umfasst in einer prozessorientierten Sichtweise die Elemente *Erfassung, Bewertung* und *Steuerung* von Risiken.[79] Für die Steuerung von Risiken stehen den Unternehmen die Varianten *Diversifikation, Absicherung (hedging)* oder *Abwälzung*[80] offen. Das Phänomen Risiko ist dabei unter zwei Aspekten zu sehen: Einerseits kann Risiko als Streuung von Zielgrössen um einen Mittelwert aufgefasst werden. In dieser symmetrischen Betrachtungsweise ist Risiko eng mit dem Begriff der Chance verbunden.[81] Andererseits kann Risiko als die Wahrscheinlichkeit des Unterschreitens oder Nichterreichens einer kritischen Grösse definiert werden. Das Konzept des *Value-at-Risk* beschreibt dabei den Wert, der mit einer festgelegten Wahrscheinlichkeit nicht unterschritten wird.[82] Diese Risikoauffassung entspricht dem intuitiven Verständnis für Risiko und hat die klassische, erstgenannte Risikodefinition wertvoll erweitert.

Das Risiko einer Unternehmung tangiert die *Managerial Welfare.* Wie in Abschnitt 3.3.3 auf Seite 64 gezeigt, ist der Manager grundsätzlich risikoavers, zusätzlichem Risiko also abgeneigt. Daneben spielt der Effekt der Anreizwirkung einer höheren Entlöhnung.[83] Diese Anreizwirkungen wiederum

75 Vgl. Volkart 1998c, S. 45.

76 Vgl. Abschnitt 3.4.1 auf Seite 66.

77 Vgl. Abschnitt 3.4.2 auf Seite 73. Die Diversifikationspolitik hat indirekt auch einen Einfluss auf die Kapitalstruktur eines Konzerns.

78 Vgl. Abschnitt 3.4.3 auf Seite 74.

79 Vgl. Hofacker 1997, S.193.

80 Im Rahmen der Abwälzung stehen Versicherungslösungen im Vordergrund. Vgl. Bühlmann 1998, S. 38–40.

81 Vgl. zu den Bestimmungsgründen für Risikomanagement unter dieser Risikoauffassung Bühlmann 1998, S. 26, Abb. 1/1 und die Kapitel 3–7, S. 73–182.

82 Vgl. zum Value-at-Risk-Konzept Diggelmann 1999.

83 Diese beiden Effekte können sich gegenseitig aufheben. Vgl. dazu Abschnitt 4.3.2, insbesondere Seite 97.

Abb. 3/10 Managerial Welfare Maximization und Risikopolitik

| Untersuchung | Fazit |
| --- | --- |
| Tufano 1996 | Unternehmen, in welchen Optionskontrakte ein Bestandteil der Management Compensation sind, hedgen einen kleineren Teil ihres Goldpreis-Exposures als Unternehmen, in welchen eigenen Aktien Bestandteil der Management Compensation sind. |

sind massgeblich durch die Art und Weise der Entlöhnung bestimmt.[84] Bei einer Entlöhnung auf *Aktienbasis* hat der Manager einen Anreiz, das Risiko der Unternehmung einzuschränken, währenddem bei einer Entlöhnung auf *Optionsbasis* der Anreiz besteht, das Risiko der Unternehmung auszuweiten. Dies lässt sich darauf zurückführen, dass ein Call auf eine Aktie eine positive Abhängigkeit zum Risiko dieser Aktie aufweist.[85]

Die Einschränkung oder Ausweitung des Risikos durch den Manager kann auf verschiedenen Wegen geschehen: Verändern des *finanziellen Risikos* durch Anpassen der Kapitalstruktur, Verändern des *Investitionsrisikos* durch entsprechende Auswahl von Investitionsprojekten, *Diversifikation* oder mehr oder weniger *Riskmanagement-Aktivitäten.* Die ersten drei Varianten beziehen sich auf reale Aktivitäten und waren Gegenstand der vorangehenden Abschnitte. Die Variante *Hedging* ist eine finanzielle Transaktion. Im Gegensatz zu den realen Transaktionen, welche sich beobachten lassen, sind Hedging-Aktivitäten aufgrund der Intransparenz in diesem Bereich und der daraus folgenden schlechten Datenlage schwierig zu beobachten und zu messen.[86] Eine einzige Studie untersucht das Verhältnis zwischen Entlöhnungsformen und Risikomanagement-Aktivitäten des Managements (◄Abb. 3/10).

## 3.4.6 Informationspolitik

Falls das Management in der Lage ist, Zeitpunkt und Qualität der Information an die Investoren zu steuern, wird es dies im Sinne der Maximierung der

84 Vgl. zur Nutzenwirkung von Hedgingentscheidungen bei verschiedenen Entlöhnungsformen Bühlmann 1998, S. 173–176.

85 Diese Argumentation zieht die Risikoaversion des Managements nicht in Betracht. Vgl. dazu Abschnitt 4.3.2 auf Seite 94.

86 Vgl. dazu Bühlmann 1998, S. 189. Einzig in der amerikanischen Goldminenindustrie ist das Reporting über die Riskmanagement-Aktivitäten gut ausgebaut. Die Goldminenindustrie bietet sich für direkte Untersuchungen des Risikomanagement-Verhaltens des Managements an. Vgl. Tufano 1996.

Abb. 3/11 Managerial Welfare Maximization und Informationspolitik

| **Untersuchung** | **Fazit** |
|---|---|
| Watts/Zimmerman 1978 | Das Management nimmt aktiv Einfluss auf die Gestaltung der Accounting-Standards, um den eigenen Nutzen zu maximieren. |
| Healey 1985 | Die Wahl der Accounting-Politik ist vom Interesse des Managements geprägt. Aufwendungen werden auf spätere Jahre verschoben, wenn das Erreichen des unteren Limits für die Bonuszahlung (z. B. Gewinngrösse) gefährdet scheint. |
| Yermack 1997 | ▪ Zuteilungen von Kaderoptionen sind von einer positiven abnormalen Rendite in den nachfolgenden 120 Handelstagen begleitet.<br>▪ Die Zuteilung der Optionen findet kurz vor der Bekanntgabe von guten Informationen statt. |

*Managerial Welfare* tun. So weist *Healey 1985* nach, dass Freiheiten in der Ausgestaltung der Rechenschaftsablage im eigenen Sinne wahrgenommen werden, indem Aufwendungen je nach Geschäftsgang zwischen Perioden transferiert werden (◄ Abb. 3/11).

Bezüglich des *Zeitpunktes* der Information weist *Yermack 1997* nach, dass Optionszuteilungen an das Management im Durchschnitt immer vor einer Phase positiver Aktienkursentwicklung stattfinden. Er zeigt, dass die Abgabe der Optionen immer kurz vor der Bekanntgabe von *guten Informationen* erfolgt. Es scheint dabei der Fall zu sein, dass das Management Einfluss auf den Zeitpunkt der Zuteilung nehmen kann. Die Hypothese, dass gute Informationen *verzögert* an den Markt abgegeben werden, wird verworfen, da dieses Verhalten der Evidenz widerspricht, dass gute Neuigkeiten *sofort,* schlechte Informationen aber *verzögert* dem Markt bekanntgegeben werden.[87]

87 Vgl. dazu Kross/Schroeder 1984, Penman 1984 (beide für Ertragsankündigungen) und Kalay/Lowenstein 1986 (Dividenden).

## 3.5 Fazit

Dem grundlegenden Verständnis der Position des Managements kommt grosse Bedeutung zu. Erst das Verstehen der Anreize des Managements ermöglicht es, diese so zu setzen, dass unerwünschte Abweichungen von der Wertmaximierung unterbleiben. Dieses Kapitel hat die folgenden Punkte aufgezeigt:

- Das von der *Prinzipal-Agenten-Theorie* als auch der *Transaktionskostentheorie* unterstellte *Managementverhalten* ist in den Grundzügen *identisch.* Das Managementverhalten ist geprägt durch das *Verfolgen eigener Ziele,* die denjenigen des Investors nicht in jedem Falle entsprechen müssen. Kombiniert mit der postulierten Informationsasymmetrie entsteht ein *Konflikt* zwischen der *Maximierung des Shareholder Value* und der *Maximierung der Managerial Welfare.*
- Die *Managerial Welfare* ist abhängig von den Komponenten *Entlöhnung* (materiell und nicht-materiell), *Risiko* und *Handlungsfreiheit.*
- Eine Fülle von empirischen Untersuchungen belegt, dass das Maximieren der Managerial Welfare mit Effekten verbunden ist, die der Maximierung des Shareholder Value entgegenlaufen.
  - Manager neigen im Rahmen der *Investitionspolitik* dazu, kurzfristige Erfolge anzustreben und das Risiko der Investitionsprojekte ihrer Entlöhnung anzupassen. Besondere Vorsicht ist dabei in Unternehmen geboten, welche über viele Wachstumsoptionen verfügen.
  - Manager neigen tendenziell zur *Überdiversifikation* und zum Aufbauen von unübersichtlichen, grossen Unternehmenskonglomeraten.
  - Im allgemeinen bevorzugt das Management eine *Kapitalstruktur* mit suboptimal viel Eigenkapital, um der disziplinierenden Wirkung des Fremdkapitals zu entgehen.
  - Das Management wird versuchen, *Dividendenzahlungen* einzuschränken oder durch andere Möglichkeiten des Werttransfers zum Aktionär zu ersetzen, um Verwässerungseffekte auf die eigene Entlöhnung zu reduzieren.
  - Je nach Entlöhnungsstruktur wird das Management dazu tendieren, das *Risiko* der eigenen Unternehmung zu erhöhen oder mit geeigneten Mitteln zu reduzieren.
  - Das Management tendiert dazu, sowohl *Qualität* als auch *Zeitpunkt* der Abgabe von *Informationen* an den Markt entsprechend der Maximierung des eigenen Nutzens zu wählen.

*Teil II*

# *Möglichkeiten der Konfliktbewältigung*

*Kapitel 4*

# *Management Compensation*

## 4.1 Einleitung

Neben der Gestaltung optimaler *Governance-Mechanismen* ist die Gestaltung der *Management Compensation* für die Entschärfung des Konfliktes zwischen Management und Investoren zentral. Es geht dabei einerseits um die *Schaffung* von Wert, andererseits aber auch um dessen *Verteilung*. Einige wichtige Fragen drängen sich in diesem Zusammenhang auf: Was kostet Management Compensation? Was ist Management Compensation dem Manager wert? Wie gut funktioniert Management Compensation und welche Effekte sind damit verbunden? Dieses Kapitel hat zum Ziel,

- Management Compensation *einzuordnen* und verschiedene *Ausgestaltungsmöglichkeiten,* speziell die Sensitivität der Management Compensation auf Änderungen des Aktienkurses, darzustellen;
- Anhand eines theoretischen Modells *Anforderungen* an die Management Compensation abzuleiten;
- *Rolle* und *Stellenwert* des *regulatorischen Umfeldes* darzustellen und zu beurteilen.

## 4.2 Einordnung und Möglichkeiten der Ausgestaltung

### 4.2.1 Einordnung

Die Entlöhnung der Mitarbeiter lässt sich unterteilen in einen fixen und in einen variablen Anteil, wobei für die Festlegung des variablen Anteiles verschiedene Gestaltungskriterien zur Anwendung kommen können (► Abb. 4/1).[1]

Abb. 4/1 Einordnung der Management Compensation[a]

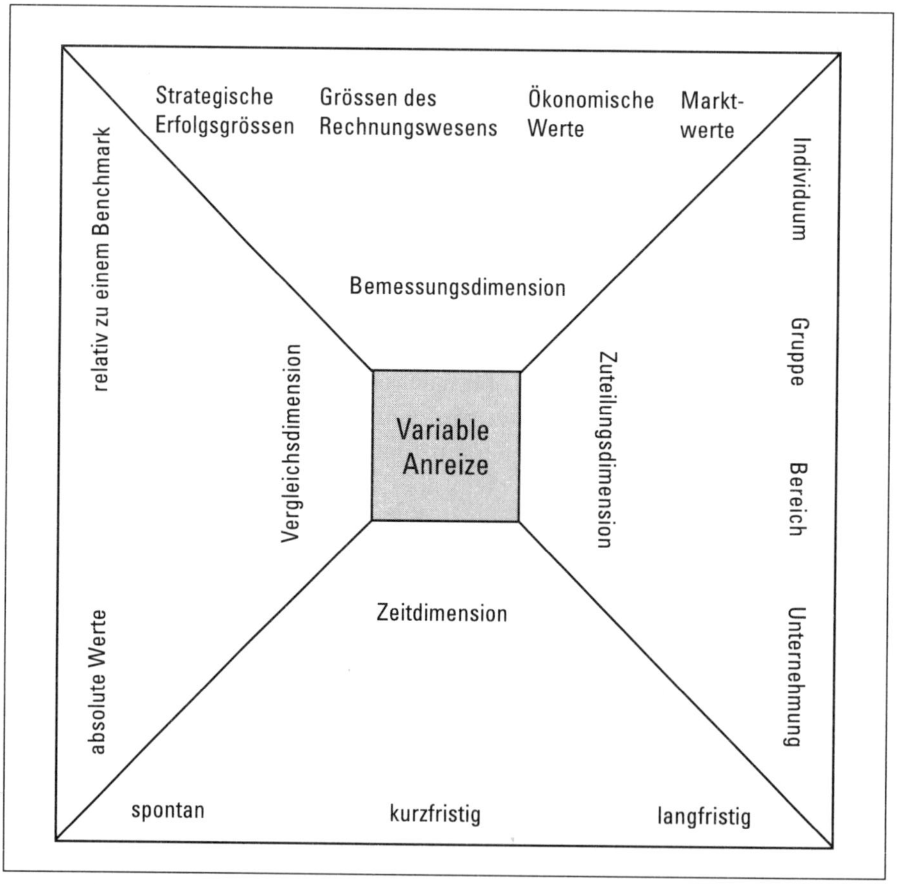


a Quelle: Eigene Darstellung.

---

1 Vgl. für eine umfassende Darstellung der hier nur kurz umrissenen Zusammenhänge z.B. Wälchli 1995, S. 15f. oder Weilenmann 1999, S. 35–43.

Im Rahmen der *Management Compensation* geht es um die Gestaltung des variablen Entlöhnungsanteils, wobei dieser

- auf die Steigerung des *Unternehmenswerts*[2] (mittels Wertrechnungen[3] ermittelte ökonomische Werte oder Marktwerte) ausgerichtet ist;
- *langfristig* ausgerichtet ist;
- immer einem *Individuum* oder einer *kleinen Gruppe von Personen* zukommt *(Führungsteam, Verwaltungsrat);*
- abhängig von der *absoluten* Wertsteigerung oder der Wertsteigerung *relativ zu einem Benchmark* ist.

### 4.2.2 Kernfragen der Ausgestaltung

Bei der Ausgestaltung eines Management Compensation-Systems stellen sich folgende vier Kernfragen:[4]

- Welche *Personen* sollen vom Management Compensation-System erfasst werden?
- Anhand welcher *Grössen* soll die Leistung dieser Personen gemessen werden?
- Ab welcher *Höhe* der gewählten Bemessungsgrundlage soll Management Compensation zum Zuge kommen?
- Wie hoch soll der *Anteil* des variablen Teils der Entlöhnung an der gesamten Entlöhnung sein?

### 4.2.3 Sensitivität der variablen Entlöhnung

Vertreter der Investorenseite postulieren, mit Hinweis auf die Erkenntnisse der Prinzipal-Agenten-Theorie, dass Manager den Investoren in Bezug auf Wertverluste und Wertsteigerungen gleichgestellt werden sollen. Gefragt sind also sog. *high-powered incentives* mit einer hohen Sensitivität des Managergehaltes auf Aktienkursveränderungen.[5]

▶ Abb. 4/2 zeigt die Sensitivität unterschiedlich ausgestalteter wertorientierter Entlöhnungsinstrumente: Aktien (fiktiver Strike 0), Optionen mit Ausübungspreis at-the-money (Strike 100), Optionen mit einem Ausübungspreis,

---

2 Vgl. dazu insbesondere Kapitel 6 ab Seite 145.

3 Vgl. zu Wertrechnungen Abschnitt 6.3 auf Seite 153.

4 Vgl. für eine mögliche Beantwortung der vier Fragen Kapitel 7 ab Seite 171.

5 Empirische Untersuchungen zeigen, dass *high-powered incentives* in der Unternehmenspraxis eher die Ausnahme darstellen. Dies hat mit der Risiko-Aversion des Managements zu tun. Vgl. dazu Abschnitt 4.3.2 auf Seite 94.

Abb. 4/2 Sensitivitäten von unterschiedlichen Entlöhnungsinstrumenten[a]

| Instrument | Sensitivität [b] | Downside-Risk: Preisänderung (Sensitivität) | | Upside-Potential: Preisänderung (Sensitivität) | |
|---|---|---|---|---|---|
| | | 75 zu 50 | 100 zu 75 | 100 zu 125 | 125 zu 150 |
| Aktie (fiktiv: Strike = 0) | 1 | –25 (1) | –25 (1) | +25 (1) | +25 (1) |
| Option (at-the-money, Strike = 100) | 1.67 | –32.9 (1.32) | –39.4 (1.58) | +43.4 (1.74) | +46.1 (1.84) |
| Option (out of the money, Strike = 150) | 1.88 | –33.3 (1.33) | –43.1 (1.72) | +49.9 (2.00) | +54.9 (2.20) |
| Index Option (Strike indexiert zu Marktindex) | 2.01 | –45.7 (1.51) | –33.9 (1.82) | +53.9 (2.16) | +59.5 (2.38) |

a Quelle: Hall 1998, Table 2.

b Annahmen: Aktueller Aktienkurs = 100, Laufzeit der Option = 10 Jahre, risikoloser Zinssatz = 6%, Dividendenrendite = 3%, Standardabweichung der Aktienrenditen = 32%. Indexoption bewertet gemäss Margrabe 1978. Angenommene Standardabweichung für die Bewertung der Indexoption = 27%.

der 50% out-of-the-money liegt (Strike 150), und Optionen, deren Ausübungspreis an einen Marktindex gekoppelt ist *(indexed options).* Die vier Entlöhnungsvarianten weisen alle denselben *Ex-ante*-Wert von 100 auf. Die Sensitivität beschreibt die Wertänderung des gesamten Entlöhnungspakets infolge einer Wertänderung der Aktie um eine Einheit.[6] Die Aktie als Benchmark-Instrument weist über das ganze Spektrum der Preisänderungen eine Sensitivität von exakt Eins auf. Bei allen Optionspaketen ist das *Upside-Potential* immer höher als das *Downside-Risiko;* dies entspricht der bekannten Options-Charakteristik. Für das *out-of-the-money Optionspaket* ist die Sensitivität in allen Bereichen markant höher als für die *at-the-money abgegebenen Optionen.* Interessanterweise weist die *indexierte Option* in allen Preisänderungsbereichen die höchste Sensitivität auf. Aus Sicht der Agency-Theorie ist diese damit für als Entlöhnungsinstrument in höchstem Masse geeignet.

6 Die absolute Wertänderung *einer* Option als Reaktion auf die absolute Wertänderung des Underlying wird mit Delta bezeichnet und liegt immer unter 1. Durch den relativ zur Aktie geringeren Wert der Option enthält ein Entlöhnungspaket mit identischem Ex-ante-Wert stets mehr Optionen als Aktien. Die Sensitivität des gesamten Pakets kann damit grösser als 1 sein.

Für die Beurteilung der Sensitivität der Entlöhnung auf Aktienkursänderungen genügt es indessen nicht, nur auf die aktuellen Bezüge des Managements abzustellen. *Hall 1998* zeigt deutlich auf, dass die Wertänderung von Aktien und Optionen, die sich aufgrund von früheren Zuteilungen im Besitze des Managements befinden, einen massgebenden Einfluss auf die Sensitivität haben können.[7]

Neben der Berücksichtigung der Options- und Aktienbestände aus vergangenen Zuteilungen müssen auch die in Zukunft liegenden Zuteilungen analysiert werden. Optionszuteilungen erfolgen in der Regel in einem Mehrjahresprogramm. Je nach Zuteilungspolitik sind zukünftige Optionszuteilungen mehr oder weniger von der aktuellen Performance abhängig. Grundsätzlich lassen sich folgende Arten der Zuteilung unterscheiden:[8]

1. *Zuteilung mit festem Wert (fixed value policy) (Basisvariante)*
   Hier wird der (zumeist nach Black-Scholes bestimmte) Wert der Jahr für Jahr abgegebenen Optionen konstant gehalten, entweder in absoluten Zahlen (z.B. Optionen im Wert von 1 Mio CHF) oder als Bruchteil des fixen Gehaltes. Bei dieser Variante sind künftige Zuteilungen von der aktuellen Performance des Managers unabhängig: Bei steigendem Aktienkurs werden in folgenden Jahren weniger, dafür wertvollere Optionen abgegeben.
2. *Zuteilung mit fester Anzahl Optionen (fixed number policy)*
   Bei dieser Zuteilungsvariante wird die Anzahl der abgegebenen Optionen im Zeitablauf konstant gehalten. Ein Wertanstieg (Wertverlust) der Aktie im laufenden Jahr erhöht (senkt) den Wert der Optionszuteilungen, die im nächsten Jahr erfolgt. Der Wert künftiger Zuteilungen ist damit von der aktuellen Performance abhängig, die Sensitivität ist grösser als bei der Basisvariante.
3. *Zuteilung sämtlicher Optionen im ersten Jahr (up-front grant, mega grant)*
   Diese Form wird vor allem im Rahmen von Leveraged Management Buyouts (LMBO) verwendet. Nach einem LMBO werden die Aktien der Unternehmung in den meisten Fällen nicht öffentlich gehandelt, was die Optionsbewertung erschwert. Hier werden dem Management die Optionen unmittelbar nach dem LMBO zugeteilt, die Ausübung kann erst nach erfolgtem Going-Public erfolgen. Bei einer Zuteilung im ersten Jahr, die in der Höhe genau dem Net Present Value der Zuteilungen von Variante (1) entspricht, kann gezeigt werden, dass die Sensitivität dieser Variante höher liegt, als bei der Basisvariante (1). Dies rührt daher, dass diese Variante von einer

7 Vgl. zu diesem Punkt auch Abschnitt 4.3.2 auf Seite 94f.
8 Vgl. Hall 1998, S. 17–23 und Table 4 sowie Hall 1999b, S. 99, Table 1.

fixen Anzahl Optionen ausgeht, die zudem alle mit einem tiefen Ausübungspreis ausgestattet sind.

Im Hinblick auf die Sensitivität auf Aktienkursänderungen sind damit Zuteilungspläne, welche eine feste Anzahl Optionen zuteilen, zu bevorzugen. Die Erläuterungen haben deutlich gezeigt, dass für die Beurteilung der Wirkungen von Kaderoptionen neben der *aktuellen* auch *vergangene* und sogar *künftige* Optionszuteilungen analysiert werden müssen.[9]

## 4.3 Funktionsweise der Management Compensation

### 4.3.1 Modellierung

Die normative Richtung der Prinzipal-Agenten-Theorie modelliert die Nutzenfunktion des Managements und leitet daraus Hypothesen bezüglich der optimalen Anreizgestaltung ab. Im folgenden sollen der Entlöhnungsvertrag des Managers und dessen Nutzenfunktion modelliert werden.[10] Darauf aufbauend sollen im Anschluss Konsequenzen für die Bereiche Risiko und – für Kaderoptionen – die Gestaltung des Ausübungspreis gezogen werden.

Die *Entlöhnung des Managers* (2) ist dadurch charakterisiert, dass sie aus einer fixen Komponente $\alpha$ und einer variablen Komponente $\beta(m - \bar{m})$ besteht, wobei $\beta$ die Anzahl Instrumente, m den aktuellen Marktwert des Eigenkapitalinstruments und $\bar{m}$ den Schwellenwert bezeichnet, ab dem eine positive variable Entlöhnung resultiert. Das Modell lässt sich damit für Kaderoptionen gleichermassen wie für Kaderaktien verwenden.

$$y = \begin{cases} \alpha + \beta(m - \bar{m}) & \text{für } m \geq \bar{m} \geq 0 \\ \alpha & \text{für } m < \bar{m} \end{cases} \tag{2}$$

wobei
- $y$: Totale Entlöhnung
- $\alpha$: fixer Teil der Entlöhnung
- $\beta$: Anzahl Entlöhnungsinstrumente
- $m$: Marktwert eines Eigenkapitalanteils
- $\bar{m}$: Strike für eine positive, variable Vergütung

9 Es ist daher nicht erstaunlich, dass oft sogar der Manager die Auswirkungen von Aktienkursänderungen auf sein bestehendes Optionsportfolio oder den Wert zukünftiger Optionszuteilungen nicht nachvollziehen kann. Vgl. für einige interessante Erkenntnisse aus Interviews Hall 1998, Appendix A.

10 Die Darstellung des Modells erfolgt in Anlehnung an Winter 1998. Die beiden bekanntesten Modelle dieser Art sind Grossman/Hart 1983 und Holmstrom/Milgrom 1987.

Die *Nutzenfunktion des Managers* (3) ist von zwei Komponenten abhängig. Die *Entlöhnung* $y$ stiftet ihm einen positiven Nutzen, allerdings mit abnehmendem Grenznutzen.[11] Der Nutzen aus der Entlöhnung ist zudem abhängig von einem Koeffizienten $r$, der für die absolute Risikoaversion des Managers steht. Das *Tätigwerden* verursacht dem Manager *Arbeitsleid* (Disnutzen), was den gesamthaft resultierenden Nutzen reduziert.

$$U(y, l) = (1 - e^{(-ry)}) - C(l) \qquad (3)$$

wobei
- $U$: Gesamtnutzen
- $r$: absolute, konstante Risikoaversion des Managers[12]
- $C(l)$: Arbeitsleid (Disnutzen) $C$ der Managerleistung $l$ $(C(0) = 0, C' \geq 0, C'' \geq 0)$

Die *Produktionsfunktion* (4) schafft den Zusammenhang zwischen Managerleistung $l$ und Marktwert $m$. Gemäss klassischem Prinzipal-Agenten-Modell ist dabei noch eine vom Manager nicht kontrollierbare Variable $\varepsilon$ zu berücksichtigen, welche allgemein als Störterm bezeichnet werden kann und für externe Einflüsse steht.

$$m = l + \varepsilon \qquad (4)$$

wobei
- $\varepsilon$: Störterm (normalverteilt mit Standardabweichung $\sigma$, Erwartungswert = 0)[13]

Die Formeln (2), (3) und (4) können nun zum *erwarteter Gesamtnutzen* für den Manager (5) umgeformt werden.[14]

---

11 Dies ist durch die Annahme einer Exponentialfunktion gewährleistet.

12 Aus Gründen der Einfachheit wird hier mit einem *absoluten* und konstanten Koeffizienten der Risikoaversion gearbeitet. Dieser ist unabhängig von der Höhe der Vergütung. Vielfach wird mit einer der Realität näher kommenden Nutzenfunktion argumentiert, die einen *abnehmenden absoluten* und gleichzeitig einen *konstanten relativen* Koeffizienten der Risikoaversion hat (Coefficient of relative risk-aversion, CRRA). Vgl. für ein Beispiel einer derartigen Nutzenfunktion Hall/Liebman 1997, Appendix A, S. 37, für deren Auswirkungen Appendix Table I. Vgl. auch Copeland/Weston 1992, S. 89.

13 Die Standardabweichung $\sigma$ ist ein Mass für die Volatilität des Marktwertes des Eigenkapitals. Für Marktwerte eignet sich die (in Agency-Modellen übliche) Normalverteilung im Grunde nicht, da sie negative Wert zulässt. Im Regelfall wird für Marktwerte deshalb mit Log-Normalverteilungen gearbeitet. Da ausschliesslich mit positiven Ausübungspreisen $\overline{m}$ gearbeitet wird, interessiert der negative Teil der Normalverteilung im hier betrachteten Kontext aber nicht. Vgl. Winter 1998, S. 1123, Fussnote 7.

14 Vgl. für eine Herleitung des erwarteten Gesamtnutzens Winter 1998, S. 1139–1141.

$$\bar{U} = 1 - e^{(-r\alpha)} \cdot e^{(-r(\beta(1-\bar{m}) - 0.5r\beta^2\sigma^2))} \cdot \left(1 - \Phi\left(\frac{\bar{m}-1}{\sigma} + r\beta\sigma\right)\right) + \Phi\left(\frac{\bar{m}-1}{\sigma}\right) - C(1) \quad (5)$$

wobei $\Phi$: Dichtefunktion der Standardnormalverteilung
Annahme $m = 0$

Die obenstehende Formel (5) kann nun verwendet werden, um ausgewählte Zusammenhänge zu illustrieren. Da explizite Lösungen für Formel (5) schwierig herzuleiten sind, wird nachstehend auf die Methode der punktweisen, iterativen Optimierung zurückgegriffen.[15]

### 4.3.2 Risikobeteiligung des Managers

Im klassischen, von *Jensen/Meckling 1976* geprägten Prinzipal-Agenten-Modell geht man von einem risikoneutralen Management aus. Die optimale Anreizsetzung wird in diesem Fall erreicht, wenn das Management 100% der Unternehmung besitzt. In Tat und Wahrheit wird das Management in einem höheren Masse risikoavers sein als ein gutdiversifizierter Investor.[16,17] Die alleinige Beteiligung am Unternehmen kann in der Folge aufgrund von Risikoüberlegungen nicht eine optimale Lösung darstellen, da sie dem einzelnen Manager zuviel Risiko aufbürdet. Vertreter der Prinzipal-Agenten-Theorie haben dies erkannt und postulieren einen Trade-off zwischen Anreiz und Risiko.[18] «The standard principal-agent model posits an economic tradeoff between inducing the correct amount of unobservable effort by the agent and mimizing the amount of risk she is required to bear.»[19] «Optimal compensation contracts must reflect the trade-off between the goals of providing efficient risk-sharing and providing the CEO with incentives to take appropriate actions.»[20]

Dieser Zusammenhang lässt sich anhand des in Abschnitt 4.3.1 hergeleiteten Modells illustrieren. Für zunehmende Werte der Volatilität $\sigma$ ergeben sich

15 Arbeitsinstrument war dabei der in der Office-Applikation *Excel 2000* integrierte *Solver.*
16 Vgl. dazu auch Abschnitt 3.3.3 auf Seite 64.
17 Moderne, kapitalbezogene Unternehmen sind ja gerade entstanden, weil sie ein effizientes Mittel darstellen, unternehmensspezifische Risiken zu diversifizieren und damit tragbar zu machen. Vgl. Jensen/Murphy 1990a, S. 17.
18 Vgl. auch Fama/Jensen 1983.
19 Aggarwal/Samwick 1998a, S. 2.
20 Jensen/Murphy 1990a, S. 17.

Abb. 4/3 Managerleistung und Volatilität ($\bar{m}$ = 1, β = 0.75, α = 4, r = 1) [a]

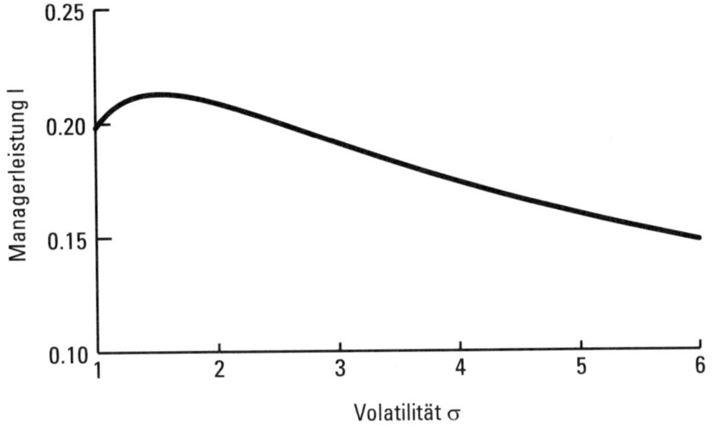


a Quelle: Eigene Berechnungen.

– ab einem bestimmten Optimum – tiefere Werte für die optimale Managerleistung l (◄Abb. 4/3).[21] Mit zunehmendem Risiko nimmt damit ceteris paribus die motivierende Wirkung eines bestehenden Entlöhnungskontraktes ab.

Dies lässt die Folgerung zu, dass bei hoher Volatilität des Eigenkapitals einer Unternehmung die Wirksamkeit von wertorientierten Entlöhnungsinstrumenten abnimmt, da diese dem Management zuviel Risiko aufbürden. Empirische Untersuchungen scheinen diese Hypothese zu stützen. *Jensen/ Murphy 1990a* weisen in ihrer Studie einen positiven Zusammenhang zwischen der *Wertveränderung des Eigenkapital* und der *Veränderung in der dem Management total zufliessenden Entlöhnung* (inkl. wertorientierten Instrumenten) nach. Der Zusammenhang ist zwar statistisch signifikant, aber unerwartet klein: Pro 1000 USD Wertsteigerung für die Aktionäre der Unternehmung nimmt die dem Management zufliessende Vergütung durchschnittlich nur um 3.25 USD zu.[22] Obschon damit das Pay-for-Performance-Prinzip bestätigt wurde, hat die geringe Sensitivität für Erstaunen gesorgt. In weiteren

21 Die optimale Managerleistung ist dadurch charakterisiert, dass sie den erwarteten Gesamtnutzen des Managers (5) maximiert. Es handelt sich dabei um das Bernoulli-Prinzip, gemäss dem in Situationen der Unsicherheit der erwartete Nutzen maximiert wird. Vgl. Copeland/ Weston 1992, S. 77f.

22 Dies entspricht einer Elastizität (relative Veränderung des Einkommens in Bezug auf relative Änderung des Wertes des Eigenkapitals) von 0.1.Vgl. Jensen/Murphy 1990a, S. 225. Ein CEO, der eine Aktienperformance von 20% erzielt, würde demnach nur 1% mehr verdienen als ein CEO, der eine Aktienperformance von 10% verdient.

Untersuchungen wurde die Grössenordnung der Resultate von *Jensen/Murphy 1990a* bestätigt.[23]

Von einzelnen Autoren wurde in der Folge angeführt, dass die tiefe Elastizität auf die *hohe und bisher unterschätzte Risikoaversion* des Managements zurückzuführen sei. So zeigt *Haubrich 1994,* dass die von *Jensen/Murphy 1990a* gefundenen Sensitivitäten plausibel und mit den Prinzipal-Agenten-Modellen von *Grossman/Hart 1983* und *Holmstrom/Milgrom 1987* vereinbar sind. Die dabei getroffenen Modellannahmen harren allerdings noch der empirischen Überprüfung.[24]

Einen fruchtbaren Beitrag zur Diskussion haben *Hall/Liebman 1997* geleistet. Sie berücksichtigen neben der Veränderungen in Gehalt, Bonus und *im laufenden Jahr abgegebenen* Kaderoptionen auch die Wertveränderung der Kaderoptionen und -aktien, *die sich bereits im Besitz des Managements befinden.* Sie haben damit die bisher analysierten *Flussgrössen* um *Bestandesgrössen* erweitert. Im Verhältnis zu Wertveränderungen des Eigenkapitals resultiert eine (durchschnittliche) Elastizität von rund 3.9. Sie ist damit rund 30mal grösser als die in vorhergehenden Studien gefundenen Elastizitäten.[25] Diese hohe Elastizität ist dabei zum überwiegenden Teil auf die Wertsteigerung der Optionen zurückzuführen, die dem Management bereits in vorangehenden Jahren zugeteilt wurden, bis zum Betrachtungszeitpunkt aber noch nicht ausgeübt worden sind. Zusätzlich zeigen *Hall/Liebman 1997,* dass die Elastizitäten im betrachteten Zeitraum (1980–1994) stark zugenommen haben. Die Zunahme wurde vor allem dadurch verursacht, dass die Anzahl Optionen und Aktien im Besitze des Managements durch jährliche Zuteilung von Optionen mit mehrjähriger Sperrfrist in dieser Periode stetig zugenommen hat.

In einer jüngeren Studie bestätigen *Aggarwal/Samwick 1998a* den negativen Zusammenhang zwischen Sensitivität der Entlöhnung und Volatilität des

---

23 «Evidence from several independent studies and samples leaves us fairly secure that the effect of stock returns on log compensation is in the 0.10–0.15 range.» Rosen 1992, zit. in Hall/Liebman 1997, S. 1.

24 Vgl. auch die Stellungnahme von Jensen/Murphy 1990a zur Risikoaversion des Managements: «It is tempting to attribute the generally low pay-performance sensitivity to CEO risk aversion, but the amount of income ‹at risk› for poor performance is a trivial percentage of the CEO's total income.» Jensen/Murphy 1990a, S. 17.

25 Dies ist neben dem verbesserten Mass für die Wertsteigerung auf Managerseite auch auf ihr aktuelleres Datenset zurückzuführen. Sie analysierten Daten von 1980–1994 und haben damit einen Zeitraum mit starkem Wachstum in der wertorientierten Entlöhnung kombiniert mit hohen Aktienrenditen im US-Aktienmarkt abgedeckt. Die Untersuchung von Jensen/Murphy 1990a analysiert den Zeitraum von 1969–1983.

Eigenkapitals der Unternehmung. Sie weisen nach, dass die Pay-for-Performance-Sensitivität in Unternehmen mit hoher Eigenkapitalvolatilität signifikant kleiner ist als die Pay-Performance-Sensitivität in Unternehmen mit tiefer Eigenkapitalvolatilität.[26] Interessanterweise ist die Volatilität einziger und massgeblicher Faktor für die Sensitivitätswerte. Hätte man die Sensitivitäten um den Faktor Volatilität korrigiert, hätten diese gegen denselben Wert tendiert. Diese Studie stützt die These, dass Manager von Unternehmen mit hoher Eigenkapitalvolatilität zusätzlichem Risiko durch Entlöhnungskontrakte abgeneigt sind. In der Folge wirken in dieser Klasse von Unternehmen hohe Pay-for-Performance-Sensitivitäten nicht mehr motivierend.

Aus den vorangehenden Erläuterungen ergeben sich wichtige Konsequenzen für das Design von wirkungsvollen Entlöhnungskontrakten. Es wurde deutlich, dass die *Risikoaversion* des Managements eine nicht zu unterschätzende Rolle spielt, deren Wichtigkeit bis anhin wahrscheinlich noch nicht in vollem Ausmass erkannt wurde. Für das Beispiel einer Kaderoption ergeben sich unter Einbezug der Risikoaversion zwei konkurrierende Effekte:

- Die Erhöhung der Varianz erhöht den *Wert der Option;* damit steigt *ceteris paribus* der Nutzen des Managers.
- Durch die *Risikoerhöhung* entsteht dem risikoaversen Manager ein Disnutzen.

Durch die konkave Erwartungsnutzenfunktion[27] kann nicht eindeutig gefolgert werden, welche Komponente überwiegt. Der Tendenz nach wird bei Optionen, die sich stark in-the-money befinden, der nutzenmindernde Risikoerhöhungseffekt überwiegen, da die Wertsteigerung durch die Erhöhung der Varianz weniger hoch ist als bei at-the-money-Optionen.[28,29]

Eine in Abschnitt 4.3.4 auf Seite 101 angesprochene Möglichkeit, die Varianz der Entlöhnung zu reduzieren, besteht darin, die variable Entlöhnung relativ zu einem Index zu bemessen. Entscheidend ist nicht mehr der absolute

26 Vgl. Aggarwal/Samwick 1998a, S. 26.

27 Der erwartete Grenznutzen in Bezug zum Optionswert ist abnehmend und kann negative Werte annehmen.

28 Die relative Änderung des Optionspreises in Bezug auf eine Volatilitätsänderung wird mit *Vega* bezeichnet und ist vom aktuellen Aktienkurs und vom Ausübungspreis abhängig. Vega ist bei Optionen, welche sich gerade at-the-money befinden, am höchsten. Vgl. Hull 1997, S. 328/329.

29 Hemmer 1993 konstruiert ein interessantes Modell für einen sog. *Risk-free incentive contract.* Er konstruiert ein Entlöhnungsportefeuille, in welchem einzelne Teile die zugeteilten Optionen absichern. Das Portefeuille ist dabei nur risikolos, wenn sich der Agent wertmaximierend verhält.

Wertzuwachs eines eigenkapitalbasierten Instrumentes, sondern der Wertzuwachs relativ zu einer Peer Group, beispielsweise einem Branchen- oder Marktindex. Für den Fall von Kaderoptionen kann dabei der Ausübungspreis anhand eines Branchenindex festgelegt werden (sog. *indexed options).* Der volatilitätsmindernde Effekt rührt daher, dass markt- oder branchenspezifische, nicht im Einflussbereich des Managers liegende Effekte herausgefiltert werden.[30]

Eine wertvolle Ergänzung der Prinzipal-Agenten-Theorie, inbesondere in den Bereichen Risikowahrnehmung und Risikoneigung, könnte sich durch Einbezug von Erkenntnissen der *Behavioral Decision Theory*[31] ergeben. Diese postuliert, dass der Manager Risiko anders wahrnimmt als im Rahmen der klassischen Modelle unterstellt: Er gewichtet die Wahrscheinlichkeit eines *Verlustes* (bzw. des Unterschreitens eines Benchmarks) stärker als die Wahrscheinlichkeit eines *Erfolgs* (bzw. Überschreiten eines Benchmarks). Der Manager ist damit *verlustavers.* Damit ändert sich seine Risikoneigung je nach aktueller *Entscheidungssituation*: Falls sich ein Verlust abzeichnet, wird er bereit sein, höhere Risiken einzugehen, um diesen Verlust zu verhindern. Steht er vor einer identischen Entscheidungssituation, ohne mit einem Verlust zu rechnen, ist er nicht bereit, höhere Risiken einzugehen. Dieses Verhalten steht nicht im Einklang mit den Voraussagen der Entscheidungstheorie unter Unsicherheit.

Die Argumente der *Behavioral Decision Theory* haben bis anhin erst spärlich Eingang in die klassische Prinzipal-Agenten-Theorie gefunden.

### 4.3.3 Festlegung des Ausübungspreises und Repricing

▸ Abb. 4/4 illustriert den Zusammenhang zwischen optimaler Managerleistung $l$ und dem Ausübungspreis $\overline{m}$ des Entlöhnungsinstrumentes, ausgehend von einem aktuellen Marktwert von $m = 0$. Die Resultate basieren wiederum auf der Funktion des erwarteten Managernutzens.[32] Es kann gezeigt werden, dass die optimale Managerleistung mit steigendem Ausübungspreis monoton fällt. Je weiter also der Ausübungspreis vom aktuellen Marktwert entfernt ist, umso weniger schafft die variable Entlöhnung einen Anreiz für den Manager. Diesem Zusammenhang ist inbesondere nach einem Kurseinbruch eine gewisse Beachtung zu schenken.

30 Modelltechnisch wird der Störterm $\varepsilon$ in einen unternehmens- und in einen branchenspezifischen Teil aufgeteilt, die unkorreliert sind. Vgl. Winter 1998, S. 1125/1126.

31 Vgl. zum Bezug der Behavioral Decision Theory zur Prinzipal-Agenten-Theorie Wiseman/ Gomez-Mejia 1998.

32 Vgl. Formel (5) auf Seite 94.

Abb. 4/4 Managerleistung und Ausübungspreis ($\sigma = 2, \beta = 0.75, \alpha = 4, r = 1$) [a]

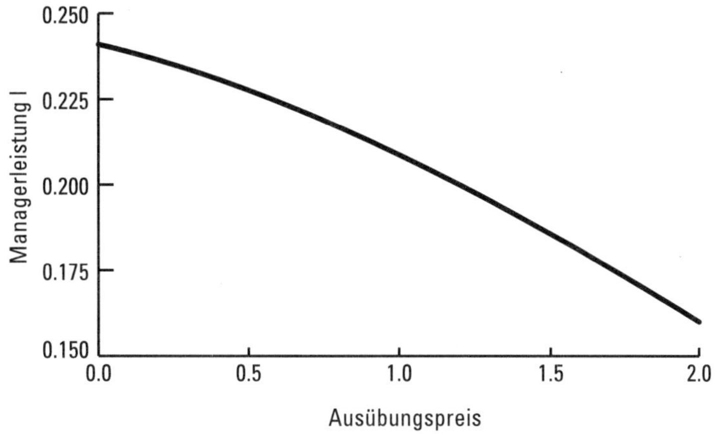


a Quelle: Eigene Berechnungen.

Nach einem Kurseinbruch lässt sich beobachten, dass Kaderoptionskontrakte neu verhandelt werden und deren Ausübungspreis nach unten angepasst wird. Man spricht dabei vom sog. *Repricing.*[33] Im Gegensatz zur indexierten Option[34] tritt diese Neuverhandlung aber ausschliesslich nach Kurseinbrüchen und nie nach Kurssteigerungen auf.[35] Diese *asymmetrische* Anpassung des Ausübungspreises ist vor allem in Amerika[36] – wo diese Praxis weitverbreitet ist – Gegenstand heftiger Diskussionen zwischen Unternehmen und

---

33 Nach einem allgemeinen Kurseinbruch befindet sich der Ausübungspreis der Kaderoptionen regelmässig unter dem aktuellen Marktwert. Derartige Optionen werden auch als *underwater options* bezeichnet.

34 Vgl. zur indexierten Option und zur relativen Performancemessung Abschnitt 4.3.4 auf Seite 101.

35 Optionen mit derartigen Charakteristika sind schwierig zu bewerten. Eine Möglichkeit besteht darin, ein Portfolio aus einer *knock-in-* und einer *knock-out-Option* zu bilden. Beim Erreichen einer (arbiträr gewählten) unteren Schwelle des Aktienkurses verfällt die *knock-out-Option* wertlos, während die *knock-in-Option* neu entsteht. Es kann dabei gezeigt werden, dass diese Kombination aus Optionen zwischen 8–20% höher bewertet ist als eine nach Black-Scholes bewertete *plain-vanilla-Option.* Vgl. Brenner/Sundaram/Yermack 1998.

36 Ein jüngeres Beispiel aus dem Schweizer Markt ist die UBS, die im Juni 1999 den Ausübungspreis bereits zugeteilter Kaderoptionen von 540 auf 350 CHF reduziert hat. Das Repricing war für die Mitarbeiter freiwillig und mit einer Reduktion der Anzahl zugeteilter Optionen verbunden. Börsenkreise äusserten sich über das Repricing kritisch. Vgl. Zulauf-Poli 1999, S. 19. Auch wenn das Repricing wertneutral erfolgte, reduzierte sich die Pay-performance-Sensitivität für die betroffenen Manager. Vgl. Abschnitt 4.2.3 auf Seite 89 und ◀ Abb. 4/2 auf Seite 90.

Investoren.[37] *Kritiker*[38] des Repricing argumentieren, dass Kaderoptionen Teil eines *langfristig* angelegten Anreizsystems sind und dass deshalb *kurzfristige* Aktienkursschwankungen zu ignorieren sind, zumal durch das Repricing der künftige Verwässerungseffekt des Eigenkapitals der Unternehmung verstärkt wird.[39] Zudem eliminiert Repricing das Risiko des Managers, was diesen zu risikofreudigem Verhalten anhalten kann. *Befürworter* führen an, dass *Repricing* den ursprünglichen Anreiz wieder herstellt und damit helfen kann, wichtige Personen an die Unternehmung zu binden.

Wie *Saly 1994* richtig feststellt, ist dieses Argumentarium unvollständig. Entscheidend ist der Grund des Kurseinbruchs der Aktie. Ist dieser auf schlechtes Management zurückzuführen, ist ein Repricing in der Tat nicht angebracht. Erfolgt der Kurseinbruch hingegen aufgrund von makroökonomischen Faktoren, wird der Manager ohne Repricing für etwas bestraft, was nicht in seinem Einflussbereich liegt. In effizienten Arbeitsmärkten wird dieses Risiko antizipiert und führt zu zusätzlichen Risikoprämien in der Kader-Entlöhnung.[40] Der Effekt von kurzfristigen Aktienkursschwankungen auf den Wert von Kaderoptionen ist ein typisches Beispiel von *Noise* in einer Performance-Grösse.[41] Falls es nur darum ginge, die (langfristig ausgerichtete) Interessenparallelisierung zwischen Management und Investor sicherzustellen, wäre ein Repricing nicht nötig. Kaderoptionen sind allerdings oft auch ein Mittel, um wichtige Personen an die Unternehmung zu binden. Unter diesem Aspekt kann ein Repricing Sinn machen.

Das Thema *Repricing* hat die Theorie zur Finance sowohl in theoretischem als auch empirischem Research beschäftigt. Aus theoretischer Sicht geht es darum – basierend auf dem klassischen Prinzipal-Agenten-Modell – Konditionen abzuleiten, in denen eine Neuverhandlung des ursprünglich festgelegten Kompensationskontrakts angezeigt ist.[42] Die empirischen Untersuchungen sind oft erkenntnisbringender. So stellt *Murphy 1985* eine negative Beziehung zwischen der Abgabe von Kaderoptionen und der Aktienrendite fest und mutmasst, dass bei tiefem Aktienkurs (d.h. nach schlechter Performance) zahlenmässig mehr Kaderoptionen abgegeben werden, was einem indirekten Re-

37 Vgl. zum Beispiel CalPERS 1999. Das Repricing von Kaderoptionen fliesst in die Beurteilung des Corporate Governance-Umfeldes einer Unternehmung ein.

38 Vgl. z.B. Levy 1999 oder Crystal/Foulkes 1988.

39 Vgl. Abschnitt 4.4.3 auf Seite 110.

40 Vgl. Saly 1994, S. 326.

41 Hier ergibt sich ein Schnittpunkt des Value Reporting mit der Management Compensation. Falls Value Reporting zu einer Reduktion im kurzfristigen Noise führt, wird die Effizienz der Management Compensation durch Value Reporting gesteigert.

42 Vgl. für eine kurze Zusammenfassung der jüngsten Studien Saly 1994, S. 327.

pricing gleichkäme. *Gilson/Vetsuypens 1994* finden, dass 25 von 77 Unternehmen ihres Samples von Unternehmen in einer *Financial distress*-Situation ausstehende Kaderoptionen einem Repricing unterzogen haben. Dies entspricht typischen Beispielen von Repricing nach schlechter Unternehmensperformance, die auf *unternehmensspezifische* Faktoren zurückzuführen ist. *Saly 1994* zeigt, dass nach dem Crash von 1987 Kaderoptionskontrakte neu verhandelt worden sind, indem sie nachweist, dass die Anzahl von zugeteilten Optionen nach dem Crash signifikant höher liegt als vor dem Crash. Es sind dabei die Unternehmen, deren Wert am stärksten gefallen ist, die nach dem Crash die meisten neuen Optionen zuteilen.

### 4.3.4 Absolute vs. relative Bemessungsgrössen

Eine weiterer, oft diskutierter Fragenkomplex betrifft die Festlegung der *Schwelle,* ab welcher die variable Vergütung zum Tragen kommt. Bei *Optionen* betrifft dies das Festlegen des Ausübungspreises, bei *Aktien* das Festlegen des Ausgabepreises. Wie bereits illustriert sinkt bei einer Erhöhung des Schwellenwertes der erwartete Nutzen aus der Vergütung und damit auch die Leistungsbereitschaft.[43] Vor allem von Aktionärsvertretern wird regelmässig gefordert, dass der Schwellenwert so angesetzt werden sollte, dass die Aktienrendite über einer bestimmten Zielrendite liegen muss, bevor die Kaderoptionen *in-the-money* ausübbar sind.[44] Als Zielrendite wird oft die Rendite langfristiger Staatsanleihen genannt. Diese Forderung lässt sich allerdings mit dem Agency-Modell nicht plausibel erhärten.[45] Eine uniforme Erhöhung des Schwellenwertes ist stets von einer Abnahme der Leistungsbereitschaft begleitet und muss dementsprechend durch die Abgabe einer *höheren Anzahl* von Kaderoptionen kompensiert werden.[46]

Alternativ zu einer *festen Renditezielvorgabe* lässt sich der Schwellenwert auch *relativ zu einem Benchmarkportfolio* definieren. Die angloamerikanische ökonomische Theorie bezeichnet dieses Vorgehen als *relative performance evaluation.* Im Falle einer Kaderoption bewegt sich deren Ausübungspreis im Gleichschritt mit dem Indexstand des Benchmarkportfolios (sog. *indexed option*). Die Kaderoption gelangt damit nur in den *in-the-money-Bereich,* falls die Wertentwicklung der eigenen Unternehmung über derjenigen des Bench-

---

43 Vgl. ◀ Abb. 4/4 auf Seite 99.

44 Es soll damit verhindert werden, dass der Manager ohne eigenes Dazutun Wertsteigerungen in seinen Optionspaketen erfährt (sog. *windfall profits*).

45 Vgl. zur Argumentation z.B. Winter 1998, S. 1125.

46 Vgl. zu diesem Punkt auch Rappaport 1999, S. 95.

marks liegt. Aus theoretischer Sicht ist die relative Beurteilung der Kurssteigerung mit Vorteilen verbunden. So argumentiert *Holmstrom 1979,* «that optimal compensation of risk-averse CEOs should be based not only on the principal's objective (i.e. change in shareholder wealth) but also on any variables that provide incremental information valuable in assessing the CEOs unobservable choice of action.»[47] Weiter zeigt *Holmstrom 1982,* dass die Entlöhnung anhand der Wertsteigerung relativ zu einem Branchenbenchmark effizienter sei als die Entlöhnung allein aufgrund der Wertsteigerung, da nicht im Machtbereich des Managers liegende Makrofaktoren herausgefiltert würden.[48] Die relative Basierung kann zudem die Varianz der Entlöhnung reduzieren, da der Manager die Gesamtmarktrisiken nicht mehr tragen muss. Dies führt zu einem Wohlfahrtsgewinn, der zwischen Eigentümern und Managern aufgeteilt wird. Analytisch kann dies wie folgt modelliert werden:[49]

Die bisherige Produktionsfunktion[50] wird ersetzt durch eine neue Produktionsfunktion, bei welcher der bisherige Störterm $\varepsilon$ durch die Summe eines unternehmensspezifischen Störterms $\varepsilon_i$ und dem Gesamtmarkteinfluss $\varepsilon_M$ ersetzt wird. $\varepsilon_i$ und $\varepsilon_M$ seien dabei voneinander unabhängig. Der Marktwert einer Unternehmung i $m_i$ ergibt sich damit als Summe der Managerleistung $l_i$ und den Störtermen $\varepsilon_i$ und $\varepsilon_M$.

$$m_i = l_i + \varepsilon_i + \varepsilon_M \tag{6}$$

Der Markt- oder Branchenindex M[51] ergibt sich als

$$M = \frac{1}{n} \cdot \sum_{j=1, j \neq i}^{n} m_j = \frac{1}{n} \cdot \sum_{j=1, j \neq i}^{n} l_j + \frac{1}{n} \cdot \sum_{j=1, j \neq i}^{n} \varepsilon_j + \varepsilon_M \tag{7}$$

Da die unternehmensspezifischen Störterme $\varepsilon_i$ voneinander unabhängig sind und den Erwartungswert 0 aufweisen, gilt für grosse $n$:

$$\frac{1}{n} \cdot \sum_{j=1, j \neq i}^{n} l_j \approx 0 \tag{8}$$

47 Holmstrom 1979, S. 74f. Sein Modell ist allerdings mit Schwächen behaftet. So setzt er voraus, dass die Nutzenfunktion des Managers als auch die Produktionsfunktion, welche Handlungen mit Resultaten verknüpft, bekannt sind.

48 Holmstrom 1982, S. 325.

49 Vgl. für die nachfolgende Herleitung Winter 1998, S. 1125/1126.

50 Vgl. Formel (4) auf Seite Seite 93.

51 Wie aus Formel (7) ersichtlich, ist die eigene Unternehmung nicht Teil des Marktes. Dies wird aus praktischen Gründen jedoch oft vernachlässigt.

Die Differenz D zwischen dem Unternehmen i und dem Gesamtmarkt M beträgt damit:

$$D_i = m_i - \left( \frac{1}{n} \cdot \sum_{j=1, j \neq i}^{n} l_j + \varepsilon_M \right) = l_i - \frac{1}{n} \cdot \sum_{j=1, j \neq i}^{n} l_j + \varepsilon_i \qquad (9)$$

Wird für die Entlöhnung $D_i$ anstelle von $m_i$ herangezogen, führt dies zu einer Reduktion der Varianz der Entlöhnung, da gilt:

$$\sigma^2(m_i) = \sigma^2(\varepsilon_i) + \sigma^2(\varepsilon_M) > \sigma^2(D_i) = \sigma^2(\varepsilon_i) \qquad (10)$$

Die empirische Evidenz zeigt, dass Entlöhnung relativ zu einem Index nicht weit verbreitet ist. *Jensen/Murphy 1990a* weisen nach, dass sowohl die Branchen- als auch die Gesamtmarktperformance keine signifikante Rolle in der Entlöhnung spielen. «Therefore it does not appear that relative performance is an important source of managerial incentives.»[52] *Gibbons/Murphy 1990* analysieren nicht Wert-, sondern Renditeänderungen und finden das gleiche Resultat. Die Studie von *Aggarwal/Samwick 1998a* zeigt ein ähnliches Bild: «Our findings suggest that executive compensation contracts incorporate the benefits of risk-sharing but do not incorporate the potential informational advantages of relative performance evaluation.»[53,54] Eine Ausnahme bildet das Asset Management-Geschäft, wo die Entlöhnung relativ zu einem Marktindex die Regel ist.[55]

Für die geringe Verbreitung der relativen Entlöhung können verschiedene Gründe angeführt werden.[56] Offensichtlich spielt aber das regulatorische Umfeld, namentlich die Vorschriften zur Buchführung, eine gewichtige Rolle.[57] Herkömmlichen Kaderoptionen werden unter der Accounting Principle Board (APB) Opinion 25 als *fixed options* betrachtet (fixer Ausübungspreis). Die entsprechenden, im Jahresbericht zu publizierenden Kosten bemessen sich *im Zeitpunkt der Zuteilung* als Differenz zwischen Ausübungspreis und aktuel-

52 Jensen/Murphy 1990a, S. 20.

53 Aggarwal/Samwick 1998a, S. 1.

54 Weitere Untersuchungen mit ähnlichen Resultat: Barro/Barro 1990 für Bank CEOs, Janakiraman/Lambert/Larcker 1992 und Aggarwal/Samwick 1998b.

55 Vgl. z.B. Brown/Harlow/Starks 1996.

56 Vgl. dazu Angel/McCabe 1997, S. 9–14.

57 Dies wird auch in Interviews von Hall/Liebman 1997 mit Entlöhnungsberatern bestätigt. «One of the main reasons why such contracts are rarely used is that stock options with moving exercise price have ‹bad accounting›.» Hall/Liebman 1997, S. 31. Vgl. zu den regulatorischen Rahmenbedingungen auch Abschnitt 4.4 auf Seite 108.

lem Aktienkurs. Bei einer at-the-money-Zuteilung müssen damit keine Kosten rapportiert werden. Indexierte Kaderoptionen weisen keinen fixen Ausübungspreis auf und gelten als sog. *variable options.* Die entstehenden Kosten sind gemäss APB 25 jährlich als Differenz zwischen Ausübungspreis und aktuellem Aktienkurs zu rapportieren. Obschon der Wert (und damit die erwartete Kapitalverwässerung) indexierter Optionen tiefer ist als derjenige von Standardoptionen, ist der im Jahresbericht ausgewiesene Aufwand für indexierte Optionen höher. Die Attraktivität von indexierten Optionen wird dadurch deutlich gemindert.

### 4.3.5 Empirisches Beispiel zur relativen Entlöhnung

Anhand einer empiririschen Untersuchung im Schweizer Markt soll die Wirkungsweise von indexierten Optionen illustriert werden. Untersucht wurden die Unternehmen des SMI-Basket in der Periode vom 1.1.1998 bis zum 30.6.1999. Für diese Zeitperiode wurden für jede Unternehmung die täglichen Werte

- einer *(fiktiven) Call-Option* (European) und
- einer *SPI-indexierten Call-Option* (European, Ausübungspreis entspricht jeweils dem Wert des (umbasierten) SPI)[58]

berechnet. Die Laufzeit beider Optionen beträgt 5 Jahre, der risikolose Zinssatz 5%. Der Ausübungspreis der normalen Call-Option entspricht dem Marktwert Aktie am 1.1.1998. Die Bewertung beider Optionen erfolgt nach dem Black-Scholes-Modell.[59] ▶ Abb. 4/5 zeigt die Resultate am Beispiel der EMS-Chemie.

▶ Abb. 4/5 illustriert die Funktionsweise der indexierten Option deutlich. Während die normale Call-Option auf Aktienkursrückgänge immer mit einem (überproportionalen) Kursrückgang reagiert, ist die Preisänderung der indexierten Option von der Gesamtmarktbewegung abhängig. Der Aktienkursrückgang vom *September 1998* war von einem Rückgang des gesamten Mark-

---

58 Korrekterweise müsste der zur Indexierung verwendete Branchen- resp. Marktindex um die Einflüsse der eigenen Unternehmung bereinigt werden. Dies ist inbesonders bei Unternehmen mit grossem Gewicht im entsprechenden Index von grosser Bedeutung. Von dieser Korrektur wurde hier abgesehen.

59 Vgl. Hull 1997, S. 228f. Es wurde darauf verzichtet, Adjustierungen vorzunehmen, die den Charakteristika von Kaderoptionen Rechnung tragen. Vgl. für die Besonderheiten in der Bewertung von Kaderoptionen Carpenter 1997, Hemmer/Matsunaga/Shevlin 1994 und 1996 oder Foster/Koogler/Vickrey 1991.

Abb. 4/5 Indexierte vs. normale Call-Option am Beispiel EMS-Chemie[a]

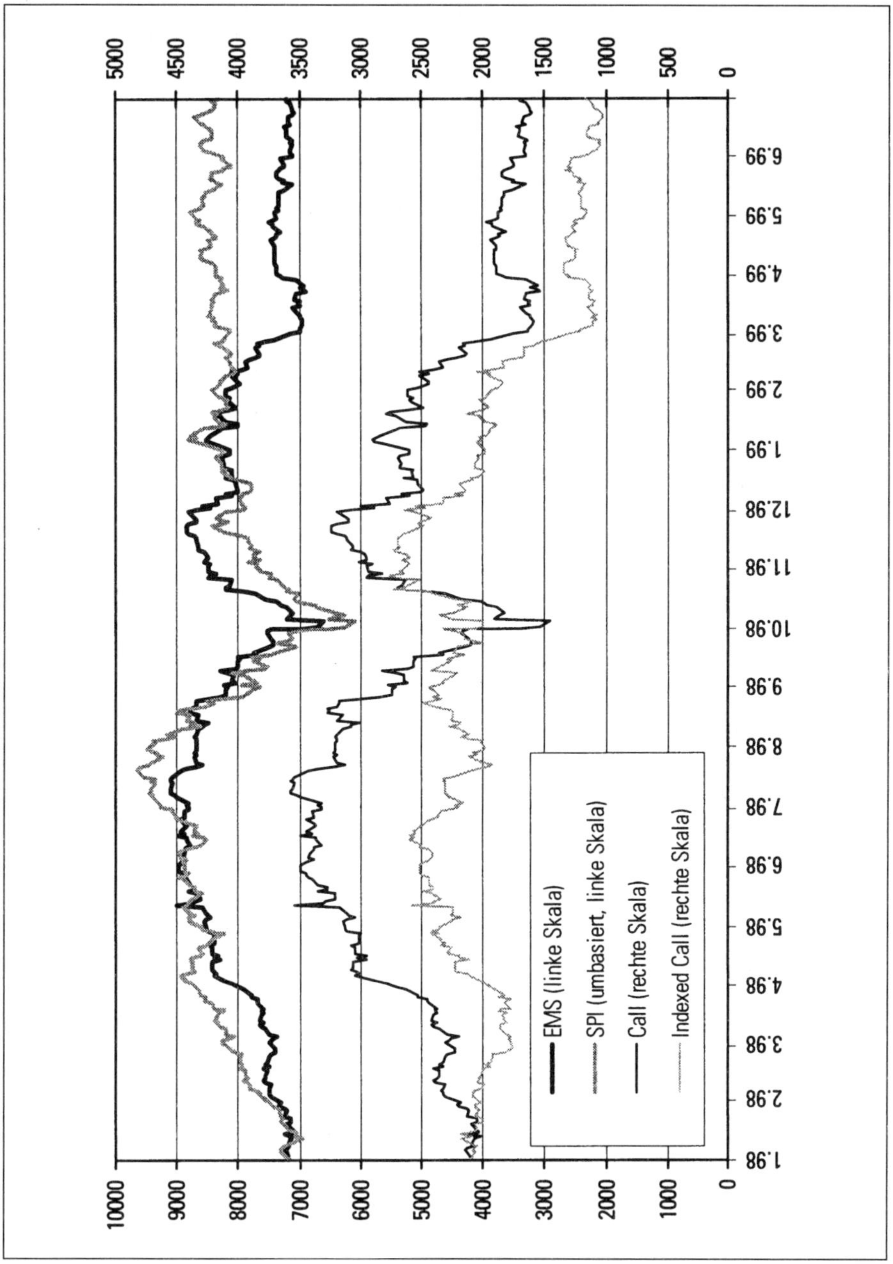


a Quelle: Eigene Berechnungen, Datastream.

Abb. 4/6 Annualisierte Standardabweichungen der Preisänderungen[a]

| Unternehmung | Korrelations-koeffizient $R^2$ (Aktie, Index) | Std Abw (ann.) Preisänderung Call normal | Std Abw (ann.) Preisänderung Call indexiert |
|---|---|---|---|
| Novartis N | 63.47% | 66.76% | 48.66% |
| Nestlé N | 59.73% | 58.24% | 45.40% |
| Roche GS | 52.82% | 58.11% | 44.71% |
| UBS I | 62.51% | 78.26% | 65.41% |
| CS Group N | 63.60% | 80.26% | 68.44% |
| ABB N | 45.89% | 78.28% | 66.29% |
| Swiss Re N | 62.29% | 71.39% | 55.66% |
| Zurich Allied N | 70.15% | 70.92% | 57.81% |
| Adecco N | 24.89% | 78.30% | 73.38% |
| Alusuisse N | 49.58% | 68.61% | 55.27% |
| Clariant N | 40.16% | 68.45% | 60.48% |
| Holderbank I | 34.49% | 66.90% | 60.71% |
| Rentenanstalt N | 39.68% | 89.94% | 76.26% |
| Ciba SC N | 37.24% | 85.26% | 75.26% |
| Bâloise N | 46.61% | 71.14% | 61.56% |
| Swatch I | 26.00% | 68.35% | 60.91% |
| SAIR Group N | 43.08% | 75.95% | 63.97% |
| Swatch N | 33.61% | 72.31% | 67.29% |
| Sulzer N | 45.89% | 77.99% | 65.77% |
| Ems Chemie | 28.86% | 55.27% | 51.79% |
| SGS Surveillance | 11.22% | 104.99% | 103.03% |

a Quelle: Eigene Berechnungen.

tes begleitet. Entsprechend ändert sich der Kurs der indexierten Option nicht. Beim Kursrückgang der EMS-Aktie vom *Februar 1999* blieb der Wert des SPI relativ konstant. Entsprechend reagiert auch die indexierte Option mit einer negativen Preisänderung auf diese Kursänderung.

In Abschnitt 4.3.2 auf Seite 94 wurde auf den Einfluss des *Entlöhnungsrisikos* auf die Leistung des risikoaversen Managements hingewiesen. Jede Reduktion der Volatilität der Entlöhnung kann in der Folge dazu beitragen, den Leistungsanreiz für den Manager zu steigern. Als Mass für das *Entlöhnungsrisiko* kann die Volatilität der Preisänderungen der Entlöhnungsinstrumente herangezogen werden.

Abb. 4/7 Zusammenhang Korrelationskoeffizient und Volatilitätsdifferenz[a]

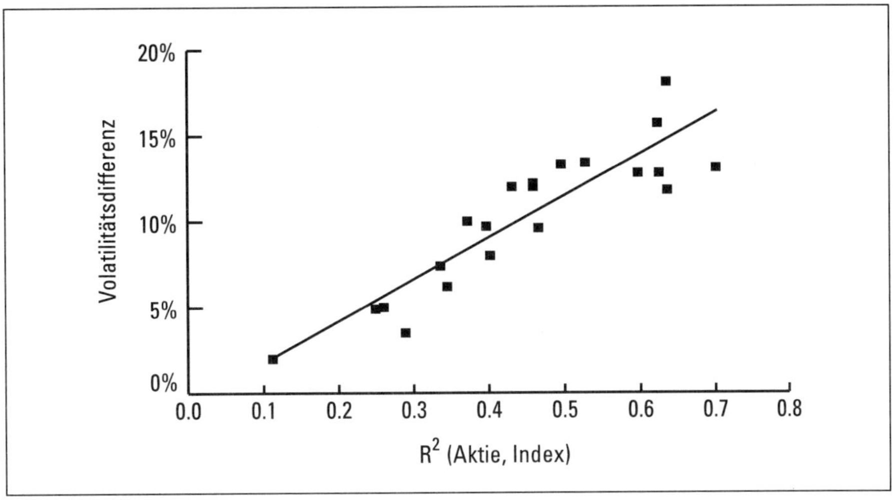


a Quelle: Eigene Berechungen.

Im Rahmen der empirischen Untersuchung wurde die Volatilität der Preisänderungen der *normalen Option* mit derjenigen der *indexierten Option* verglichen. Die Ergebnisse sind in ◀Abb. 4/6 dargestellt. Bei allen Gesellschaften ist die Volatilität der Preisänderungen für die indexierte Option kleiner als für die normale, nach Black-Scholes bewertete Option. Die Reduktion der Volatilität durch Indexierung ist dabei zum Teil beträchtlich.

Der Volatilitätsdifferenz zwischen *normalem* und *indexiertem Call* ist für Unternehmungen grösser, deren Aktienkurs in einem grösseren Masse von Gesamtmarktentwicklungen abhängig ist. Die Abhängigkeit des einzelnen Aktienkurses von Gesamtmarktbewegungen kann mit dem Korrelationskoeffizienten $R^2$ gemessen werden. Dieser gibt an, wieviel Prozent der Aktienrendite der Unternehmung durch die Rendite des SPI erklärt werden können. ◀Abb. 4/7 stellt die Volatilitätsdifferenzen zwischen normalem und indexiertem Call in Abhängigkeit des Korrelationskoeffizienten $R^2$ dar. Erwartungsgemäss ist die Volatilitätsdifferenz grösser für Unternehmen mit grossem $R^2$. Der Zusammenhang ist dabei näherungsweise linear.

Daraus lässt sich schliessen, dass Unternehmen mit hoher Korrelation zum Gesamtmarkt von einer starken Reduktion der Volatilität des Entlöhnungsinstrumentes profitieren. Umgekehrt wird die Volatilitätsreduktion für Unternehmen mit kleiner Korrelation zum Gesamtmarkt nur gering ausfallen. Entsprechend ist der Effekt einer Indexierung auf das *Entlöhnungsrisiko* in Unternehmen mit hoher Korrelation zum Markt grösser.

## 4.4 Rolle und Stellenwert des regulatorischen Umfeldes

### 4.4.1 Einleitende Bemerkungen

Die bisher angeführten Argumente für die Beteiligung des Managements an der Wertentwicklung des Unternehmens abstrahierten von *Transaktionskosten.* Diese entstehen namentlich durch die Wirkung der *Steuern,* einerseits auf *Unternehmensstufe,* andererseits auf Stufe des *Managers.* Die empirische Evidenz legt nahe, dass Steuervorteile von wertorientierten Entlöhnungsinstrumenten ein wichtige, wenn nicht *die* treibende Kraft hinter der Einführung von derartigen Entlöhnungsprogrammen sind.[60]

Neben den Steuern spielen auch *Vorschriften zur Rechnungslegung* eine wichtige Rolle in der Ausgestaltung von Management Compensation-Systemen. *Verbuchungstechnisch* ergeben sich zwischen normalen Lohnaufwendungen und dem Zuteilen von wertorientierten Entlöhnungskomponenten Unterschiede.[61] Diese Unterschiede können zu einer intransparenten Informationslage für den Investor führen. Es wird dem Investor erschwert, die wahre Höhe der Entlöhnung des Managements seiner Unternehmung zu eruieren. *Hall/Liebman 1997* führen diesen Punkt als eine mögliche Erklärung für die Zunahme von wertorientierten Entlöhnungsinstrumenten in den Vereinigten Staaten an: «A second possible explanation for the increased use of stock options is that boards want to pay CEOs more (...) and option grants are a less visible vehicle for paying CEOs than salary and bonus is. Finding a less visible way to pay CEOs is important because public opposition to high pay levels appears to have increased as levels of pay have risen. (...) Since there is no current accounting charge from granting stock options, consultants and boards view options as costless.»[62]

Aufgrund der Vorreiterrolle, welchen den USA im Rahmen der Management Compensation zukommt, gelangen in der Folge jeweils die Systeme der Schweiz und der USA zur Darstellung. Das Schwergewicht liegt dabei weniger auf technischen Aspekten als vielmehr auf den Gründen, ob und wieso die Rahmenbedingungen die Einführung von wertorientierten Entlöhnungsprogrammen begünstigen.[63]

---

60 Entsprechend der Zielsetzung dieser Arbeit wird der Aspekt Besteuerung nur am Rande dargestellt. Vgl. für eine umfassende Darstellung der Aspekte Verbuchung, Besteuerung und Bewertung Risi 1999.

61 Vgl. zu den Unterschieden in der Verbuchung Abschnitt 4.4.3 auf Seite 110. Vereinfacht gesagt, hat die Zuteilung von Kaderoptionen keinen Einfluss auf die laufende Erfolgsrechnung, schmälert den Gewinn also nicht.

62 Hall/Liebman 1997, S. 33.

63 Vgl. für eine detaillierte Darstellung der Besteuerung, Bewertung und Verbuchung von wertorientierten Entlöhnungsinstrumenten Risi 1999.

### 4.4.2 Steuern

Wie in anderen Kernbereichen des Corporate Finance spielt auch im Bereich *Management Compensation* der Einfluss der Steuern eine massgebende Rolle. Die Verbreitung von Optionsplänen wird durch die Steuern begünstigt, wenn das Einkommen aus diesen Plänen geringer besteuert wird als bei einer Ausschüttung als normales Einkommen. Dabei ist – wie bereits in Abschnitt 4.4.1 erwähnt – sowohl die Steuerlast des Managers als auch die Steuerlast der Unternehmung zu berücksichtigen.[64]

Eine Untersuchung von *Long 1992* untersucht für ein Sample der 100 grössten Fortune 500 Unternehmen den Zeitpunkt der Einführung von Optionsplänen und versucht, diese mit Änderungen in den steuerlichen Rahmenbedingungen zu erklären. Die Kernaussagen sind in ▶ Abb. 4/8 auf Seite 109 zusammengefasst. Es ersichtlich, dass in den Jahren 1951–1959, als das steuerliche Umfeld für Kaderoptionen extrem vorteilhaft war, sehr viele Unternehmen Kaderoptionspläne eingeführt haben. Nach 1963 ist eine deutliche Reduktion festzustellen. Longs Beobachtungen scheinen die Hypothese zu stützen, dass Optionspläne primär aus steuerlichen Überlegungen eingeführt

Abb. 4/8 Einführung von Stock Option Plans und steuerliche Behandlung[a]

| | vor 1950 | 1951 bis 53 | 1954 bis 56 | 1957 bis 59 | 1960 bis 62 | 1963 bis 69 | nach 1969 |
|---|---|---|---|---|---|---|---|
| Anzahl Unternehmen | 6 | 39 | 20 | 18 | 3 | 7 | 1 |
| Steuerreformen | 1950 Tax Reform Act[b] | | | | | 1963 Einführung von Qualified Options[c] | |
| Umfeld für Kaderoptionen | | | extrem vorteilhaft | | | vorteilhaft | unvorteilhaft[d] |

a Quelle: Long 1992. Das Sample entspricht den 100 grössten Fortune 500 Unternehmen (Stand 1956).

b Einführung von sog. Restricted options. Im Gegensatz zu den davor gültigen Steuerregeln, welche Optionserträge als reguläres Einkommen betrachteten, wurden nun Steigerungen im Optionswert bei Ausübung nur zum Steuersatz für Kapitalgewinne besteuert. Kaderoptionen qualifizieren als Restricted Options, wenn gewisse Bedingungen erfüllt sind: Ausübungspreis > 85% des aktuellen Marktwertes, nicht übertragbar, Manager hält insgesamt weniger als 10% des total Eigenkapitals

c Ersatz der Restricted options durch Qualified options. Die maximale Laufzeit wurde auf fünf Jahre begrenzt. Gleichzeitig – und indirekt wichtiger – wurde der maximale Grenzsteuersatz für Einkommen von 91% auf 70% gesenkt. Die relative Attraktivität von normalem Einkommen zu Optionseinkommen stieg damit an.

d Die Tax Reform Act von 1969 änderte an der Besteuerung von Kaderoptionen nichts. Durch die Senkung des maximalen Grenzsteuersatzes für Einkommen auf 50% stieg allerdings indirekt die Attraktivität von normalem Einkommen zu Optionseinkommen.

64 Vgl. Long 1992, S. 14.

werden. Unterstützt wird die Argumentation durch die Tatsache, dass die gleichen 100 Unternehmen (steuerlich nicht begünstigte) kurzfristige Bonusprogramme relativ gleichmässig über die Jahre 1930–1980 eingeführt haben.[65] Eine jüngere Studie von *Yermack 1995* findet hingegen keine Bestätigung dafür, dass steuerliche Gründe für die Einführung und Gestaltung von Management Compensation-Programmen verantwortlich sind.

Seit dem Revenue Reconciliation Act von 1993 hat die steuerliche Attraktivität von Optionsplänen in den USA noch zugenommen, da sie auch auf Seite der Unternehmung praktisch unbeschränkte steuerliche Abzugsfähigkeit gewährleistet.[66]

Auch in der Schweiz finden wertorientierte Entlöhnungsprogramme für Kader eine attraktive steuerliche Behandlung. Die Wertsteigerung von Aktien und Optionen im Besitze des Managements wird auf seiten des Managements bei Ausübung *(at exercise)* als (steuerfreier) Kapitalgewinn behandelt. Im Zeitpunkt der Zuteilung (at grant) unterliegen Kaderaktien oder Kaderoptionen der Einkommenssteuer.[67] Bei *gesperrten Kaderoptionen* und *Kaderaktien* erfolgt die Berechnung des für die Besteuerung massgebenden Aktien- oder Optionswertes mit einem Diskont von 6% pro Sperrjahr auf dem aktuellen Aktienkurs. Dieser Diskont entfällt bei *frei übertragbaren* Mitarbeiteraktien und -optionen.

Die steuerlichen Rahmenbedingungen in der Schweiz werden die Einführung von neuen Management Compensation Programmen begünstigen.

### 4.4.3 Rechnungslegungsvorschriften

Die im letzten Jahrzehnt stetig gewachsene Zahl von Optionszuteilungen an das Management hat in den USA die Aufmerksamkeit der Investoren, aber auch staatlicher Stellen wie der *Securities and Exchange Commission (SEC),* des *Financial Accounting Standard Board (FASB)* und zuletzt auch diejenige des *amerikanischen Kongresses* auf sich gezogen. Bemängelt wurde in erster

65 Vgl. Long 1992, S. 20.

66 Vgl. dazu Winter 1998, S. 1136/1137. Die Abzugsfähigkeit ist an einige Bedingungen geknüpft: So muss sich die Entlöhnung an einem objektiven Erfolgsziel bemessen, dieses Ziel muss durch ein unabhängiges Compensation Committee (VR-Ausschuss) festgelegt werden, und der Entlöhnungsvertrag muss offengelegt und von den Aktionären genehmigt werden.

67 Vgl. Kreisschreiben Nr. 5 der Eidgenössischen Steuerverwaltung. In anderen Steuersystemen erfolgt die Besteuerung bei Ausübung (at exercise). Das Kadermitglied läuft so Gefahr, Steuern auf nie erzieltes Einkommen zu bezahlen. Vgl. Egon Zehnder International/Revisuisse Price Waterhouse 1997, S. 19.

Linie die *fehlende Transparenz* der Management Compensation. Ziel der nachfolgenden Initiativen war es, den Investoren die Überwachung der Management Compensation zu ermöglichen.[68]

Die *SEC* hat bereits sehr früh die Offenlegung von existierenden oder zu schaffenden Optionsrechten am Eigenkapital der Unternehmung gefordert. «Options existing or to be created in respect of their securities»[69] mussten bereits 1946 in den *proxy statements,* welche den Aktionären zur Vorbereitung der Jahresversammlung dienen, veröffentlicht werden. Nach 1992 wurde die Pflicht zur Offenlegung der Management Compensation eingeführt.[70] Die *proxy statements* müssen die *Anzahl der zugeteilten Aktienoptionen* (inkl. dem exakten Abgabedatum, der Laufzeit und der Ausübungsperiode) und einen Bericht des *Compensation Committees* über die *Kriterien der Zuteilung* und der *eigenen Unabhängigkeit* enthalten.

Mit der gleichen Motivation wurde 1993 der *Revenue Reconciliation Act* erlassen, der die steuerliche Abzugsfähigkeit der Management Compensation an die Erfüllung gewisser Kriterien gekoppelt hat, darunter die Offenlegung an die Aktionäre.[71]

Eine weitere Quelle der Intransparenz rührt von der buchhalterischen Erfassung der Management Compensation her. Options- und Aktienzuteilungen werden weder in der Bilanz noch in der Erfolgsrechnung erfasst. Auch die Liquidität der Gesellschaft ist von einer Zuteilung nicht tangiert.[72] Die Kosten der *Management Compensation* werden im Zeitpunkt der Ausübung durch die Eigentümer in Form einer *Kapitalverwässerung* getragen. Eine genaue Beurteilung dieser Verwässerungswirkung ist schwierig zu vollziehen. Sie kann aber nachhaltig sein: Für das Sample der 200 grössten amerikanischen Gesellschaften betrug der Anspruch des Managements und der Mitarbeiter am totalen Eigenkapital der Gesellschaft 13.2%.[73]

Einer Studie des englischen Analystenhauses *Smithers & Co.* zufolge hätte die aufwandmässige Berücksichtigung der Kaderoptionsprogramme bei den 100 grössten US-Unternehmen einen um durchschnittlich *36% höheren Personalaufwand* zur Folge. Der *Gewinn* würde damit im Durchschnitt um *50%*

---

68 Vgl. Yermack 1997, S. 452.

69 United States Code, 1946 edition, Title 15, Section 78 (g) (1) (H).

70 Vgl. SEC 1992, 1993a, 1993b.

71 Vgl. auch Abschnitt 4.4.2 auf Seite 109f.

72 Dieses Faktum wird von liquiditätsschwachen Unternehmen auch ausgenutzt. Vgl. Yermack 1995, S. 263.

73 Vgl. Morgenson 1998, S. 51.

*sinken*, was bei einigen Unternehmen (z.B. Intel, Microsoft) zum Ausweis eines *Verlustes* geführt hätte.[74]

Es stellt sich dabei immer die Frage, welcher Wert Kaderoptionen zugerechnet werden soll und welche Kosten damit für die Unternehmung entstehen. Die empirische Evidenz zeigt, dass das klassische Black-Scholes-Optionsbewertungsmodell den Wert von Kaderoptionen überschätzt. Dies rührt daher, dass Kaderoptionen aus verschiedenen Gründen oft vor Verfall ausgeübt werden, was einen Teil des Zeitwertes, oft über 50%, vernichtet.[75] Basierend auf diesen Erkenntnissen sind spezielle Bewertungsmodelle für Kaderoptionen entwickelt worden.[76]

Seit Beginn der 80er Jahre unternimmt das *Financial Accounting Standard Board (FASB)* immer wieder den Versuch, Regelungen einzuführen, welche die aufwandmässige korrekte Erfassung der Zuteilung von Optionsrechten verlangen. Der letzte Versuch fand 1993 statt, wurde aber von den amerikanischen Gesellschaften heftig bekämpft.[77] 1995 krebste das FASB zurück und verlangte lediglich die Veröffentlichung der Werte der abgegebenen Optionen in den Fussnoten der Erfolgsrechnung. Anfang 1998 hat das FASB die Transparenz etwas verbessert, indem der bisher ausgewiesene Gewinn pro Aktie (berücksichtigt alle ausstehende Aktie und die Optionen, welche in-the-money liegen) durch zwei neue Kennzahlen ersetzt worden ist: den *Basisgewinn je Aktie,* der nur die ausstehenden Titel berücksichtigt, und den *verwässerten Gewinn je Aktie.* Diese Grösse berücksichtigt alle ausgegebenen Wertpapiere, d.h. ausstehende Aktien, Wandelanleihen, Aktienoptionen für das Management – unabhängig davon, ob diese in-the-money sind. Die Beurteilung dieser zwei Zahlen erlaubt es dem Investor, sich ein klares Bild über die zu erwartende Gewinnverwässerung zu verschaffen. An der *Höhe des Reingewinnes* ändert die neue Regelung indessen nichts.

Im Sommer 1999 hat das FASB ein Proposal erlassen, in dem es vorschlägt, bei einem Repricing von Kaderoptionen den sich neu einstellenden Wert direkt der Erfolgsrechnung zu belasten.

---

74 Vgl. Smithers & Co. 1998.

75 Empirische Evidenz für die vorzeitige Ausübung liefert eine Studie von Huddart/Lang 1996.

76 Vgl. z.B. Carpenter 1998.

77 Vgl. dazu Dechow/Hutton/Sloan 1996. Hauptargument war, dass die (nach Black-Scholes berechneten) ausgewiesenen Aufwendungen vor allem bei jungen, riskanten Unternehmen mit hoher Volatilität der Eigenkapitalrendite sehr gross ausgefallen wären. Dies hätte zu Verlusten und Überschuldungen geführt.

## 4.5 Fazit

Aus diesem Kapitel lassen sich folgende Schlüsse ziehen:

- Im Rahmen der Beurteilung der *Sensitivität* eines Entlöhnungsprogrammes auf Änderungen im Unternehmenswert müssen neben der *aktuellen Tranche* abgegebener Optionen und Aktien auch die Wertänderungen der in den *letzten Jahren* zugeteilten Instrumente berücksichtigt werden. Die Sensitivität ist zudem von der verfolgten Zuteilungspolitik abhängig *(fixed number plans vs. fixed value plans).*
- Die Risikoaversion des Managements kann die Wirksamkeit von risikoreichen Entlöhnungsinstrumenten *(high powered incentives)* reduzieren.
- *Relative Entlöhnung,* beispielsweise mittels *indexierten Kaderoptionen,* kann die Effizienz der Entlöhnung steigern, da die Volatilität der Entlöhnung gesenkt werden kann.
- Das *regulatorische Umfeld,* dabei namentlich die steuerliche Behandlung, kann ein wichtiger Treiber zur Einführung von wertorientierter Entlöhnung sein.
- Die *Kostenwirkung* der Management Compensation geht im Moment noch nicht transparent aus der Berichterstattung hervor. Diese Angabe wäre aber für die Beurteilung der künftigen Kapitalverwässerung unbedingt nötig.

# Kapitel 5

# *Corporate Governance*

## 5.1 Einleitung

Bis Ende der 80er Jahre wurde die Problematik der *Corporate Governance* kaum diskutiert. Erst durch das Aufkommen der *Wertorientierung* mit dem damit verbundenen *Effizienzanspruch* an die Leitung und Organisation von Unternehmen ist die *Corporate Governance* ins Zentrum des Interesses gerückt. Zu den Gruppen, welche aktiv an der Gestaltung der Corporate Governance mitwirken, zählen neben *Investoren* und *Regulatoren* auch *Börsenplätze* und *supranationale Organisationen* wie die *Weltbank.* Dieses Kapitel hat zum Ziel,

- die verschiedenen *Definitionen* und *Modelle* der Corporate Governance vorzustellen;
- die *Funktionsweise* der Corporate Governance zu analysieren;
- verschiedene Fassungen von Best Practices zur Corporate Governance zu präsentieren und zu analysieren.

## 5.2 Corporate Governance

### 5.2.1 Definition

Der Begriff *Corporate Governance* wird nicht einheitlich verwendet. Im folgenden Abschnitt werden die verschiedenen Definitionen einander gegenübergestellt.

Viele Autoren fassen den Begriff der *Corporate Governance* eng auf und verstehen darunter die Führung *(direction)* und Überwachung *(supervision)* einer Gesellschaft. In dieser Betrachtungsweise wird die *Governance* der Unternehmung als Aufgabe direkt dem Verwaltungsrat zugeordnet.[1] Der *Cadbury Report* schliesst sich dieser Auffassung an und definiert Corporate Governance als «the system by which the companies are directed and controlled. Boards of directors are responsible for the governance of their companies (...).»[2] Diese enge Sicht vermag für die hier analysierte Problemstellung nicht zu genügen. Sicher kommt dem Verwaltungsrat im Rahmen der Corporate Governance eine wichtige Rolle zu. Zu berücksichtigen sind aber zusätzlich auch die disziplinierenden Effekte, welche von den Märkten auf die Unternehmung wirken.

Im Rahmen dieser Arbeit soll eine weitere Definition der Corporate Governance zur Anwendung kommen. *Shleifer/Vishny 1997* definieren *Corporate Governance* aus Sicht der Investoren: «Corporate Governance deals with the ways in which suppliers of finance to corporations assure themselves of getting a return on their investment.»[3] Diese Definition zeigt sehr schön das *Ziel* der *Corporate Governance:* Das Gewährleisten einer risikoadäquaten Rendite auf dem investierten Kapital. Das konkrete Aufzeigen der Mechanismen bleibt diese Definition zwar schuldig, klar definiert werden allerdings die Ansatzpunkte: «How do they (the investors, Anm. des Verfassers) make sure that managers do not steal the capital they supply or invest it in bad projects? How do suppliers of finance control managers?»[4]

*Zingales 1997* stellt bei seiner Definition der Corporate Governance den Verteilungsaspekt in den Vordergrund: «(...) I define corporate governance as the complex set of constraints that shape the ex-post bargaining over the quasi-

---

1 So auch im schweizerischen Aktienrecht: Der Verwaltungsrat hat folgende unübertragbare und unentziehbare Aufgaben: (...) die Oberleitung der Gesellschaft, (...) die Oberaufsicht über die mit der Geschäftsleitung betrauten Personen (...). OR Art. 716a, Ziff. 1 und 5.

2 Cadbury Report 1992, Pt. 2.5, S. 16.

3 Shleifer/Vishny 1997, S. 737.

4 Shleifer/Vishny 1997, S. 737.

rents generated by a firm.»[5] Diese Definition ist – obschon allgemeiner gehalten – deckungsgleich mit der oben dargestellten von *Shleifer/Vishny 1997.* Auch *Zingales 1997* geht nicht näher auf die Wirkungsmechanismen ein.

Im folgenden wird unter *Corporate Governance* die Gesamtheit aller *Massnahmen, Mittel* und *Mechanismen* verstanden, welche in der Lage sind, die *Auswirkungen* der vorhandenen *Zielkonflikte* zwischen Anspruchsgruppen einer Unternehmung zu *minimieren* und somit dazu beitragen, den *Investoren* zu einer *risikoadäquaten Rendite* auf ihrem investierten Kapital zu verhelfen.

## 5.2.2 Der Ansatz von Jensen

Einen vielbeachteten Standpunkt in der *Corporate Governance*-Diskussion nimmt *Jensen 1993* ein. Er definiert vier Kräfte, die dazu geeignet sind, die Entscheidungen des Managements einer Unternehmung so zu steuern, dass diese für die Gesellschaft *(society)* optimal ausfallen. ▶ Abb. 5/1 auf Seite 118 stellt diese vier Kräfte überblicksartig dar. Sie sind weitgehend deckungsgleich mit den Mechanismen, welche in der Lage sind, Lücken in den unvollständigen Verträgen zwischen Managern und Eigentümern zu schliessen, und die so als Ergänzung oder Substitute zu diesen Verträgen wirken können.[6]

Jensens Beitrag entspringt einem modernen, breit gefassten Verständnis der *Finance,* das weit über die Neoklassischen Konzepte hinausgeht und sich mit den folgenden – untereinander stark verwobenen – Aspekten auseinandersetzt:

- *Finance:* Struktur der finanziellen Ansprüche an die Unternehmung;
- *Governance:* Überwachung der Unternehmung, Anreizsetzung mittels Management Compensation, Grösse und Struktur des Verwaltungsrates;
- *Organisation:* «Internal rules of the game» bestehend aus Leistungsmessung, Leistungsbeurteilung, Belohnungs- und Strafmechanismen, Delegation von Entscheidungsrechten innerhalb einer Organisation.[7]

Das Corporate Governance-Umfeld wird schwergewichtig unter dem Governance-Aspekt analysiert. Fragen der Kapitalstruktur *(Finance)* und der internen Organisation sind aber mit der Corporate Governance einer Unternehmung eng verwoben.

*Jensen 1993* beleuchtet die Corporate Governance sowohl aus einer mikroals auch aus einer makroökonomischen Warte. Ziel der Corporate Governance

---

5 Zingales 1997, S. 4.
6 Vgl. dazu Abschnitt 2.4.3 auf Seite 52.
7 Jensen 1993, S. 871.

Abb. 5/1 Four Control Forces Operating on the Corporation[a]

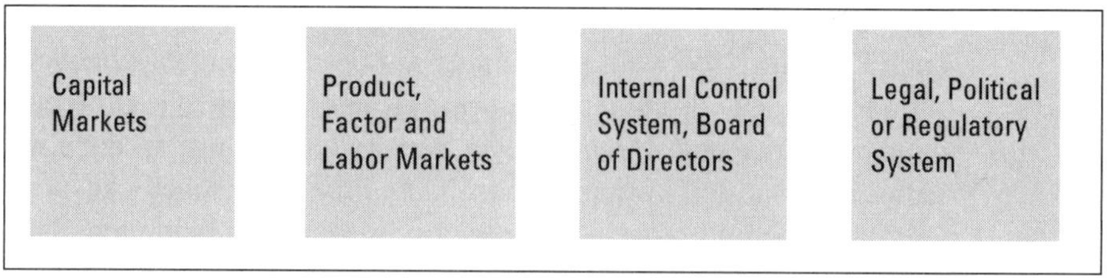


a Quelle: Jensen 1993, S. 850.

ist die Reduktion von Agency-Konflikten, welche sowohl den Wohlstand der einzelnen Unternehmung (Unternehmenswert) als auch den Wohlstand der gesamten Gesellschaft reduzieren. Jensen geht damit von einer Identität zwischen Wohlstandsmaximierung der einzelnen Unternehmung und der Wohlstandsmaximierung der ganzen Gesellschaft aus und liefert somit Anhaltspunkte für eine gesamtwirtschaftlich optimale Ressourcen-Allokation.[8]

### 5.2.3 Der Ansatz von Hart

Der Ansatz von *Hart 1995a,b* basiert auf der *Theorie der inkompletten Kontrakte*[9], die wiederum aus der *Transaktionskostentheorie* gewachsen ist. Hart geht davon aus, dass Verträge zwischen Management und Investoren aufgrund von Transaktionskosten nicht komplett sein können und dass so nicht alle künftigen Situationen im Vertrag geregelt werden können.

Governance-Strukturen erweisen sich als nötig, wenn in einer Organisation zwei Bedingungen kumulativ erfüllt sind. Zum *ersten* müssen Interessenkonflikte zwischen Management und Investoren bestehen. Dies ist eine Grundannahme im Prinzipal-Agenten-Modell. Zum *zweiten* muss der Kontrakt zwischen Management und Investoren aufgrund von Transaktionskosten unvollständig sein.[10]

Falls *keine Interessenkonflikte* bestehen, befinden wir uns in einer neoklassischen Welt. Governance-Strukturen sind hier nicht nötig, da es keine Interessenkonflikte gibt, welche zu lösen wären.

Auch *Prinzipal-Agenten-Probleme allein* führen nicht zu einem Bedürfnis nach Governance, da optimale Kontrakte im Sinne der Prinzipal-Agenten-

8 Unter diesem Aspekt sind die Initiativen von internationalen Organisationen (Weltbank, OECD) im Bereich Corporate Governance zu verstehen. «The World Bank has become acutely aware that strong corporate governance produces social progress.» Wolfensohn 1998, S. 38. Vgl. dazu auch Abschnitt 5.4 auf Seite 134.

9 Vgl. Abschnitt 2.4.3 auf Seite 52.

10 Vgl. Hart 1995b, S. 678–680.

Theorie vollständig in dem Sinne sind, dass sie die künftigen Verpflichtungen aller Vertragsparteien abschliessend festlegen.

Erst die Situation *unvollständiger Kontrakte,* kombiniert mit dem bekannten *Prinzipal-Agenten-Problem,* gibt dem Management die Möglichkeit (und die Motivation), den eigenen Wohlstand auf Kosten des Wohlstandes der Investoren zu maximieren, indem sie nicht klar im Vertrag geregelte Entscheide zu ihren eigenen Gunsten fällen.[11] Diese Konstellation verlangt nach Mechanismen, welche das Verhalten des Managements in Bahnen lenkt, welche im Interesse der Investoren sind. «In view of the managers' ability to pursue their own agenda, it is obviously important that there exist checks and balances on managerial behaviour. A major part of corporate governance concerns the design of such checks and balances.»[12] Corporate Governance-Mechanismen sind so gesehen Substitute für im Initialkontrakt nicht geregelte Situationen.

Im einzelnen nennt Hart fünf Corporate Governance Mechanismen:[13]

- Überwachung durch den Verwaltungsrat;
- Abwahl des Verwaltungsrates durch die Generalversammlung;
- Überwachung durch Grossaktionäre;
- Gefahr unfreundlicher Übernahmen;
- Einschränkung der Möglichkeiten des Managements durch die Kapitalstruktur, im besonderen Fremdkapital.

Ein Vergleich mit den in Abschnitt 5.2.2 auf Seite 117 genannten Kontrollkräften offenbart eine Übereinstimmung der angeführten Mechanismen.

### 5.2.4 Corporate Governance im internationalen Vergleich

Die Corporate Governance-Systeme verschiedener Marktwirtschaften unterscheiden sich voneinander. Dies ist auf die unterschiedliche historische Entwicklung der Ökonomien und auf unterschiedliche regulatorische Rahmenbedingungen zurückzuführen. In der traditionellen Analyse der Systeme unterscheidet man drei Typen von Corporate Governance-Systemen:[14]

- Das *angloamerikanische System der Corporate Governance* wird auch als kapitalmarktbasiertes System bezeichnet. Es beruht zu weiten Teilen auf

11 Vgl. für den Konflikt zwischen *Shareholder Value Maximization* vs. *Managerial Welfare Maximization* Abschnitt 3.3 auf Seite 62.

12 Hart 1995b, S. 681.

13 Hart schliesst den Wettbewerb auf dem Arbeitsmarkt für Manager und dem Produktemarkt nicht in seine Ausführungen ein, gesteht diesen aber Governance-Charakter zu. Hart 1995b, S. 681, Fussnote 681.

14 Vgl. Megginson 1997, S. 56f. und Kaplan 1997, S. 87, Abb. 1.

grossen, liquiden und informationseffizienten Märkten. Grundanliegen der Regulatoren ist der Schutz des Minderheitsaktionärs gegenüber Mehrheitsaktionären. In diesem Lichte sind auch die hohen Anforderungen an die Berichterstattung der Unternehmen zu sehen. Der Markt für Corporate Control (inklusive unfreundliche Übernahmen und Leveraged Buyouts) ist aktiv.

- Das *kontinentaleuropäische System der Corporate Governance* wird als intermediationsbasiertes System bezeichnet. Es ist gekennzeichnet durch die wichtige Rolle von Finanzintermediären in der Überwachung der Unternehmen. Fremdkapital in Form von Bankkrediten spielt eine wichtige Rolle in der langfristigen Unternehmensfinanzierung. Banken übernehmen aber vor allem auch kurzfristige Finanzierungsfunktionen und leisten oft auch Hilfestellung im Rahmen von Eigenkapitalemissionen. Die Märkte für Eigenkapital sind regelmässig klein und illiquide, der Markt für Corporate Control ist durch regulatorische Eingriffe in seiner Funktionsfähigkeit eingeschränkt.
- Das *japanische (keiretsu)* und das *koreanische (chaebol) System der Corporate Governance* sind durch einen immensen Einfluss von grossen industriellen Konglomeraten gekennzeichnet, die durch gegenseitige Beteiligungen stark verflochten sind und typischerweise eine Bank an ihrer Spitze haben. Kapitalmärkte spielen eine vergleichsweise kleine Rolle. Übernahmen sind selten, unfreundliche Übernahmen nicht existent. Die Kontrolle über die einzelnen Gruppengesellschaften erfolgt entweder über direkte Beherrschung via Stimmenmehrheit *(Chaebol)* oder die Einflussnahme via Autorität *(Keiretsu)*.

Die Effizienz der verschiedenen Corporate Governance-Systeme ist Gegenstand der wissenschaftlichen Diskussion. Bemerkenswerterweise existiert in dieser Frage kein Konsens. «Even in advanced market economies, there is a great deal of disagreement on how good or bad the existing corporate governance mechanism are.»[15] Einen interessanten Diskussionsbeitrag leistet *Macey 1998*. Er identifiziert drei Möglichkeiten, die Effizienz eines Corporate Governance-Systems empirisch zu messen.

- Die *erste Möglichkeit* besteht darin zu messen, inwieweit das System in der Lage ist, das Management daran zu hindern, eigene Ziele zu verfolgen. Eine von *Zingales 1994* vorgeschlagene Masszahl ist dabei die Prämie, welche vom Markt für stimmberechtigte Aktien über nicht-stimmberechtigte Aktien mit sonst identischen Vermögensrechten bezahlt wird. Hohe Prämien bedeuten, dass dem Stimmrecht eine hohe Bedeutung zugemessen wird,

15 Shleifer/Vishny 1997, S. 737.

Abb. 5/2 Prämie für Aktien mit Stimmrechten[a]

| Untersuchung | Land | Prämie |
|---|---|---|
| Lease/McConnell/Mikkelson 1983 | USA | 5.4% |
| Rydqvist 1992 | Schweden | 6.5% |
| Megginson 1990 | England | 13.3% |
| Horner 1988 | Schweiz | 20% |
| Robbinson/White 1990 | Kanada | 23.3% |
| Levy 1982 | Israel | 45.5% |
| Zingales 1994 | Italien | 82% |

a Quelle: Studien zit. in Macey 1998.

was wiederum auf nicht oder nur schlecht funktionierende Governance-Mechanismen hinweist.[16] ◄ Abb. 5/2 zeigt empirische Untersuchungen zur Prämie für verschiedene Länder.

- Eine *zweite Möglichkeit,* die Wirksamkeit eines Corporate Governance-Systems zu messen, besteht darin, die Effizienz der lokalen Kapitalmärkte zu beurteilen. Dies kann durch die Messung der Anzahl *Going Public* erfolgen. Die ökonomische Fundierung dieses Ansatzes liegt im bekannten Problem der adversen Selektion.[17] Falls das Corporate Governance-System nicht gut funktioniert, werden Investoren neu emittierte Papiere einer Unternehmung mit schlecht kontrolliertem Management nur mit einem Discount erwerben.[18] Dies kann zu einer Situation führen, in der das Management nicht bereit ist, dem Publikum Anteile zu verkaufen, da es keinen adäquaten Preis dafür lösen kann.[19] Ein schlecht funktionierendes Governance-System führt in diesem Sinne – ceteris paribus – zu einer tiefen Anzahl von *Going Public* (gemessen an der Zahl der möglichen Kandidaten).[20] Dieser Masszahl kann

16 Vgl. Macey 1998, S. 20.

17 Vgl. zur adversen Selektion Abschnitt 2.3.1 auf Seite 43f.

18 Dieses Argument führen bereits Jensen/Meckling 1976 an.

19 Dies entspricht dem klassischen, von Akerlof 1960 skizzierten Problem der Qualitätsunsicherheit. Ohne Möglichkeit, glaubwürdige Qualitätssignale zum Investor zu senden, wird kein *separating equilibrium* entstehen. Vgl. ◄ Abb. 2/5 auf Seite 44.

20 In der Tat haben in Italien in der Periode von 1982–1992 von 12'391 Gesellschaften, welche die Bedingungen für eine Kotierung erfüllt hätten, nur gerade 66 den Schritt eines Going public gewagt. Vgl. Pagano/Panetta/Zingales 1995 zit. in Macey 1998, S. 20, FN 33.

man entgegenhalten, dass sie die relative Attraktivität verschiedener Finanzierungsquellen in verschiedenen Ländern nicht in Betracht zieht.[21]

- Die *dritte Möglichkeit* besteht darin zu messen, inwiefern eine schlechte Performance, welche ein Indiz für eine schlechte Managerleistung darstellt, zu einem Austausch des Managementteams führt. Die konkreten Mechanismen, welche zu diesem Ergebnis führen, bleibt diese Masszahl schuldig. Naheliegend sind einerseits der *Markt für Corporate Control*[22] und andererseits das *Monitoring durch institutionelle Investoren*[23].

Die drei Masszahlen von *Maceys* Ansatz beurteilen die Effizienz der verschiedenen Corporate Governance-Systeme aufgrund der produzierten Resultate. Dieses Vorgehen ist sinnvoll. Die verschiedenen Mechanismen[24] der Corporate Governance sind in verschiedenen Corporate Governance-Systemen unterschiedlich gewichtet und ergänzen sich in ihrer Wirkung. Wichtig ist in der Konsequenz das Erreichen des Ziels: Das Erzielen einer risikoadäquaten marktgerechten Rendite auf dem eingesetztem Kapital.

*Kaplan 1997* wählt für seine vergleichende Untersuchung zwischen den Systemen der USA, Deutschland und Japan die dritte der von Macey skizzierten Möglichkeiten und untersucht den Wechsel von Management Teams als Reaktion auf schlechte Aktienperformance, auf schlechte Jahresergebnisse (Verluste) und auf einen Umsatzrückgang. Er stellt fest, dass alle drei Corporate Governance-Systeme ihr Ziel erreichen: «The bottom line of the three studies (*Kaplan 1994a* und *1994b, Kaplan/Minton 1994,* Anm. des Verfassers) is that very different corporate governance systems in Germany, Japan, and the U.S. generate very similar outcomes.»[25] Weiter stellt er fest, dass Corporate Governance vor allem in der Kombination von reifen, langsam wachsenden Märkten mit wenig Wettbewerb eine Rolle spielt.[26] Wettbewerb oder wachsende Märkte führen quasi automatisch zu einer Selbstüberwachung der Unternehmen (▶ Abb. 5/3). Gerade im Segment der reifen und nicht-kompetitiven Märkten bestehen laut *Kaplan* die grössten Unterschiede zwischen den drei Corporate Governance-Systemen. Der höhere Eigenkapitalbesitz des amerikanischen Managements, kombiniert mit den Schwierigkeiten des japanischen Systems, Geld an die Eigentümer zurückzuzahlen, führt in der Be-

---

21 Macey führt als Argument für die Masszahl an, dass Kapitalmärkte in jedem Fall die effizientere Kapitalquelle sind als Banken. «In a nutshell, modern corporate finance teaches that assets that can be securitized will be.» Macey 1998, S. 21.

22 Vgl. dazu Abschnitt 5.3.1.3 auf Seite 126.

23 Vgl. dazu Abschnitt 5.3.1.2 auf Seite 124.

24 Vgl. dazu Abschnitt 5.3 auf Seite 123f.

25 Kaplan 1997, S. 91.

26 Diese Erkenntnis steht im Einklang mit der *Free Cash-flow-Hypothese* von Jensen 1986.

Abb. 5/3 Bedeutung der Corporate Governance[a]

| | Kompetitive Märkte | Nicht-kompetitive Märkte |
|---|---|---|
| **Wachsende Märkte** | geringe Bedeutung | mittlere Bedeutung |
| **Reife Märkte** | mittlere Bedeutung | grosse Bedeutung |

a Quelle: Kaplan 1997, S. 91.

urteilung Kaplans zu einer Überlegenheit des amerikanischen Systems. «The U.S. system is arguably more effective than Germany's and, particularly Japan's, in discouraging successful companies from overinvesting.»[27]

## 5.3 Zur Funktionsweise der Corporate Governance-Mechanismen

Im folgenden gelangen die Kräfte der Corporate Governance zur Darstellung. Die Gliederung folgt in den Grundzügen *Jensen 1993,* ergänzt um die kontrollierende Wirkung des Fremdkapitals und die wichtige Funktion der Transparenz.

### 5.3.1 Kapitalmärkte und der Markt für Corporate Control

#### 5.3.1.1 Überwachung durch den Aktionär

Die Überwachung des Managements durch den Aktionär kann durch zwei Mechanismen erfolgen: Zum einen kann der Aktionär seine Aktien bei einer in seiner Einschätzung ungenügenden Performance verkaufen.[28] Der Aktienmarkt in seiner Gesamtheit wird so ungenügende Management-Leistungen mit einem Discount im Kurs bestrafen und das Management auf diesem Wege unter Druck setzen.

Daneben verfügen die Eigentümer über die *residuellen Kontrollrechte* der Unternehmung. Durch das Ausüben ihrer Stimmrechte an der Generalversammlung haben sie die Möglichkeit, Entscheide des Managements rückgängig zu machen oder Verwaltungsräte zu ersetzen. In grossen Publikumsgesellschaften wird das Ausüben dieser Rechte typischerweise durch zwei Faktoren eingeschränkt.

---

27 Kaplan 1997, S. 92.

28 Sog. *voting on foot.* Dieses war bis vor einigen Jahren vor allem im angloamerikanischen Raum verbreitet. Mittlerweile gewinnt auch in diesem Raum die direkte Einflussnahme an Bedeutung. Vgl. de Pury 1995, S. 1030.

Zum einen ist in Publikumsgesellschaften die Trennung zwischen Eigentum und Kontrolle stark ausgeprägt.[29] Die Überwachung der Geschäftsleitung des Managements ist typischerweise Aufgabe des Verwaltungsrates. Zum anderen existiert ein *free-rider-Problem.* Das Engagement eines Aktionärs kommt allen anderen, passiven Aktionären zugute. Da das Engagement mit Kosten verbunden ist und der Nutzen allen Aktionären zugute kommt, wird zumeist kein Anteilseigner bereit sein, sich zu engagieren.[30]

#### 5.3.1.2 Überwachung durch institutionelle Investoren

Aufgrund der Tatsache, dass der einzelne Aktionär mit verschwindend kleinem Anteil an der Unternehmung aufgrund des geschilderten *free-rider-Problems* keine überwachende Rolle übernehmen kann, wird oft vorgeschlagen, dass grosse Aktionäre *(blockholders, z.B. institutionelle Investoren)* diese Überwachungsrolle übernehmen sollten. Zwei Gründe sprechen für diese Argumentation:

- In illiquiden Aktienmärkten wird einem grossen Aktionär die Möglichkeit, sein gesamtes Aktienpaket zu verkaufen, nur unter Inkaufnahme eines deutlichen Diskonts möglich sein. Er befindet sich damit in einem *trade-off* zwischen aktiver Einflussnahme oder Verkauf mit Discount. Der Einfluss der Marktliquidität auf das Verhalten von institutionellen Investoren und die Effizienz der Corporate Governance ist empirisch noch nicht geklärt. Eine erhöhte Liquidität reduziert zwar die Motivation der institutionellen Investoren zur aktiven Einflussnahme *(monitoring),* erhöht aber gleichzeitig die Effizienz der Preisbildung.[31]
- Ein grösserer Aktionär profitiert proportional zu seinem Anteil an der Unternehmung von aktivem Verhalten und hat deshalb die grössere Motivation, diese Rolle auch zu übernehmen. Bei Beteiligungen unter 100 % bleibt das *free-rider*-Problem allerdings bestehen.[32]

Einige Gründe sprechen allerdings gegen diese Hypothese.

- Erst bei einem Anteil von 100 % würden sämtliche Prinzipal-Agenten-Probleme eliminiert.
- Ein grosser Aktionär hat den Anreiz, seine eigene Position zulasten der Position der Minderheitsaktionäre auszubauen. Der Agency-Konflikt zwi-

---

29 Vgl. Berle/Means 1932 und Abschnitt 2.2.2 auf Seite 38.

30 Vgl. Hart 1995b, S. 681.

31 Vgl. Maug 1998.

32 Vgl. Hart 1995b, S. 681.

Abb. 5/4 Beteiligungen und Gewichte von CalPERS (per 30.6.1998)[a]

| Unternehmung | Beteiligung | Marktwert | Anteil |
|---|---|---|---|
| General Electric Co. | 1'390 | 296'072 | 0.47% |
| Microsoft Corporation | 1'234 | 267'043 | 0.46% |
| Coca-Cola Co. | 977 | 211'128 | 0.46% |
| Exxon Corporation | 807 | 174'639 | 0.46% |
| Merck & Co., Inc. | 735 | 159'865 | 0.46% |
| Pfizer Inc. | 640 | 141'905 | 0.45% |
| Wal Mart Stores Inc. | 616 | 135'819 | 0.46% |
| Intel Corporation | 574 | 125'715 | 0.46% |
| Procter & Gamble Co. | 556 | 122'113 | 0.46% |
| International Business Machines | 502 | 108'256 | 0.46% |

a Quelle: CalPERS 1998b, Datastream, eigene Berechnungen (alle Werte in Mio. USD).

schen Eigentümern und Management wird dadurch erweitert zu einem Konflikt zwischen Mehrheits- und Minderheitsaktionär.

- Der Anteil der institutionellen Anleger am Eigenkapital von Unternehmungen ist regelmässig sehr klein. So betragen die wertmässigen Anteile der zehn grössen Investitionen der kalifornischen Pensionskasse CalPERS (California Public Employees' Retirement System) gemessen an der totalen Marktkapitalisierung gerade etwa 0.5% (◄Abb. 5/4).[33]

  Für institutionelle Investoren im Schweizer Markt ergeben sich ähnliche Grössenordnungen (►Abb. 5/5). Der Anteil aller Pensionskassen an der gesamten Schweizer Börsenkapitalisierung betrug 1995 ca. 9.5%. Die Anteile der einzelnen Pensionskassen an einzelnen Unternehmen betragen daher regelmässig weniger als 1% der Börsenkapitalisierung.

33 Allein von der relativ kleinen Beteiligung auf einen Misserfolg in der aktiven Einflussnahme auf die Geschäftsführung zu schliessen wäre falsch. Zwei Studien weisen den Erfolg von CalPERS (California Public Employees' Retirement System) nach (sog. CalPERS Effect): Nesbitt 1994 untersucht 42 Gesellschaften, die in der Periode 1987–1992 Gegenstand einer CalPERS-Initiative waren (zumeist in der Form von Shareholders' letters) und weist nach, dass diese Gesellschaften für den Zeitraum von fünf Jahren nach der Einflussnahme eine positive Überrendite von 41.3% ausweisen, wobei dies auf den Einfluss von etwa der Hälfte des Samples zurückzuführen ist. Smith 1996 zeigt für die Periode von 1987–1993, dass von 51 bearbeiteten Unternehmen 72% Änderungen in den Corporate Governance-Parametern vorgenommen haben. Dies war jeweils von positiven Kursreaktionen begleitet. Insgesamt ist der Wert des CalPERS-Portefeuilles durch die aktive Einflussnahme um 10 Mio. USD gestiegen, während die Kosten der Einflussnahme 3.5 Mio USD betragen haben. Smith 1996, S. 251.

Abb. 5/5 Institutionelle Investoren in der Schweiz (Werte 1995)[a]

| Kriterium | Ausprägung |
|---|---|
| Anzahl | 12'800 |
| Vermögen | 1200 Mrd. CHF, davon ca. 44 Mrd. CHF in Schweizer Aktien (14%) |
| Gesamte Börsenkapitalisierung Schweiz | 460 Mrd. CHF |
| Anteil der Pensionskassen am Aktienmarkt | ca. 9.5% |

a Quelle: Bank Julius Bär 1996.

### 5.3.1.3 Markt für Corporate Control-Transaktionen

Vor allem in den USA und in Grossbritannien hat sich mit der Gefahr einer drohenden Übernahme ein weiterer Corporate Governance-Mechanismus fest etabliert. Typischerweise läuft eine unfreundliche Übernahme wie folgt ab: Ein Käufer macht den Aktionären der zu kaufenden Gesellschaft ein Kaufangebot, das üblicherweise über dem aktuellen Marktpreis liegt. Falls der Käufer in den Besitz einer kontrollierenden Stimmenmehrheit kommt, steht es ihm frei, das Management-Team auszuwechseln oder mindestens zu kontrollieren. «Takeovers can thus be viewed as rapid-fire mechanisms for ownership concentration.»[34]

Theorie und empirische Evidenz belegen klar, dass unfreundliche Übernahmen ein Mittel zur Reduktion von Agency-Problemen sein können und damit den Stellenwert eines Governance-Mechanismus erhalten.[35] Übernahmen eignen sich gut für das Erstellen von event studies, da der Entschluss, eine andere Publikumsgesellschaft zu übernehmen immer öffentlich bekanntgegeben wird.[36] Viele Studien rund um Übernahmen weisen die Wertsteigerung der Unternehmen im Anschluss an die Übernahme nach. Damit wird die Agency-Kosten-Hypothese gestärkt. Zusätzlich kann nachgewiesen werden, dass Übernahmeobjekte oft schlecht rentierende Unternehmen sind.[37] Zudem wurde gezeigt, dass im Anschluss an eine erfolgreiche Übernahme das alte Management-Team ausgewechselt wird.[38]

34 Shleifer/Vishny 1997, S. 756. Vgl. auch Abschnitt 2.2.3 auf Seite 39.
35 Vgl. Scharfstein 1988 und Jensen 1983.
36 Vgl. Shleifer/Vishny 1997, S. 746.
37 Vgl. Palepu 1986.
38 Vgl. Easterbrock/Fischel 1991 und Jensen 1993.

Der Stellenwert von Übernahmen als Governance-Mechanismus ist nicht unbestritten. So ist nicht von der Hand zu weisen, dass zum Teil ein Übernahme-Angebot ausschliesslich dem Wohl des Managements der übernehmenden Gesellschaft dient.[39]

*Leveraged Buyouts (LBO)* stellen einen Spezialfall im Übernahmegeschäft dar. Bei einem LBO wird eine bestehenden Publikumsgesellschaft von einer – üblicherweise aus dem Management und einer Buyout-Unternehmung bestehenden – Investorengruppe übernommen. Die Finanzierung der Übernahme erfolgt schwergewichtig mit Fremdkapital, zum Teil nachrangig. Im Ergebnis weist eine Unternehmung nach einem LBO eine *konzentrierte Eigentümerstruktur* und eine *starke Fremdfinanzierung* auf, wobei das Management einen *bedeutenden Anteil* am Eigenkapital hat.

Ein LBO ist aus mehreren Gründen eine effiziente Organisationsform, um Agency-Konflikte zu reduzieren. *Erstens* führt die bedeutende Management-Beteiligung zu einer Interessenangleichung zwischen Management und Investoren (Buyout-Gesellschaft).[40] *Zweitens* hat die Buyout-Gesellschaft genügend Stimmkraft, um direkten Einfluss auf die Geschäftstätigkeit der Unternehmung zu nehmen. *Drittens* reduziert die hohe Verschuldung den für das Management verfügbaren Free Cash-flow.[41,42]

Verschiedene empirische Untersuchungen weisen diese Effekte nach. *Kaplan 1989* zeigt, dass ein LBO zu einer erhöhten Rendite für die Unternehmung führt. *Bhagat/Shleifer/Vishny 1990* argumentieren weiter, dass die erhöhte Rendite und die Wertsteigerung nach einem LBO auf einen Abbau von Agency-Kosten zurückzuführen sind, die aufgrund von Überdiversifikation

39 Vgl. Abschnitt 3.3 auf Seite 62, inbesondere Abschnitt 3.4.2.

40 Zusätzlich werden Manager nach einem LBO mit sog. high-powered incentives entlöhnt, oft in Form von Stock Option Plans. Vgl. Jensen 1993, S. 869 oder Kaplan 1991. Die im Rahmen von LBO oft begebenen sog. *high yield bonds* verstärken die Anreizwirkung der Eigenkapitalbeteiligung des Managements. Vgl. Volkart 1999b, S. 13–15, insbesondere Abb. 4.

41 Ein vieluntersuchtes LBO ist der Buyout von RJR-Nabisco durch Kohlberg/Kravis/Roberts von 1986. «The LBO debt prohibits RJR from continuing to squander its cash flow on the wasteful projects it had undertaken prior to the buyout.» Jensen 1993, S. 852.

42 Stern 1999 relativiert die Vorzüge der Organisationsform LBO, indem er argumentiert, dass die unproduktive Nutzung von Kapital auch durch finanzielle Führungssysteme unterbunden werden kann, welche die Kosten des benötigten Kapitals adäquat berücksichtigen. Er spricht damit die auf residualem Einkommen *(Residual Income)* basierenden Ansätze (z.B. EVA) an. «Assuming debt creates a valuable discipline for management in certain cases, why wouldn't the ‹localized› incentives provided by an EVA plan be expected to do an even better job?» Stern 1999, S. 103. Vgl. für eine Darstellung der *Residual Income*-Ansätze Abschnitt 6.3.2 auf Seite 156f.

entstanden sind. Sie weisen nach, dass oft unmittelbar nach dem LBO eine Bereinigung im Unternehmensportefeuille stattfindet, indem Unternehmensteile verkauft werden, die nicht im Einklang mit der Kernkompetenz der Unternehmung stehen.

Ein fortwährender Theoriestreit betrifft die Frage, ob LBO stabile, auf Dauer angelegte Organisationsformen sind oder ob LBO nicht nur Katalysatoren für kurzfristige, wertsteigernde Veränderungen (z.B. in der Form von Bereinigungen im Unternehmensportefeuille) sind, um später wieder via Going Public zu einer *normalen* Publikumsgesellschaft zu werden. *Jensen 1989* vertrat die Meinung, dass LBO aufgrund ihrer Effizienz im Lösen von Agency-Problemen zur beherrschende Unternehmensform in den USA aufsteigen würden. *Rappaport 1990* argumentierte, dass LBO primär die kurzfristige Wertsteigerung anstreben und langfristige Investitionen nicht vorgenommen würden. *Bhagat/Shleifer/Vishny 1990* sehen LBO als temporäres Mittel, um kurzfristige Wertsteigerungen durchführen zu können. *Kaplan 1991* untersucht die Fragestellung empirisch. Er stellt für ein amerikanisches Sample fest, dass die durchschnittliche Lebensdauer von LBO zwischen fünf und sechs Jahren beträgt. Dies würde eher für die Hypothese sprechen, dass LBO eine kurzfristig angelegte *Katalysatorfunktion* zukommt. Allerdings findet *Kaplan 1991* auch, dass die Eigentümerstruktur auch nach einem Verkauf ans Publikum stark konzentriert bleibt, was nahelegt, dass LBO durchaus auch einen permanenten Charakter im Sinne von *Jensen 1989* haben.

#### 5.3.1.4 Fremdkapital

Die klassische Argumentation des Fremdkapitaleinsatzes als Corporate Governance-Mechanismus geht zurück auf *Jensen 1986.* Er zeigt, dass Fremdkapital in der Kapitalstruktur den *verfügbaren Free Cash-flow* durch Zins- und Kapitalrückzahlungen *reduziert.* Damit steht dem Management weniger Free Cash-flow für die Realisation von nicht wertsteigernden Projekten zur Verfügung.[43] Zur Finanzierung neuer Projekte muss in der Folge eher auf neue, externe Finanzierungsquellen zurückgegriffen werden, wobei dabei Fremdkapital gegenüber Eigenkapital der Vorzug gegeben wird.[44]

Die neuen Kapitalgeber werden das finanzierte Projekt und auch die Unternehmung einer Kontrolle unterziehen: Während Eigenkapitalgeber primär das Wertsteigerungspotential beurteilen, sind Fremdkapitalgeber an termingerechten Zins- und Kapitalrückzahlungen, also am Ausfallrisiko interessiert.

---

43 Vgl. dazu auch Abschnitt 3.4.3 auf Seite 74f.

44 Vgl. dazu Myers 1984.

Dabei spielen verschiedene Faktoren eine Rolle.[45] Indirekt ist aber immer der Unternehmenswert im Zeitpunkt der Kapitalrückzahlung entscheidend.

Die angeführten Theorien vermögen keine Antwort auf die optimale Höhe der Verschuldung einer Unternehmung zu geben. Einzelne Autoren[46] haben die Fragestellung zwar analytisch modelliert. Die Modellannahmen sind dabei aber so einschneidend, dass sich die Resultate nicht in die betriebliche Praxis übertragen lassen.

### 5.3.2 Interne Kontrollsysteme (Verwaltungsrat)

Die Überwachung der Unternehmung ist in marktwirtschaftlich orientierten Ländern Aufgabe des Verwaltungsrates.[47] «Boards of directors are a crucial part of the corporate structure. They are the link between the people who provide capital (the shareholders) and the people who use that capital to create value (the managers).»[48,49] Die Rolle des Verwaltungsrates ist in den USA, aber auch in der Schweiz einer der Angelpunkte in der Corporate Governance-Diskussion.[50] Bemängelt wird vor allem die Effizienz der Überwachung, welche durch die Faktoren *Grösse, Zusammensetzung, Fachkompetenz, Arbeitsweise und Organisation, Entlöhnung* und *Interessenkonflikte* bestimmt wird. Eine Fülle von empirischen Untersuchungen weist denn auch das Versagen der internen Kontrollsysteme in der Überwachung des Managements nach.[51]

---

45 Vgl. Volkart 1998d, Bd. II, S. 94–98.

46 Vgl. für eine Übersicht und Darstellung der verschiedenen Modelle Hart 1995a, S. 126–155.

47 Die Organisation des Verwaltungsrates ist von Land zu Land unterschiedlich ausgestaltet. Amerikanische Boards bestehen aus geschäftsführenden Direktoren (inside directors) und externen Direktoren (outside directors), welche Überwachungsfunktionen wahrnehmen (sog. unitary board). Das deutsche Aufsichtsratssystem ist geprägt von einer strengen Trennung zwischen Geschäftsführung (Vorstand) und Überwachung (Aufsichtsrat) (sog. two-tier system). Die rechtliche Regelung in der Schweiz zeichnet sich in dieser Hinsicht durch eine grosse Flexibilität aus. Annäherungen an das amerikanische Board-System und an das deutsche Aufsichtsratssystem sind möglich. Vgl. Meyer-Hayoz/Forstmoser 1993, S. 317.

48 Monks/Minow 1996, S. 167.

49 Eine Umfrage von Felton/Hudnut/van Heeckeren 1996 weist nach, dass gute interne Überwachungsmechanismen von Investoren mit einem Premium auf dem Aktienkurs belohnt werden. Das Premium betrug dabei 11 Prozent. Die Umfrage zeigte auch deutlich, dass die Dringlichkeit der internen Überwachung von der aktuellen Situation der Unternehmung abhängt. So sorgen z.B. kompetitive Produktmärkte für ausreichenden Druck auf das Management; die Bedeutung der Überwachung durch den Verwaltungsrat nimmt damit ab. Vgl. Felton/Hudnut/van Heeckeren 1996, S. 173. Vgl. auch Abschnitt 7.4.2 auf Seite 190.

50 Vgl. Monks/Minow 1996 für eine Zusammenfassung der angeführten Kritik.

51 Vgl. Yermack 1996a, S. 188 für eine Zusammenfassung der wichtigsten Studien. Vgl. für eine vollständige Liste Jensen 1993, S. 850, Fussnote 30.

Während sich in den USA die Zusammensetzung und die interne Organisation von Verwaltungsräten in den letzten Jahren markant verändert haben, ist diese Tendenz in der Schweiz erst langsam ins Rollen gekommen.[52]

*Jensens* Analyse der amerikanischen Unternehmenslandschaft zeigt, dass Umstrukturierungen und Neuausrichtungen immer erst als Reaktion auf eine Aktion im *Kapitalmarkt* (z.B. Übernahmeangebot), im *Produktemarkt* (z.B. sinkende Umsatzzahlen) oder im *regulatorischen Umfeld* erfolgen.[53] Dies spricht für die Hypothese, dass unternehmensinterne Überwachungsmechanismen nur schwach entwickelt sind. Akzentuiert wird die Problematik durch den Zusammenbruch des amerikanischen Marktes für *Corporate Control* Ende der 80er Jahre.[54]

*Jensen 1993* weist das Versagen der internen Kontrollsysteme nach, indem er für die Periode 1980–1990 die Wertschöpfung der effektiv getätigten *Nettoinvestitionen* (Forschungs- und Entwicklungsausgaben, Investitionen, korrigiert um die jährlichen Abschreibungen) der Wertschöpfung gegenüberstellt, welche sich bei einer Investition in Wertpapiere der gleichen Risikoklasse ergeben hätte.[55] Rund die Hälfte der 432 untersuchten Unternehmen erreicht dabei mit den getätigten Investitionen die Hürde der risikoadäquaten Kapitalkosten nicht.[56]

---

52 Die Verwaltungsratsstudie der Beratungsfirma Spencer Stuart 1999 kommt zum Schluss, dass amerikanische Verwaltungsräte in den letzten fünf Jahren im Durchschnitt von 15 bis 18 auf aktuell 12 bis 13 Mitglieder geschrumpft sind. Gleichzeitig ist eine Tendenz zu mehr externen Direktoren (1998: 79%) und vermehrt internationaler Besetzung von Verwaltungsräten festzustellen (1998: 35%, 1993: 27%). Die Entlöhnung der Verwaltungsräte erfolgt vermehrt mit Aktien und/oder Optionen. Vgl. Spencer Stuart 1999, S. 9–18. Eine ähnliche Studie von Heidrick & Struggles 1999 zu Verwaltungsräten in Europa zeichnet für die Schweiz im Vergleich zum europäischen Umfeld ein eher düsteres Bild. Es wird vor allem die fehlende Transparenz in Bezug auf Zusammensetzung und Organisation, Salarierung und das Fehlen von klaren Corporate Governance Prinzipien bemängelt. Vgl. Heidrick & Struggles 1999, S. 39/40.

53 Vgl. Jensen 1993, S. 854.

54 Vgl. Jensen 1993, S. 852.

55 Dies ist die zentrale Frage im Rahmen der Ausschüttungspolitik der Unternehmung. Aus theoretischer Sicht müssen Mittel dann ausgeschüttet werden, wenn die damit finanzierten Investitionsprojekte keine dem Projektrisiko entsprechende Rendite erwirtschaften. Vgl. Brealey/Myers 1996, S. 429.

56 Eine neuere Untersuchung von Fama/French 1999 weist für die Periode von 1950–1996 eine positive Differenz zwischen der Investitionsrendite und den Kapitalkosten nach. Falls die Investitionsrendite aufgrund von Wiederbeschaffungswerten (und nicht, wie im Aufsatz zu Buchwerten) berechnet wird, führt auch diese Untersuchung zu Investitionsrenditen, welche unter den Kapitalkosten liegen. Fama/French 1999, S. 23.

*Jensen* weist die Verantwortung für diese Resultate dem Verwaltungsrat zu. «The board (...) has the final responsibility for the functioning of the firm. (...) Few boards in the past decades have done this job well in the absence of external crisis.»[57] Er ortet Handlungsbedarf in den folgenden Bereichen:

- *Grösse des Verwaltungsrates:* «When boards get beyond seven or eight people they are less likely to function effectly and are easier for the CEO to control.»[58,59]
- CEO und Verwaltungsratspräsidium: Um Interessenkonflikte zu vermeiden soll der CEO – entgegen einer vielgeübten Praxis – nicht auch gleichzeitig Präsident des Verwaltungsrates sein.
- *Information und Know-how:* Die Mitglieder des Verwaltungsrates müssen über die nötigen Informationen verfügen, um ihre Entscheide zu treffen. Zusätzlich müssen sie über die dazu nötigen Fähigkeiten verfügen.
- *Salarierung:* Im Sinne der Parallelschaltung mit den Interessen der Eigentümer sollen Verwaltungsräte zu substantiellen Teilen mit Aktien oder Optionen entlöhnt werden.

Eine besondere Rolle kommt dem Verwaltungsrat zu, wenn er über die Gehaltssysteme des höheren Kaders zu befinden hat. In amerikanischen Boards ist das Compensation Committee mittlerweile üblich geworden, zumeist besteht es (analog dem *Audit Committee)* zu 100% aus unternehmensexternen Board-Mitgliedern.[60]

### 5.3.3 Produkt-, Arbeits- und Faktormärkte

Die *disziplinierende Funktion* der *Produktmärkte* ist stark. Unternehmen, welche ihre Produkte nicht zu einem konkurrenzfähigen Preis anbieten können,

---

57 Jensen 1993, S. 862/863.

58 Jensen 1993, S. 865.

59 Dieses Argument wird von Yermack 1996a empirisch bestätigt. Er weist eine negative Beziehung zwischen Unternehmenswert und der Grösse des Verwaltungsrates nach. Zudem ist die Pay-performance-Sensitivität in Unternehmen mit kleineren Verwaltungsräten kleiner. Auch die Wahrscheinlichkeit, dass ein CEO nach schlechter Performance die Unternehmung verlässt, ist in Unternehmen mit kleinerem Verwaltungsrat höher.

60 Dass trotzdem Missbräuche stattfinden, hat Hallock 1997 und 1999 nachgewiesen. Er zeigt dass rund 8% der amerikanischen CEOs gegenseitige Verwaltungsratspositionen *(interlocked boards)* innehaben, d.h. der CEO A ist Mitglied des VR der Unternehmung B und der CEO B ist Mitglied im VR der Unternehmung A. Diese 8% der CEOs weisen im Vergleich zum Rest eine um 17% (statistisch signifikant) höhere Entlöhnung auf. Der Effekt scheint sich allerdings im Laufe der Zeit abzuschwächen.

werden vom Markt verschwinden. Leider reagiert dieser Mechanismus relativ langsam. Unternehmen, die sich in einer Situation befinden, in der eine starke Überwachung nötig ist (◄ Abb. 5/3 auf Seite 123), verfügen oft über beträchtliche finanzielle Reserven, was die Reaktionszeit auf schlechte Ergebnisse im Produktmarkt zusätzlich verlängert.

Bezüglich der regulierenden Wirkung der Arbeitsmärkte für Manager hat *Fama 1980* argumentiert, dass die Separation von Eigentum und Kontrolle im Sinne von *Berle/Means 1932* kein eigentliches Problem darstelle. Diese führe im Gegenteil zu einer effizienten Trennung der Märkte für Managertalent und für risikobehaftetes Eigentum. Das Talent und die Leistung eines Managers werde im Arbeitsmarkt analog einem Gütermarkt bewertet. Die von *Fama 1980* angeführten Thesen harren bis heute ihrer Überprüfung. Es kann heute als gesichert gelten, dass der Markt für Manager mindestens in der kurzen Frist nicht effizient funktioniert. Verantwortlich dafür sind in erster Linie Intransparenzen und die Schwierigkeit, die Performance einer Unternehmung ursächlich auf Leistungen des Managements zurückzuführen.[61]

### 5.3.4 Politisches und regulatorisches System

Gewichtige Argumente sprechen dafür, dass sich effiziente Corporate Governance Mechanismen durch das Spiel der Marktkräfte auch ohne staatliche Eingriffe etablieren. «A market economy can achieve efficient corporate governance without governance intervention.»[62] So haben zum Beispiel Gründer einer Unternehmung starke Anreize, die Governance-Strukturen ihrer Unternehmung so effizient als möglich zu gestalten, da nicht effiziente Strukturen bei einem *Going Public* vom Markt mit einem *Discount* bestraft werden.[63]

Dieses Argument berücksichtigt einen Punkt nicht: Änderungen im wirtschaftlichen oder regulatorischen Umfeld, die nach dem *Going Public* stattfinden, können nicht in die Überlegungen der Unternehmensgründer einfliessen. Aber auch nach dem Going Public spielen *ausserstaatliche Mechanismen,* welche zu effizienten Governance-Mechanismen führen: Darunter fallen in der kürzeren bis mittleren Frist vor allem die *Überwachung durch Gross-*

---

61 Das Abwerben einer Spitzenkraft bedingt heute, dass die entgangenen Verluste auf Optionen und Aktien, die aufgrund des Stellenwechsels verfallen, durch die neue Unternehmung getragen werden müssen. Es kann dabei ohne weiteres um zweistellige Millionenbeträge gehen. Dieser Fakt führt zu illiquiden Märkten für Topmanager.

62 Hart 1995b, S. 686.

63 Vgl. zu diesem Argument auch Fussnote 7 auf Seite 117.

*investoren* und der *Markt für Corporate Control,*[64] in der längeren Frist die Disziplinierung durch den *Produktemarkt*[65].

Daraus lässt sich eine wichtige Folgerung für die Gestaltung staatlicher Eingriffe ableiten. Der Staat kommt primär die Rolle zu, mit der Gestaltung der *Rahmenbedingungen* dafür zu sorgen, dass die *Funktion der bestehenden, ausserstaatlichen Mechanismen* gewährleistet ist. Staatliche Eingriffe sind stets daraufhin zu überprüfen, ob sie bestehende, ausserstaatliche Mechanismen in ihrer Wirkungsweise einschränken oder schwächen. Dabei sind angestrebten Ziele staatlicher Eingriffe (beispielsweise der Schutz von Minderheiten) den Kosten eines weniger effizienten Corporate Governance-Systems gegegenüberzustellen. Ein aktuelles Beispiel betrifft das *Erschweren* von *unfreundlichen Unternehmensübernahmen* durch die Möglichkeit der Stimmrechtsbegrenzung.

### 5.3.5 Transparenz und Berichterstattung[66]

Fehlende Transparenz durch qualitativ schlechte Berichterstattung führt zu zwei gravierenden Konsequenzen:

- Das *Management* hat grundsätzlich kein Interesse an einem Abbau der Informationsasymmetrie. Im Gegenteil, der schlechte Informationsstand der Investoren fördert die Entscheidungsfreiheit des Managements *(managerial entrenchment)* und verhindert einschränkende Massnahmen durch Investoren. Einzelne Autoren aus dem Bereich Informationsasymmetrie gehen dabei sogar so weit, dass sie Gewinne, welche das Management durch Insidergeschäfte realisiert, der Kompensation des Managements zurechnen.[67]
- *Investoren* werden die Unsicherheit in der Bewertung einer Unternehmung in die geforderte Rendite einrechnen.[68,69] Ein *Abbau der Informationsasymmetrie* muss damit ceteris paribus zu einer *tieferen geforderten Rendite* füh-

---

64 Vgl. Abschnitt 5.3.1.2 auf Seite 124 und Abschnitt 5.3.1.3 auf Seite 126.

65 Vgl. Abschnitt 5.3.3 auf Seite 131.

66 Dieser Abschnitt basiert auf dem Projekt «Value Loops» des Instituts für schweizerisches Bankwesen der Universität Zürich. «Value Loops» konzentriert sich auf Zusammenhänge zwischen wertorientierter Führung, Value Reporting und Management Compensation.

67 Vgl. Baiman/Verrechia 1996.

68 Man spricht vom *Schätzungsrisiko* oder *estimation risk.* Falls ein Teil des *estimation risk* nicht diversifizierbar ist, führt dies zu einer Erhöhung der geforderten Rendite. Vgl. Labhart 1999, S. 83–84.

69 Es existieren zwei weitere Forschungsrichtungen, welche Zusammenhänge zwischen Transparenz und Kapitalkosten herstellen. Vgl. dazu Labhart 1999, S. 69–72.

ren. Dieser Zusammenhang zwischen Reportingqualität und Kapitalkosten ist in einer Studie von *Botosan 1997*[70] nachgewiesen worden. Interessanterweise ist dieser Zusammenhang in kleineren, von Analysten weniger beachteten Unternehmen stärker ausgeprägt.[71] Dies steht in Einklang mit dem bisher gefundenen Erkenntnissen: *Corporate Governance-Mechanismen* stehen in einem *substitutiven Verhältnis* zueinander und ergänzen sich in ihrer Wirkung. Gleichzeitig zeigt die Studie von *Botosan 1997* auch deutlich die Wichtigkeit eines aussagekräftigen Reportings in Ländern mit eher schwachem Kapitalmarktbezug.

Berichterstattung ist in diesem Zusammenhang nicht mit der klassischen finanziellen Rechnungslegung gleichzusetzen, sondern viel mehr im Sinne eines umfassenden *Value Reporting*.[72] Im Bereich der Management Compensation ist es beispielsweise unerlässlich, die Zusammensetzung der Entlöhnung der Geschäftsleitung und des Verwaltungsrates zu kennen.[73] Dies ermöglicht erst die korrekte Einschätzung der Anreize des Managements. Ebenso interessant ist der Nachweis der zu erwartenden Verwässerungswirkung durch Ausübung von reservierten Kaderoptionen.[74]

## 5.4 «Best Practices» im Bereich Corporate Governance

Neben akademischen Beiträgen sind in den letzten Jahren auch von praktischer Seite zahlreiche Initiativen zur Verbesserung der Corporate Governance ergriffen worden. Diese waren lange ausschliesslich von Investoren (namentlich den institutionellen) getragen, die sich vor allem mit der Effizienzsteigerung des Verwaltungsrates und der Angleichung der Management-

---

70 Zit. in Labhart 1999, S. 106–108.

71 Labhart 1999, S. 107.

72 Vgl. dazu die Definition des Value Reportings von Labhart 1999: «Value Reporting ist die offizielle, externe Berichterstattung eines Unternehmens, die (1) geeignet ist, die Informationsasymmetrie zwischen interner und externer Sicht des Value Based Managements zu reduzieren und (2) selbst Teil des Value Based Management ist.» Labhart 1999, S. 30/31.

73 In den USA ist die Offenlegung der Management Compensation seit 1992 vorgeschrieben. Vgl. SEC 1992, 1993a, 1993b und Abschnitt 4.4.3 auf Seite 110.

74 Die Abgabe von Kaderoptionen und Kaderaktien ist mit keiner erfolgswirksamen Buchung verbunden. Die Kosten der wertorientierten Entlöhnung sind damit nicht im Gewinn enthalten, sondern werden von den Aktionären durch künftige Kapitalverwässerung getragen. Für das Sample der 200 grössten amerikanischen Gesellschaften beträgt der Anspruch des Managements und der Mitarbeiter am totalen Eigenkapital der Gesellschaft 13.2%. Vgl. Morgenson 1998, S. 51.

interessen an die Investoreninteressen auseinandergesetzt haben. In jüngerer Zeit sind supranationale Organisationen wie z.B. die Weltbank oder die OECD dazugestossen, die sich – ihrer Funktion entsprechend – mehrheitlich mit dem Funktionieren der Märkte auseinandersetzen. Schliesslich sind auch Unternehmen selbst aktiv geworden und unterwerfen sich auf freiwilliger Basis selbstgewählten Corporate Governance-Richtlinien.

### 5.4.1 Investoren

In den USA ist der kalifornischen Pensionskasse CalPERS (California Public Employees' Retirement System) eine eigentlich Vorreiterrolle in Sachen Corporate Governance zuzurechnen.[75] CalPERS ist mit rund 155 Mia USD verwalteten Vermögens die grösste staatliche Pensionskasse in den USA. CalPERS geht davon aus, dass eine *aktive Überwachungsrolle* in der langen Frist zu einer *nachhaltigen Wertsteigerung* der überwachten Gesellschaft führt.

CalPERS begann Anfang der 80er Jahre mit ihrem Corporate Governance-Programm, als direkte Reaktion auf den beginnenden Übernahmeboom in den Vereinigten Staaten. Einige Gesellschaften verunmöglichten damals durch Abwehrmassnahmen[76] Übernahmen, die eigentlich den Interessen der Aktionäre gedient hätte, was CalPERS vehement bekämpfte. Danach konzentrierte sich CalPERS auf einzelne Teilbereiche der Corporate Governance, vor allem auf den Bereich Transparenz.[77]

In der Folge ist CalPERS von einem themenspezifischen zu einem unternehmensspezifischen Ansatz übergegangen. Heute werden die 1600 Unternehmen, in welchen CalPERS Anteile hält, nach drei Kriterien überwacht:

- Economic Value Added (auf einer 3-Jahresbasis, relativ zur Branche)[78];
- Einhalten der postulierten Corporate Governance-Prinzipien;
- Aktienperformance.

Das Resultat dieses Screenings ist eine sog. *Focus List* von zehn Unternehmen. Mit den Verwaltungsräten dieser Unternehmen werden in der Folge Gespräche geführt, primär mit dem Ziel, die Corporate Governance-Strukturen

---

75 Vgl. auch Abschnitt 5.3.1.2 auf Seite 124.

76 Vgl. dazu Ross/Westerfield/Jaffee 1993, S. 853.

77 Dies auch in Zusammenarbeit mit der SEC. Diese Zusammenarbeit führte 1992 zur Rapportierungspflicht der Entlöhnung des höheren Kaders.

78 Die Masszahl des Economic Value Added (EVA) wird erst seit 1998 angewendet. Die Veränderung des EVA über drei Jahre wird ins Verhältnis zur Investitionssumme gesetzt und mit einem Branchenbenchmark verglichen. Vgl. Boldt 1998.

Abb. 5/6 CalPERS: Corporate Governance Core Principles & Guidelines[a]

| Grundprinzip | Ausprägung |
|---|---|
| Unabhängigkeit des Verwaltungsrates | ▪ Eine klare Mehrheit der Verwaltungsräte ist unabhängig von der Unternehmung[b]<br>▪ Gewisse Ausschüsse des Verwaltungsrates bestehen vollständig aus unabhängigen Verwaltungsräten. Dies betrifft die folgenden Ausschüsse:<br>□ Wirtschaftsprüfung (audit committee)<br>□ Ernennung von neuen Verwaltungsräten<br>□ Bewertung und Entlöhnung der Geschäftsleitung (compensation committee)<br>▪ Kein Verwaltungsrat ist gleichzeitig Berater der Unternehmung.<br>▪ Die Entlöhnung von Verwaltungsräten besteht aus einer Kombination zwischen Geld und Aktien der Unternehmung. Der Anteil an Aktien-Entschädigung muss bedeutsam sein. |
| Evaluation des Verwaltungsrates und der Geschäftsleitung | ▪ Der Verwaltungsrat hat ausformulierte *governance principles,* definiert eigene Leistungskriterien und misst sich regelmässig daran.<br>▪ Der Verwaltungsrat definiert Leistungskriterien für die Geschäftsleitung und misst diese daran. Die Leistungskriterien garantieren im Minimum die Parallelisierung der Management-Interessen mit denjenigen der Aktionäre.<br>▪ Ein bedeutender Anteil der Salarierung der Geschäftsleitung muss risikomässig der Aktionärsentschädigung entsprechen. |
| Eigenschaften des einzelnen Verwaltungsrates | ▪ Der Verwaltungsrat stellt Richtlinien auf, wie das Problem der zeitlichen Belastung infolge mehrerer Verwaltungsratspositionen angegangen wird. |

a Quelle: CalPERS 1998a (Auszüge).

b Die Definition der Unabhängigkeit ist umstritten und Gegenstand der wissenschaftlichen Diskussion. Die Unabhängigkeit bezieht sich u.a. auf: bedeutsame Lieferanten, Kunden und Beratungsunternehmen. Vgl. CalPERS 1998a, Appendix B-2 für eine Zusammenstellung von verschiedenen Definitionen der Unabhängigkeit.

zu verbessern. Falls diese Gespräche nicht zum Ziel führen, werden Anträge an die Generalversammlung gestellt *(shareholder proposals).*

Eine Analyse der grössten Investitionen von CalPERS offenbart, dass die Einflussnahme über die eigenen Stimmrechte nicht erfolgreich sein kann, da der Eigenkapitalanteil gemessen an der gesamten Börsenkapitalisierung nur knapp 0.5 % beträgt.[79] Die Statistik der Anträge an die Generalversammlung

79 Vgl. ◄ Abb. 5/4 auf Seite 125.

während der letzten zehn Jahre zeigt aber, dass es CalPERS regelmässig gelingt, eine Mehrheit der Aktionäre von ihren Anliegen zu überzeugen.[80]

Bei der Beurteilung des Corporate Governance-Umfeldes der analysierten Unternehmungen fokussiert CalPERS schwergewichtig auf den Verwaltungsrat der Unternehmen. ◄Abb. 5/6 zeigt die wichtigsten Corporate Governance-Prinzipien von CalPERS.

Neben CalPERS haben auch Investorenvereinigungen best practices zur Corporate Governance veröffentlicht, so z. B. die Deutsche Schutzvereinigung für Wertpapierbesitz (Deutschland) und the Council of Institutional Investors CII (USA).[81]

In der Schweiz ist die Corporate Governance-Diskussion 1994 durch den Antrag der BK Vision entfacht worden, den Verwaltungsrat der Schweizerischen Bankgesellschaft von dannzumals 23 auf höchstens neun Personen zu begrenzen.[82] Die diskutierten Themen reichten von der Effizienz eines kleineren Verwaltungsrates[83] bis hin zur Kernfrage, wem ein Unternehmen in letzter Konsequenz verpflichtet sei.[84] Trotz der Abweisung des Antrages der BK-Vision ist die Diskussion bis heute nicht verstummt.[85]

### 5.4.2 Supranationale Organisationen

Die Corporate Governance-Initiativen der OECD und der Weltbank sind vor dem Hintergrund der Zusammenbrüche der Emerging Markets in Südamerika und Asien entstanden. Dabei wurde erkannt, dass es nicht genügt, nur Regierungen anhand von makroökonomischen Entwicklungen zu überwachen. Parallel dazu müssen auch die Rahmenbedingungen für Unternehmen im betreffenden Land so ausgestaltet sein, dass ein effizienter Mitteleinsatz gewährleistet ist. «Rotten national economies spring from rotten corporations.»[86] Effizienter Mitteleinsatz auf Stufe der einzelnen Gesellschaft führt damit auch zu einer Wohlfahrtssteigerung auf makroökonomischer Ebene.[87] «The world

80 Der letzte Stand der Abstimmungen ist jeweils einsehbar unter: http://www.calpers-governance.org/alert/facts/

81 Holly 1998 vergleicht die *Best Practices* der verschiedenen Organisationen.

82 Vgl. Brenner 1994.

83 Vgl. Hill 1994.

84 Vgl. für die eigentümerorientierte These Hellwig 1994, für eine stakeholderorientierte Argumentation Rühli 1994.

85 Vgl. zum Beispiel die Ausgabe des Schweizer Treuhänder zu Corporate Governance, insbesondere Mühlemann 1995, de Pury 1995, Müller-Möhl 1995 oder auch Minuz 1997.

86 Wolfensohn 1998, S. 38.

87 Davon geht auch Jensen 1993 aus. Vgl. Abschnitt 5.2.2 auf Seite 117.

bank has become acutely aware that strong corporate governance produces good social progress.»[88] «The OECD and its members have recognised the synergy between macroeconomic and structural policies. One key element in improving economic efficiency is corporate governance.»[89]

### 5.4.2.1 OECD

Die *Ad-hoc Task Force on Corporate Governance* hat Mitte April 1999 ihre Grundprinzipien der Corporate Governance publiziert. Diese sind im Zusammenarbeit mit den Mitgliedstaaten und einer Expertengruppe entwickelt worden und umfassen einzelne Regeln zu den folgenden Punkten.[90]

- Rechte des Aktionärs;
- Gleichbehandlung verschiedenen Aktionärsgruppen;
- Die Rolle der Stakeholder (Arbeitnehmer, Fremdkapitalgeber);
- Berichterstattung und Transparenz;
- Verantwortlichkeiten des Verwaltungsrates.

Die Ausführungen im Bereich Stakeholder sind nicht klar positioniert. In der Präambel wird aber deutlich, dass auch die OECD klar auf die Interessen der Eigentümer abstellt. «Good corporate governance should provide proper incentives for the board and management to pursue objectives that are in the interests of the company and shareholders and should facilitate effective monitoring, thereby encouraging firms to use resources more efficiently.»[91]

### 5.4.2.2 Weltbank

Die Weltbank hat keine *Best Practices* zur *Corporate Governance* publiziert, sondern beschränkt sich im Moment darauf, Initiativen von Dritten in diesem Bereich zu unterstützen. Die Sichweise der Corporate Governance ist in ▸ Abb. 5/7 dargestellt. Die Weltbank konzentriert sich im Moment namentlich auf die Unterstützung von im Aufbau begriffenen Ökonomien (Afrika, Asien, Südamerika, Osteuropa).

---

88 Wolfensohn 1998, S. 38.
89 OECD 1999, S. 2. Vgl. auch Abschnitt 5.2.2 auf Seite 117f.
90 OECD 1999, S. 5–10.
91 OECD 1999, S. 2.

Abb. 5/7 Corporate Governance-Mechanismus der Weltbank[a]

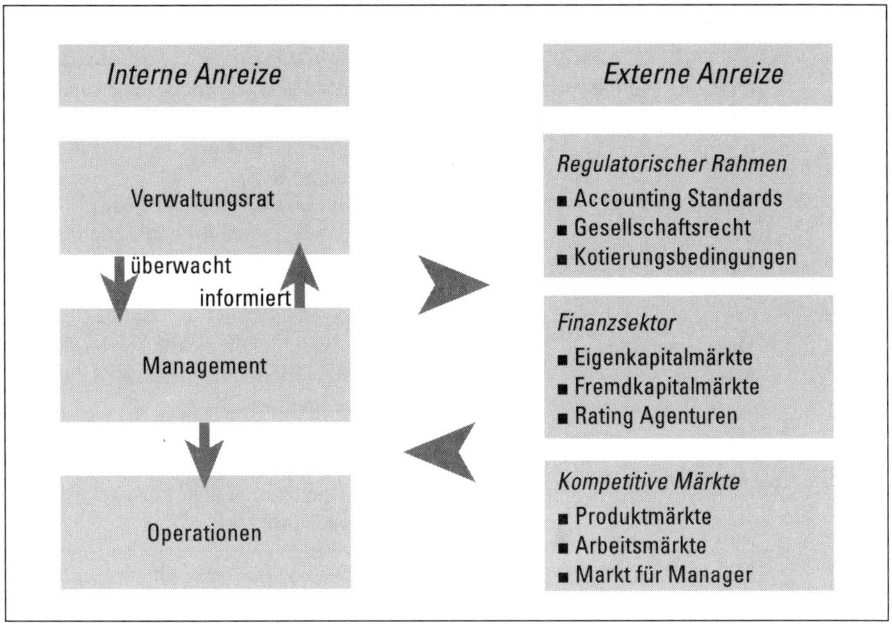


a Quelle: World Bank 1999.

### 5.4.3 Börsen

Die Londoner Aktienbörse hat Mitte 1998 ihr neues Regelbuch über die *Governance* von Unternehmen veröffentlicht. Der neue Kodex *(the combined code)* vereint die Vorschläge der *Cadbury-*, *Greenbury-* und *Hampel-Committees*. Er definiert vier Gruppen von Prinzipien, an die sich die an der Londoner Börse kotierten Unternehmen halten sollten (vgl. ▶ Abb. 5/8). Die Prinzipien sind allerdings für die Unternehmen nicht bindend; der Kodex schreibt lediglich vor, dass den Aktionären bekanntgegeben wird, ob und inwieweit sich die Unternehmung an den Kodex hält und welche Gründe zum Abweichen vom Kodex geführt haben.

Eine Untersuchung von *Peasnell/Pope/Young 1998* zeigt die Wirkung auf, welche von den Corporate Governance-Initiativen des *Cadbury-*, *Greenbury- und Hampel-Committee* ausgegangen ist. Sie untersuchten die 700 grössten der rund 1000 an der Londoner Aktienbörse kotierten Unternehmen in der Zeitperiode von 1990 bis 1996. Sie stellten dabei fest, dass sich – obschon sich an der Grösse der Boards praktisch nichts geändert hatte – die Zusammensetzung markant in Richtung Non-Executive Directors (NEDs) verscho-

Abb. 5/8 The Combined Code: Principles of Good Governance[a]

| Area | Principles |
|---|---|
| Directors and the board | ■ An effective board to lead an control the company<br>■ Running the board and running the business are separate tasks<br>■ Balance of executive and non-executive directors (NEDs) including independent NEDs<br>■ Timely and quality information to the board<br>■ Formal, transparent procedure for board appointments (nomination committee of mainly NEDs)<br>■ Directors re-elected at least every three years |
| Directors' remuneration | ■ Remuneration to attract/retain the directors needed, but no more than necessary. Executive remuneration partly linked to corporate and individual performance.<br>■ Formal, transparent procedure for developing policy and individual packages<br>■ (to be reported: remuneration policy and details of the remuneration of each director)[b] |
| Relations with shareholders | ■ Encourage dialogue on objectives with institutional shareholders<br>■ Communicate with private investors and encourage their participation |
| Accountability and Audit | ■ A balanced, understandable assessment of the company's position and prospects<br>■ A sound system of internal control to safeguard shareholders' investments and the company's assets<br>■ Formal, transparent arrangements (audit committee of at least three NEDs) |

a Quelle: The Combined Code 1998 (Auszüge).
b Dieser Punkt ist nicht eigentlich ein *Principle of Good Governance,* sondern ergibt sich aus den *Disclosure Requirements.*

ben hat. Während 1990 noch mehr als die Hälfte der Unternehmen weniger als drei NEDs aufwies, fiel dieser Anteil 1996 auf weniger einen Viertel. Der Anteil NEDs am Bestand der Boards betrug 1990 noch 34%. Diese Zahl stieg bis 1996 auf 46%. Grundsätzlich konnte festgestellt werden, dass die Änderungen in grossen Unternehmen schneller und nachhaltiger vorgenommen wurden. In kleineren Unternehmen war eine Nachfrage nach NEDs festzustellen, die nicht schnell zu decken war.

### 5.4.4 Gesellschaften

Im Zuge der wachsenden Bedeutung der Corporate Governance gehen auch einzelne Unternehmen dazu über, sich selbst *Prinzipien der Corporate Governance* zu geben.[92] Es ist dabei das Ziel, das Vertrauen der Investoren in wirksame Aufsichts- und Entlöhnungsmechanismen zu stärken und auf diesem Wege zu tieferen Kapitalkosten und einer höheren Börsenkapitalisierung zu gelangen. Die Prinzipien umfassen in allen Unternehmen die Bereiche Verwaltungsrat (Funktionsweise, Information, Grösse und Zusammensetzung, Berufung und Entlöhnung des Verwaltungsrates), Management (Entlöhnung, Berufung) und die Beziehung zu den Investoren.

Interessant ist die Fragestellung, ob im Bereich Corporate Governance die Initiative einzelner Unternehmen der Initiative von Börsen oder nationalen Regulierungen vorzuziehen ist. Im Gegensatz zur echt wertorientierten Kommunikation *(Value Reporting),* wo ein *Alleingang* von positiven wie auch von negativen Effekten begleitet sein kann, existiert im Bereich *Corporate Governance* für den Investor kein Risiko.[93] Die einzige Gefahr besteht darin, dass falsche Massnahmen getroffen werden oder dass die getroffenen Massnahmen nicht wirksam sind.

## 5.5 Fazit

Dieses Kapitel hat die folgenden Punkte gezeigt:

- Unter Corporate Governance werden alle Mechanismen verstanden, welche den Konflikt zwischen Management und Investoren reduzieren können und so dem Investor zu einer risikoadäquaten Rendite auf seiner Investition verhelfen.
- Corporate Governance vermag sowohl den Wert der einzelnen Unternehmung (Mikrobetrachtung) als auch die Wertschöpfung einer Gesellschaft als ganzes (Makrobetrachtung) zu steigern. Dies führt dazu, dass auch supranationale Organisationen wie die OECD oder die Weltbank Interesse an der Corporate Governance-Diskussion zeigen.

---

92 Oft angeführte Beispiele sind Skandia (http://www.skandia.se/group/fininfo/s_policy.htm) und General Motors (http://www.gm.com/about/investor/stockholders/guidelines.html). In der Erhebung von Jensen 1993 figurierte General Motors noch als Schlusslicht der Rangliste.

93 Vgl. zu den positiven und negativen Effekten von Value Reporting Labhart 1999, S. 222 bis 230.

- Die Wirkungsweise der Corporate Governance hängt stark vom regulatorischen und marktwirtschaftlichen Umfeld ab. So haben sich weltweit drei eigentliche Governance-Typen herausgebildet (USA/UK, Kontinentaleuropa, Japan/Korea). Wissenschaftliche Untersuchungen zeigen, dass sich die drei Systeme in der Wirkung (dem produzierten Resultat) nicht unterscheiden, wohl aber in der Anpassungsgeschwindigkeit.
- Corporate Governance-Mechanismen können in folgende Kategorien unterteilt werden:
  - Marktmechanismen (Kapital-, Arbeits- und Produktmärkte);
  - Internen Kontrollmechanismen (Verwaltungsrat) und in
  - Politische Kontrollmechanismen
- Von verschiedener Seite (Institutionelle Investoren, Supranationale Organisationen, Börsen und Unternehmen) sind sog. *Best Practices* für Corporate Governance aufgestellt worden.

*Teil III*

# *Der Manager-Investoren-Konflikt im Rahmen der wertorientierten Unternehmensführung*

# Kapitel 6

# *Erfassung der unternehmerischen Wertgenerierung*

## 6.1 Einleitung

Im Zentrum der Führung einer Unternehmung steht die *Wertgenerierung für den Investor.* Die Messung der *Performance* eines Managers, der die Unternehmung im Auftrage des Investors führt, hat deshalb aufgrund des geschaffenen Wertes zu erfolgen. Folgerichtig muss sich auch die *Entlöhnung* am Wertkriterium messen. Kernelement eines Management Compensation-Systems ist damit die *Messung der Wertschöpfung des einzelnen Managers,* was nicht immer trivial ist. Dieses Kapitel hat zum Ziel,

- den *Grundinhalt der wertorientierten Unternehmensführung (Value Based Management)* in geraffter Form darzustellen;
- die wichtigsten *Ansätze zur Bewertung der Managementleistung* zu präsentieren;
- *Probleme und Schwierigkeiten* bei der *Zumessung der Wertschöpfung* im Konzern darzulegen und *Lösungsmöglichkeiten* zu präsentieren.

## 6.2 Der Wert im Zentrum der Unternehmensführung

### 6.2.1 Der Unternehmenswert als Zielgrösse

Im Gegensatz zum angloamerikanischen Raum, wo das *Primat des Unternehmenswertes* bereits seit den grundlegenden Werken von *Modigliani und Miller*[1] fest verankert ist, hat in der Schweiz der *Shareholder Value-Ansatz* erst zu Beginn der neunziger Jahre Einzug gehalten. Dieser Umbruch war von engagiert geführten Diskussionen begleitet.[2]

Im Rahmen der wertorientierten Unternehmensführung *(Value Based Management, VBM)* wird die Steigerung des Unternehmenswertes *(Shareholder Value)* zum Oberziel der Unternehmung erklärt.[3] Jede unternehmerische Aktivität – sei es eine neue Strategie, eine Akquisition oder eine Investition[4] – lässt sich damit nur mit einem *positiven erwarteten Wertbeitrag* rechtfertigen. Der Wertbeitrag einer unternehmerischen Aktivität ist dann positiv, wenn die *Rendite* auf dem investierten Kapital *über den Opportunitätskosten* des investierten Kapitals liegt.[5] Die Opportunitätskosten entsprechen dabei denjenigen Kosten, die für entsprechendes Kapital am Markt bezahlt werden müssten. Diese Vorgehensweise garantiert dem Aktionär, dass die *Mittelallokation* auch *betriebsintern* nach *Marktkriterien* und damit unter *Risiko-Rendite-Gesichtspunkten* optimal erfolgt.

Die wertorientierte Unternehmensführung fokussiert damit auf den Anspruch der Eigenkapitalgeber als Eigentümer der Unternehmung. Der Wert ihrer Ansprüche, der *Shareholder Value* ist entsprechend zu maximieren. Im Rahmen der Debatte *Shareholder Value versus Stakeholder Value* ist dies stark kritisiert worden.[6] Im Laufe der wissenschaftlichen Diskussion haben sich zwei Gruppen von Argumenten herausgebildet, mit welchen sich die Maximierung des Shareholder Value rechtfertigen lässt.

- Der Anspruch der Eigenkapitalgeber an die Gesellschaft unterscheidet sich von demjenigen der anderen Anspruchsgruppen, indem er den Charakter

---

1 Vgl. Modigliani/Miller 1958, S. 261–297.

2 Vgl. Ackermann 1995, S. 27, bzw. Volkart 1996, S. 23.

3 Vgl. Rappaport 1998, S. 1. Diese einseitige Orientierung des *Value Based Managements* war und ist starker Kritik ausgesetzt, vgl. Behm 1994, S. 96–98 und die dort zitierte Literatur.

4 Diese Aufzählung ist unvollständig und lässt sich beliebig erweitern. Beispielsweise hat sich auch der Entscheid über Art und Umfang des Risk Managements am Kriterium Unternehmenswert zu orientieren. Vgl. dazu Bühlmann 1998, insbesondere S. 58–61.

5 Vgl. für eine exakte Herleitung Copeland/Weston 1992, Kapitel 1 und 2.

6 Vgl. für eine gute Darstellung Vettiger 1996, S. 94–97.

Abb. 6/1 Shareholder Value versus Stakeholder Value[a]

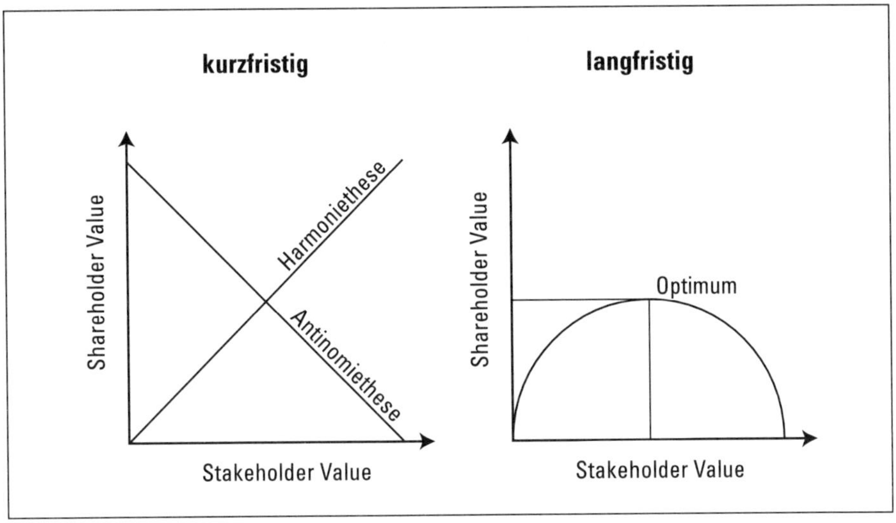


a Quelle: In Anlehnung an Vettiger 1996, S. 95 und Weilenmann 1999, S. 116.

eines *Residualanspruchs* hat.[7] Damit trägt der Eigenkapitalgeber das *unternehmerische Risiko,* für das er letztlich durch das Erzielen einer adäquaten Rendite entschädigt werden muss.

- In einer *langfristigen Optik* ist die Befriedigung der Eigenkapitalgeberinteressen entgegen die Interessen der anderen Stakeholders nicht möglich (▶ Abb. 6/1).[8] Man spricht dabei von der sog. stakeholderfreundlichen Share-holder Value-Maximierung.[9] Ein Optimum für die Aktionäre kann sich damit erst einstellen, wenn die anderen Stakeholders vorgängig oder gleichzeitig befriedigt worden sind. Das Zufriedenstellen der Stakeholders wird damit sozusagen die *Voraussetzung* für die Wertschaffung des Aktionärs.[10]

7 Dies kommt in der Ermittlung des Free Cash-flows schön zum Ausdruck. Vgl. z.B. Volkart 1999a, S. 47.

8 In der kurzen Frist die Harmoniethese zu vertreten ist angesichts der jüngeren Restrukturierungen in der Schweiz zynisch.

9 Vgl. Weilenmann 1999, S. 117.

10 Vgl. dazu insbesondere Volkart 1996, S. 23 und Vettiger 1996, S. 94–97. Mühlemann 1995 spricht vom Shareholder Value als «grösster gemeinsamer Nenner für alle Stakeholders», räumt aber indirekt auch die Wichtigkeit der langfristigen Betrachtungsweise ein: «(...) wobei ich natürlich anerkenne, dass vor allem bei kurzfristiger Betrachtung erhebliche Zielkonflikte zwischen den Ansprüchen anderer Stakeholder entstehen können.» Mühlemann 1995, S. 1048.

Auch die *«Erfinder»* der *Balanced Scorecard, Kaplan* und *Norton,* haben diesen Zusammenhang erkannt. Mit dem *Balanced Scorecard-Konzept* versuchten *Kaplan* und *Norton,* die Unternehmensziele in vier verschiedenen Perspektiven abzubilden *(Internal-, Innovation- and Learning-, Customer- und Financial Perspective).* Ziel ist damit ein breites Erfassen des Unternehmensgeschehens. In einem jüngeren Artikel weisen die Autoren darauf hin, dass in einer Ursache-Wirkung-Betrachtung die finanzielle Perspektive den anderen nachgelagert ist.[11]

Wertgrössen sind buchhalterischen Grössen auch aus konzeptioneller Sicht überlegen. Diese Beurteilung gründet auf den folgenden Punkten:[12]

- *Falsche Recheneinheit*
  «Cash is fact, profit is opinion.»[13] Gewinngrössen weisen per se keinen Bezug zu Geldgrössen auf, sondern sind eine Art Mittelfluss zum Fonds Eigenkapital. Der Bezug zum effektiven Geldfluss wird erst im Rahmen der *Mittelflussrechnung* ersichtlich. In der Finanzmarkttheorie ist die Recheneinheit Geld, da nur Geldflüsse finanziellen Wert begründen.[14]
- *Risikogehalt*
  Buchhaltungswerte weisen keinen Bezug zum eingegangenen Risiko auf, allenfalls rudimentär und willkürlich über die Bildung von Rückstellungen.
- *Zeitwert des Geldes*
  Der zeitliche Anfall von Zahlungsströmen wird nicht berücksichtigt.
- *Verzerrungen durch Accounting-Praktiken*
  Selbst international anerkannte Regelwerke lassen dem Ersteller eine ganze Reihe von Wahlfreiheiten. Namentlich durch die Wahl der *Abschreibungsmethode,* der Art der *Lagerbuchhaltung* (LIFO vs. FIFO) oder die Behandlung der *Kapitalaufrechnungsdifferenz* nach Akquisitionen lässt sich der resultierende Gewinn manipulieren. Zusätzliche Brisanz erhält die Problematik durch unterschiedlich geprägte nationale Rechnungslegungsvorschriften.[15]

Der Unternehmenswert bestimmt sich im Rahmen der *DCF-(Discounted Cash-flow-)Methode* aus den diskontierten, erwarteten Rückflüssen an die Eigenkapitalgeber *(Shareholder).* Der Unternehmenswert kann auch anhand von Residual Income-Ansätzen – namentlich dem *EVA-(Economic Value*

---

11 Kaplan/Norton 1996, S. 83.

12 Vgl. dazu speziell Rappaport 1998, S. 14ff.

13 o.V. 1997a zit. in Mills 1998, S. 9.

14 «Cash is King!» Volkart 1998c, S. 29.

15 Vgl. Mills 1998, S. 11.

*Added-)Ansatz* – bestimmt werden. DCF- und EVA-Ansatz sind methodisch als gleichwertig zu betrachten und führen bei konsistenter Anwendung zum gleichen Resultat.[16] Im Rahmen der internen Steuerungsprozesse gewinnt der EVA-Ansatz an Bedeutung, da periodenbezogene Wertgrössen hergeleitet werden können.

### 6.2.2 Wertorientierte Unternehmensführung

Die wertorientierte Unternehmensführung ist die Synthese moderner Ansätze der Finanzmarkttheorie mit den Methoden der strategischen Unternehmensführung.[17]

Im Rahmen der strategischen Unternehmensführung manifestiert sich die Wertorientierung in fünf Bereichen (▶ Abb. 6/2).

- *Strategische Planung (Strategic Planning)*[18]
  Im Bereich der strategischen Planung geht es darum, bereits im Strategieformulierungs- und Strategiebewertungsprozess auf Wertgrössen abzustellen. Jedes Projekt wird damit an einem objektiven Benchmark (dem Markt) gemessen. Erst so wird dem Aktionär eine Mittelallokation garantiert, die nach Rendite-/Risikogesichtspunkten optimal ist.
- *Ressourcenzuweisung (Resource Allocation)*
  Grundsätzlich muss das Kapital seiner besten Nutzung, also dem höchsten Grenzertrag[19] zugeführt werden. Unter der Annahme vollständiger Kapitalmärkte (unbegrenzte Kapitalverfügbarkeit zu Marktkonditionen) werden sämtliche Projekte unternommen, welche einen positiven Net Present Value (NPV) aufweisen. Bei der (insbesondere für kontinentaleuropäische Verhältnisse realistischeren) Annahme begrenzter Kapitalerhältlichkeit[20] erfolgt die Ressourcenzuweisung entsprechend dem internen Ertragssatz (*internal rate of return*, IRR).

---

16 Vgl. dazu Abschnitt 6.3 auf Seite 153f. und Volkart/Labhart/Suter 1998.

17 Vgl. zur wertorientierten Strategieformulierung Rappaport 1998, S. 59–76.

18 Vgl. für eine Einordnung der strategischen Planung Maranghino-Singer 1998, S. 37–88.

19 Im Einklang mit der Wertorientierung eignet sich hier beispielsweise der Spread ROIC-WACC auf Bruttoebene, oder der Spread ROE-CEC als Beurteilungskriterium. Vgl. Volkart 1999a, S. 97f. und S. 195f.

20 Die Gründe für die beschränkte Verfügbarkeit von Kapital sind vielfältig, so z.B. fehlender Kapitalmarktzugang, fehlende langfristige Fremdmittelquellen u.v.m. Vgl. Volkart 1998d, Bd. I, S. 48. Entgegen der landläufigen Meinung sind auch nordamerikanische Unternehmungen von beschränkter Mittelverfügbarkeit betroffen. Vgl. Volkart 1998d, S. 48 und 306.

Abb. 6/2 Shareholder Value Management Cycle[a]

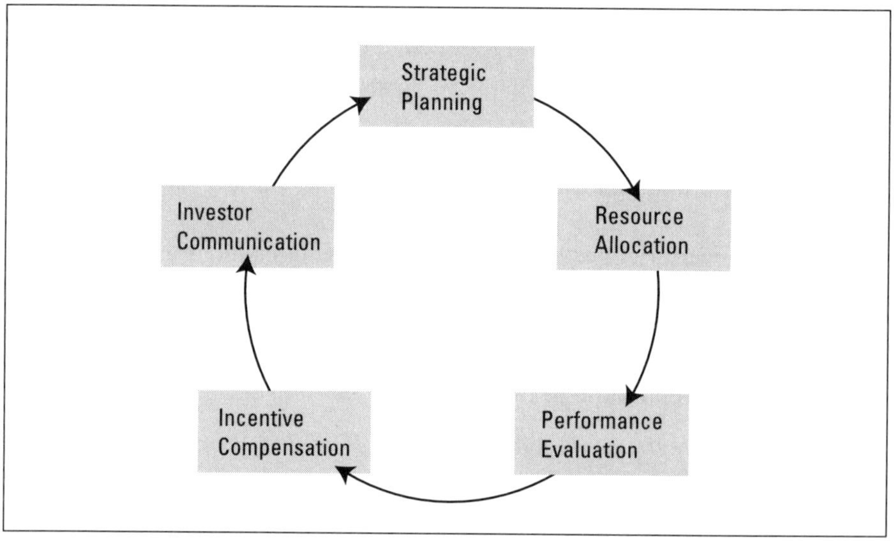


a Quelle: Rappaport 1998, S. 165.

- *Performancemessung (Performance Evaluation)*
  Die Messung der Performance von Geschäftseinheiten oder Projekten kommt im Rahmen der Strategiekontrolle zum Tragen und ist gleichzeitig Grundlage für die *wertabhängige Entlöhnung des Managements.* Wichtig ist hier die Konsistenz zur Planung und Zieldefinition. Die Wahl des Benchmarks ist dabei abhängig von der Betrachtungsebene: So ist die Zielgrösse Unternehmenswert nur für die oberste Geschäftsleitung oder den Verwaltungsrat von Bedeutung, während auf untereren Stufen (Bereichsleitung und Frontbereich) andere Zielgrössen zur Anwendung gelangen müssen.[21]
- *Entlöhnung (Incentive Compensation)*
  Die Existenz von Informationsasymmetrien zwischen Management und Investoren, gepaart mit eigennutzenmaximierenden Managern führt dazu, dass die Ziele von Management und Eigentümern nicht immer deckungsgleich sind. Die Einführung von wertorientierten Entlöhnungsschemata (Aktien, Aktienoptionen) vermag diese Konflikte teilweise zu entschärfen.[22]

21 Vgl. dazu auch Abschnitt 6.4 auf Seite 164.

22 Vgl. zur Managerial Welfare Maximization Abschnitt 3.3 auf Seite 62, zur Management Compensation Kapitel 4: ab Seite 87.

- *Kommunikation (Investor Communication)*
  Neue Forschungsarbeiten in den Bereichen Corporate Finance und Accounting weisen nach, dass eine Unternehmung durch wertorientiertes Reporting *(Value Reporting)* wertsteigernde Effekte erzielen kann.[23] Diese Effekte basieren darauf, dass die Investoren durch das Wegfallen von Unsicherheit (in Form des sog. *estimation risk*) in der Prognose tiefere Renditeforderungen stellen, was letztlich zu tieferen Kapitalkosten für die Unternehmung führt. *Value Reporting* bezweckt den Abbau von Informationsasymmetrien, mit dem Ziel, eine effiziente Mittelallokation zu gewährleisten und damit einen Beitrag zur Wertsteigerung der Unternehmung zu leisten.[24] *Value Reporting* bewegt sich immer im *trade-off* zwischen Offenlegung aus Gründen der Transparenz und Geheimhaltung aus Gründen des Wettbewerbsvorteils.[25]

### 6.2.3 Der Marktwert als objektiver Massstab?

Wenn der an der Börse gebildete Marktwert der Unternehmung als Massstab für die unternehmerische Tätigkeit verwendet werden soll, ist zu untersuchen, ob der Börsenwert dem «tatsächlichen» Wert der Unternehmung entspricht. Die Frage der *Markteffizienz*[26] hat die Ökonomie seit dem Beginn dieses Jahrhunderts beschäftigt und ist noch nicht in letzter Konsequenz geklärt. Für eine effiziente Management Compensation ist die Markteffizienz von grosser Bedeutung.

Bereits früh befassten sich *Graham/Dodd 1934* mit der Markteffizienz. Sie schlossen auf ineffiziente Preisbildung, wenn sich der *Kurs* einer Aktie vom *inneren Wert* unterscheidet.[27] Spätere Definitionen der Markteffizienz stellen auf die Verarbeitung von Informationen in den aktuellen Marktpreisen ab. «A market in which prices always fully reflect all available information is called efficient.»[28] *Fama 1970* und *1991* unterscheidet drei Formen der Markteffizienz:

---

23 Vgl. zur wertorientierten Kommunikation Labhart 1999.

24 Vgl. Labhart 1999, S. 30/31.

25 Vgl. für ein Raster zur Beurteilung positiver und negativer Effekte Labhart 1999, S. 223 und 230.

26 Mit Markteffizienz ist die effiziente Verarbeitung von Information gemeint, die sog. *Informationseffizienz*.

27 Vgl. für eine Darstellung der preisbestimmenden Faktoren gemäss Graham/Dodd 1934 Labhart 1999, S. 47, Abb. 2/1.

28 Fama 1970, S. 383.

- *Schwache Form der Markteffizienz (weak form)*
  Die heutigen Preise reflektieren alle Informationen, die in vergangenen Preisen bereits enthalten sind. Strategien, die auf vergangenen Preisen beruhen (technische Analyse), sind damit nicht in der Lage, Überrenditen zu erwirtschaften.[29] Preise ändern sich in der Folge nur, falls neue Informationen verfügbar werden.
- *Halbstarke Form der Markteffizienz (semistrong form)*
  Die heutigen Preise reflektieren alle öffentlich verfügbaren Informationen. Die halbstarke Form der Markteffizienz ist eine Absage an die auf öffentlichen Informationen basierende Fundamentalanalyse.
- *Starke Form der Markteffizienz (strong form)*
  Die heutigen Preise reflektieren sämtliche verfügbaren Informationen, also auch sog. Insiderinformationen.

Die Markteffizienzhypothesen gehören zu den am meisten empirisch getesteten Hypothesen.[30] Die Mehrheit der Tests unterstützt dabei die *schwache Form* der Markteffizienz klar, während die *starke Form* ebenso klar verworfen wird. Die *halbstarke Form* der Markteffizienz wird für die meisten der amerikanischen Märkte bestätigt. «The evidence discussed above, coupled with the earlier event study results, suggests that financial markets respond very rapidly and completely to new information. Whatever else might be said, these markets clearly exhibit semi-strong-form informational efficiency.»[31]

Obschon die erwähnten Studien primär im liquiden, amerikanischen Aktienmarkt erstellt wurden, lässt die Evidenz die Schlussfolgerung zu, dass der Aktienkurs in einer mittel- bis längerfristigen[32] Betrachtung den inneren Wert der Unternehmung gut abzubilden vermag. Der Aktienkurs ist in diesem Sinne als Massstab für die *Management Compensation* gut geeignet.[33]

---

29 Vgl. dazu Auckenthaler 1994, S. 272/273.

30 Vgl. für eine Kategorisierung und Darstellung der wichtigsten Studien Megginson 1997, S. 133–150. Sämtliche Tests zur Markteffizienz sind mit dem *Joint-Hypotheses-Problem* behaftet. Für das Ermitteln einer Überrendite muss in einem ersten Schritt mittels der klassischen Kapitalmarktmodelle festgelegt werden, was eine normale Rendite ist. Die Tests setzen damit die Gültigkeit der Kapitalmarktmodelle voraus. Umgekehrt muss bei einem Test der Validität der Kapitalmarktmodelle von effizienten Märkten ausgegangen werden. Vgl. zum *Joint-Hypotheses-Problem* Labhart 1999, S. 51. Parallel dazu hat sich die Bewegung der *New Finance* etabliert, die der Markteffizienz jede Berechtigung abspricht. Haugen 1995 bezeichnet die Markteffizienz provokativ als *the fantasy.*

31 Megginson 1997, S. 143.

32 Das beobachtete kurzfristige Überschiessen der Aktienkurse ist für die längerfristig orientierte Entlöhnung des Kaders von geringer Bedeutung.

33 Vgl. auch Eberle 1997, S. 76/77.

Trotzdem weist der Aktienkurs zwei Schwächen auf, welche seine Verwendung als Massstab der Management Compensation einschränken:

- In die Aktienkursbildung fliessen auch *Faktoren* ein, welche nicht im Einflussbereich des Managers liegen. Es handelt sich dabei vor allem um *Makrofaktoren.* So führen z.B. höhere Inflationserwartungen über einen höheren risikolosen Zinssatz und eine höhere Abzinsungsrate zu tieferen Aktienbewertungen.
- Der Aktienkurs ist nicht geeignet zur Bewertung der Leistung von Managern, die nicht unmittelbar an der Firmen- bzw. Konzernspitze tätig sind. Zur Erfassung der Wertschöpfung von Teilbereichsleitern (Business Unit Managers) sind in der Folge separate Wertrechnungen nötig, wie sie im nächsten Abschnitten vorgestellt werden.

## 6.3 Verfahren der Performance-Messung

Es existieren verschiedene Verfahren, die Wert-Performance von Unternehmen zu ermitteln. Die *Discounted Cash-flow-Methode* ist das grundlegende Bewertungsverfahren in der Finanzmarkttheorie, die auch den beiden anderen vorgestellten Verfahren zugrunde liegt. In jüngerer Zeit haben Verfahren, die auf *Residual Income* basieren (Übergewinnverfahren), an Bedeutung gewonnen, namentlich in Form des *Economic Value Added. Rappaport 1998* präsentiert mit dem Konzept des *Shareholder Value Added* eine interessante Alternative zu klassischen Residual Income-Verfahren.

Es wird nachfolgend an einem einfachen Beispiel illustriert, dass alle Verfahren, konsistente Handhabung vorausgesetzt, den gleichen Unternehmenswert ermitteln. Sie unterscheiden sich allerdings in der Periodisierung dieses Wertes, weisen also verschiedenen Perioden unterschiedliche Wertbeiträge zu. Die Kenntnis dieser Unterschiede ist für die Beurteilung der Eignung als Grundlage für die Management Compensation von grosser Bedeutung.

Das Beispiel geht von folgenden Grundannahmen aus: Der Umsatz (Sales) nimmt in den ersten drei Jahren je um 5% p.a. zu, fällt im Jahr 4 wieder auf den Stand von Jahr 2 zurück und bleibt für das Jahr 5 konstant. Nach dem Jahr 6 verläuft der Umsatz konstant auf dem Stand des Jahres 5 und es erfolgen keine Nettoinvestitionen mehr (Nullwachstum). Die Profit Margin beträgt 8%, der Steuersatz wird mit 35% veranschlagt. Die Netto-Investitionen[34] in Umlaufvermögen (UV) und Anlagevermögen (AV) verhalten sich proportio-

34 Abschreibungen und Desinvestitionen sind bereits berücksichtigt.

Abb. 6/3 Beispiel zur Wertzumessung: Ausgangslage[a]

| Year | 0 | 1 | 2 | 3 | 4 | 5 | 6+ |
|---|---|---|---|---|---|---|---|
| Sales | 100.00 | 105.00 | 110.25 | 115.76 | 110.25 | 110.25 | |
| Operating Profit | 8.00 | 8.40 | 8.82 | 9.26 | 8.82 | 8.82 | |
| **NOPAT** | **5.20** | **5.46** | **5.73** | **6.02** | **5.73** | **5.73** | **5.73** |
| Inc. Investments fixed capital | | 1.00 | 1.05 | 1.10 | –1.10 | 0.00 | 0.00 |
| Inc. Invest. working capital | | 0.75 | 0.79 | 0.83 | –0.83 | 0.00 | 0.00 |
| **Free Cash-flow** | | **3.71** | **3.90** | **4.09** | **7.66** | **5.73** | **5.73** |

a Quelle: Eigene Darstellung/Berechnung.

nal zur Umsatzveränderung. Die respektiven Werte betragen 15% (UV) und 20% (AV). Es wird von einem WACC von 10% ausgegangen. Die Bewertung erfolgt auf Brutto-Stufe (Entity-Ansatz). Damit ergibt sich die in ◄ Abb. 6/3 dargestellte Ausgangslage.

## 6.3.1 Discounted Cash-flow-Methode (DCF)

Im Rahmen der Discounted Cash-flow-Methode erfolgt die Wertzumessung durch die Diskontierung künftiger, erwarteter Free Cash-flows.[35] Die Bewertung kann sich auf zwei Ebenen vollziehen: Die Equity-Methode (Netto-Methode) fokussiert direkt auf den Wert des Eigenkapitals, während die Entity-Methode (Brutto-Methode) den Wert der Eigen- und Fremdkapitalanteile bewertet.[36] Die Diskontierung erfolgt mit einem dem Risiko und der Laufzeit angemessenen Kapitalkostensatz. Die analytische Darstellung der Discounted Cash-flow-Methode ist aus Formel (11) ersichtlich.[37] Zumeist werden die Free Cash-flows für die ersten fünf bis sieben Jahre exakt ermittelt (anhand von Plan-Mittelflussrechnungen), während die Free Cash-flows für

35 Der Free Cash-flow entspricht dem operativen Cash-flow (Cash-flow aus Geschäftstätigkeit) abzüglich betriebsnotwendiger Nettoinvestitionen (Investitionen abzüglich Desinvestitionen). Der Free Cash-flow verkörpert die Grösse, welche zur Ausschüttung an die Investoren zur Verfügung steht. Vgl. Volkart 1999a, S. 47 oder Copeland/Koller/Murrin 1996, S.172 bis 179.

36 Von Ausnahmefällen abgesehen, wird der Entity-Methode der Vorzug gegeben. Vgl. Volkart 1999a, S. 62. Alle weiter vorgestellten Modelle der Wertzumessung sind sowohl in der Entity- als auch der Equity-Variante anwendbar. Die Beispiele beruhen alle auf dem Entity-Ansatz.

37 Vgl. für eine didaktisch geschickte, konzise Darstellung der Discounted Cash-flow-Methode und der verschiedenen Ausgestaltungsmöglichkeiten Volkart 1999a, S. 45–52.

die nachfolgenden Jahre als konstant angenommen werden. Diese bilden den sog. Residualwert (Residual Value).

$$V = \sum_{t=0}^{T} \frac{FCF_t}{(1+WACC)^t} + \frac{\frac{FCF_{T+1}}{WACC}}{(1+WACC)^T} \qquad (11)$$

wobei
V: Wert der Unternehmung (Entity)
t: Zeit
T: Prognosehorizont (exakte Herleitung der FCF)
FCF: Free Cash-flows (Entity)
WACC: Weighted Average Cost of Capital

Für das Beispiel ergibt sich die in ▶ Abb. 6/4 dargestellte Wertzumessung. Die in den Jahren 1–5 erwarteten Free Cash-flows werden mit dem WACC von 10% diskontiert. Die in den Jahren nach Jahr 5 erwarteten Free Cash-flows bildet den Residualwert. Im Beispiel macht der Residualwert knapp zwei Drittel des resultierenden Unternehmensgesamtwerts aus.

Abb. 6/4 Beispiel zur Wertzumessung: Discounted Cash-flow-Methode[a]

| **Year** | **0** | **1** | **2** | **3** | **4** | **5** | **6+** |
|---|---|---|---|---|---|---|---|
| Free Cash-flow | | 3.71 | 3.90 | 4.09 | 7.66 | 5.73 | 5.73 |
| PV (Free Cash-flow) | | 3.37 | 3.22 | 3.07 | 5.23 | 3.56 | |
| Residual Value | | | | | | | 57.33 |
| PV (Residual Value) | 35.60 | | | | | | |
| Sum PV (Free Cash-flow) | 18.46 | | | | | | |
| **Firm Value (Entity)** | **54.06** | | | | | | |

a Quelle: Eigene Darstellung/Berechnung. Ausgangslage und Annahmen des Beispiels sind auf Seite 153 dargestellt.

Die Discounted Cash-flow-Methode ist zur Ermittlung von Wertschöpfungsbeiträgen pro Periode weniger geeignet. Für eine korrekte Herleitung müssten der DCF-Wert zu Beginn einer Periode und der DCF-Wert am Ende der Periode bestimmt werden. Der Wertbeitrag der Periode entspricht dann der Differenz zwischen den beiden Werten zuzüglich des während der Periode zugeflossenen Cash-flows. Die DCF-Methode ist damit für die Bedürfnisse der wertorientierten Führung weniger gut geeignet.[38]

38 Vgl. auch Copeland/Koller/Murrin 1996, S. 149.

### 6.3.2 Residual Income-Ansätze (EVA, EP, SVA)

#### 6.3.2.1 Übergewinnverfahren und Residual Income Approach

Das *Residual Income*-Verfahren geht zurück auf *Marshall* 1890. «What remains of his [the owner or manager's] profits after deducting interest on his capital at the current rate may be called his earnings of undertaking or management.»[39]

Die Verfahren des *Residual Income* (RI) sind mit dem klassischen *Übergewinnverfahren*[40] eng verwandt. Es ist diesen Verfahren gemeinsam, dass sie von der aktuell vorhandenen Substanz einer Unternehmung ausgehen und dieser einen Wertbetrag zurechnen, der für die in den nächsten Jahren erwarteten Übergewinne steht. Der Übergewinn stellt dabei den Teil des Gewinns dar, der nach Abzug der *«Normalverzinsung»* des Kapitals übrigbleibt.

Das Übergewinnverfahren ist – in moderner EVA-Terminologie – in Formel (12) dargestellt.

$$V = IC_0 + \sum_{t=1}^{T} \frac{NOPAT_t - (IC_t \cdot WACC)}{(1+WACC)^t} \qquad (12)$$

$$= IC_0 + \sum_{t=1}^{T} \frac{(ROIC_t - WACC) \cdot IC_t}{(1+WACC)^t}$$

| | | |
|---|---|---|
| wobei | IC: | Invested Capital |
| | NOPAT: | Net operating Profit after Taxes[41] |
| | ROIC: | Return on Invested Capital |
| | | $(ROIC_t = NOPAT_t / IC)$ |

Am Beispiel angewendet, ergibt sich die aus ▶ Abb. 6/5 ersichtliche Wertzumessung.

Als Achillesferse des *Residual Income*-Verfahren erweist sich dabei das Festlegen des Anfangsbestandes des *Invested Capital.* Dieser hat keinen Einfluss auf das Endresultat der Bewertung, wirkt sich aber auf die den einzelnen

39 Marshall 1890, S. 142 zit. in Copeland/Koller/Murrin 1996, S. 149.

40 Vgl. zum Übergewinnverfahren schweizerischer Prägung Helbling 1993, S. 103–106. In den USA hat General Electric das Residual Income Verfahren bereits in den 50er Jahren eingeführt. Vgl. Rappaport 1998, S. 121. General Motors nimmt für sich in Anspruch, bereits in den 20er Jahren die Idee des Residual Income für die Performance Messung ihrer dezentralen Divisionen implementiert zu haben. Vgl. Mills 1998, S. 65.

41 Aufgrund der breiten Verwendung erfolgt die Bezeichnung der Variablen gemäss EVA-Terminologie.

Abb. 6/5 Beispiel zur Wertzumessung: Residual Income Approach[a]

| Year | 0 | 1 | 2 | 3 | 4 | 5 | 6+ |
|---|---|---|---|---|---|---|---|
| NOPAT | 5.20 | 5.46 | 5.73 | 6.02 | 5.73 | 5.73 | 5.73 |
| Inc Investments fixed capital | | 1.00 | 1.05 | 1.10 | –1.10 | 0.00 | 0.00 |
| Inc Investments working capital | | 0.75 | 0.79 | 0.83 | –0.83 | 0.00 | 0.00 |
| Invested Capital (beginning)[b] | | 40.00 | 41.75 | 43.59 | 45.52 | 43.59 | 43.59 |
| Capital Charge (WACC = 10%) | | 4.00 | 4.18 | 4.36 | 4.55 | 4.36 | 4.36 |
| RI = NOPAT – Capital Charge | | 1.46 | 1.56 | 1.66 | 1.18 | 1.37 | 1.37 |
| PV (RI) | | 1.33 | 1.29 | 1.25 | 0.81 | 0.85 | |
| Residual Value | | | | | | | 13.74 |
| PV (Residual Value) | 8.53 | | | | | | |
| Sum PV (RI) | 5.52 | | | | | | |
| Invested Capital (Beginning) | 40.00 | | | | | | |
| **Firm Value (Entity)** | **54.06** | | | | | | |

a Quelle: Eigene Darstellung/Berechnung.
b Der Anfangsbestand des Invested Capital von 40 wurde arbiträr gewählt und lässt sich nicht aus den anderen Zahlen herleiten. Ausgangslage und Annahmen des Beispiels sind auf Seite 153 dargestellt.

Perioden zugemessene Wertgenerierung aus. ▶ Abb. 6/6 zeigt die Anteile des *Anfangsbestands Invested Capital,* der Summe der *Present Value der RI* der Jahre 1 bis 5 und den *Present Value des Residualwertes* am Unternehmensgesamtwert. Mit zunehmendem Gewicht des Invested Capital nimmt der Anteil der beiden anderen Kategorien ab, wobei sich eine stärkere Gewichtung der RI 1 bis 5 einstellt.

Abb. 6/6 Anfangsbestand des Invested Capital und Wertzumessung[a]

| IC (Beginning) | | PV (Residual Income) | | PV (Residual Value) | | Residual Income | | | | |
|---|---|---|---|---|---|---|---|---|---|---|
| absolut | % | absolut | % | absolut | % | RI 1 | RI 2 | RI 3 | RI 4 | RI 5 |
| 0 | 0% | 20.69 | 38% | 33.37 | 62% | 5.46 | 5.56 | 5.66 | 5.18 | 5.37 |
| 10 | 18% | 16.90 | 31% | 27.16 | 50% | 4.46 | 4.56 | 4.66 | 4.18 | 4.37 |
| 20 | 37% | 13.10 | 24% | 20.95 | 39% | 3.46 | 3.56 | 3.66 | 3.18 | 3.37 |
| 30 | 55% | 9.31 | 17% | 14.74 | 27% | 2.46 | 2.56 | 2.66 | 2.18 | 2.37 |
| 40 | 74% | 5.52 | 10% | 8.53 | 16% | 1.46 | 1.56 | 1.66 | 1.18 | 1.37 |
| 50 | 92% | 1.73 | 3% | 2.32 | 4% | 0.46 | 0.56 | 0.66 | 0.18 | 0.37 |

a Quelle: Eigene Darstellung/Berechnung. Ausgangslage und Annahmen des Beispiels sind auf Seite 153 dargestellt.

Schön zu erkennen ist in ◄ Abb. 6/6, dass die *Veränderung* der RI zwischen den Jahren vom Anfangsbestand des Invested Capital unabhängig ist. So beträgt z.B. die Veränderung zwischen dem Jahr 1 und dem Jahr 2 immer genau eine Einheit.

#### 6.3.2.2 Economic Value Added (EVA)

Der *Economic Value Added*-Ansatz nimmt – im Gegensatz zu anderen Residual Income-Ansätzen – Adjustierungen an der Gewinngrösse NOPAT und der Kapitalgrösse IC vor, sog. *Konversionen.* Es ist das Ziel dieser Konversionen, die rechnungswesenbasierten und damit konservativen Ausgangswerte an ökonomische Werte anzupassen. Insgesamt beschreiben Stern, Stewart & Co. 164 mögliche Anpassungen, wobei eine kleine Anzahl Anpassungen den Bedürfnissen der meisten Unternehmungen genügt.[42] Die Konversionen lassen sich in die Kategorien *Operating Conversions, Funding Conversions, Tax Conversions* und *Shareholder Conversions* unterteilen. Die häufig hervorgehobene Konversion, die Aktivierung der Forschungs- und Entwicklungsaufwendungen, ist dabei den Shareholder Conversions zuzurechnen.

Wie in *Volkart/Labhart/Suter 1998*[43] dargestellt, ist dabei der resultierende Unternehmenswert von den gemachten Konversionen unabhängig. Durch die Konversionen ändern sich allerdings

- das Verhältnis zwischen Unternehmensgesamtwert und Residualwert, resp. Present Value der EVA;
- die Gewichte der EVA der einzelnen betrachteten Perioden zueinander.

Beide Faktoren sind für die Bemessung des variablen Entlöhnungsbestandteils von hoher Bedeutung, da Verfälschungen Konsequenzen auf die Anreizsetzung des Management haben können.

### 6.3.3 Shareholder Value Added (SVA)

Das Konzept des *Shareholder Value Added (SVA)* geht zurück auf *Rappaport 1998.* Der *Shareholder Value Added* bezeichnet dabei die Veränderung des *Shareholder Value* innerhalb des betrachteten Zeitraums. Der *Shareholder Value* eines bestimmten Jahres ergibt sich dabei als *Summe* aus den *kumulierten Barwerten der Cash-flows,* welche der Unternehmung bis zum Betrach-

---

42 Vgl. Labhart 1999, S. 130.

43 Dies wurde in der deutschen Betriebswirtschaftslehre mit dem «Lücke-Theorem» bereits früh erkannt. Vgl. Volkart/Labhart/Suter 1998, S. 355.

Abb. 6/7 Beispiel zur Wertzumessung: Shareholder Value Added[a]

| **Year** | **0** | **1** | **2** | **3** | **4** | **5** |
|---|---|---|---|---|---|---|
| Sales | 100.00 | 105.00 | 110.25 | 115.76 | 110.25 | 110.25 |
| Operating Profit | 8.00 | 8.40 | 8.82 | 9.26 | 8.82 | 8.82 |
| NOPAT | 5.20 | 5.46 | 5.73 | 6.02 | 5.73 | 5.73 |
| Inc Investments fixed capital | | 1.00 | 1.05 | 1.10 | –1.10 | 0.00 |
| Inc Investments working capital | | 0.75 | 0.79 | 0.83 | –0.83 | 0.00 |
| Free Cash-flow | | 3.71 | 3.90 | 4.09 | 7.66 | 5.73 |
| PV (Free Cash-flow) | | 3.37 | 3.22 | 3.07 | 5.23 | 3.56 |
| **Cum PV (Free Cash-flow)** | | **3.37** | **6.59** | **9.67** | **14.90** | **18.46** |
| Residual Value (t+1) | 52.00 | 54.60 | 57.33 | 60.20 | 57.33 | 57.33 |
| **PV (Residual Value)** | **52.00** | **49.64** | **47.38** | **45.23** | **39.16** | **35.60** |
| **Shareholder Value** | **52.00** | **53.01** | **53.97** | **54.89** | **54.06** | **54.06** |
| **Shareholder Value Added** | | **1.01** | **0.96** | **0.92** | **–0.84** | **0.00** |
| **Total Shareholder Value Added** | **2.06** | | | | | |

a Quelle: Eigene Darstellung/Berechnung. Ausgangslage und Annahmen des Beispiels sind auf Seite 153 dargestellt.

tungszeitpunkt zugeflossenen sind und dem erwarteten *Residual Value.* Dieser Residualwert wird für das Ende *jedes Jahres* der Betrachtungsperiode neu berechnet. Bei der Berechnung geht man davon aus, dass der Cash-flow des aktuellen Jahres in dieser Höhe aufrechterhalten werden kann.[44] Der *Residualwert* eines bestimmten Jahres und damit auch der *Shareholder Value* ist damit stark von der Entwicklung des *NOPAT* abhängig.[45] Am Beispiel angewendet ergibt sich die Wertzumessung gemäss ◂Abb. 6/7.

Die *Veränderung* des Shareholder Value, der sog. *Shareholder Value Added,* wird primär durch die *Veränderung* des NOPAT geprägt. Eine Erhöhung des NOPAT hat zwei Konsequenzen: Zum einen steigt damit die Höhe des Cash-flows (vor Berücksichtigung von Investitionen) an. Zum anderen erhöht sich der Residualwert im betreffenden Jahr, da dieser einer Projektion des aktuellen Cash-flows (vor Berücksichtigung von Investitionen) in die Zukunft

44 Weiter wird Nullwachstum vorausgesetzt. Die Summe aus Abschreibungen und Ersatzinvestitionen beträgt damit Null. Damit wird der NOPAT zur relevanten Grösse.

45 Dies lässt sich am Beispiel in ▸ Abb. 6/7 illustrieren. Von Jahr 3 zu Jahr 4 fällt der Umsatz und damit auch der NOPAT um rund 5%. Dies reduziert den in die Zukunft projizierten Residualwert um mehr als 10%. Durch die Annahme von konstanten, von der Umsatzveränderung abhängigen Investitionsraten wird der Free Cash-flow trotz der Umsatzeinbusse grösser; der Gesamteffekt auf den Shareholder Value bleibt aber negativ.

Abb. 6/8 Beispiel zur Wertzumessung: SVA (alternative Berechnung)[a]

| Year | 0 | 1 | 2 | 3 | 4 | 5 |
|---|---|---|---|---|---|---|
| NOPAT | 5.20 | 5.46 | 5.73 | 6.02 | 5.73 | 5.73 |
| Change in NOPAT | | 0.26 | 0.27 | 0.29 | –0.29 | 0.00 |
| Change in NOPAT (Perpetuity) | | 2.60 | 2.73 | 2.87 | –2.87 | 0.00 |
| **PV (Change in NOPAT Perpetuity)** | | **2.60** | **2.48** | **2.37** | **–2.15** | **0.00** |
| Inc Investments fixed capital | | 1.00 | 1.05 | 1.10 | –1.10 | 0.00 |
| Inc Investments working capital | | 0.75 | 0.79 | 0.83 | –0.83 | 0.00 |
| **PV (Inc Investments)** | | **1.59** | **1.52** | **1.45** | **–1.32** | **0.00** |
| | | | | | | |
| **Shareholder Value Added** | | **1.01** | **0.96** | **0.92** | **–0.84** | **0.00** |
| **Total Shareholder Value Added** | **2.06** | | | | | |

a Quelle: Eigene Darstellung/Berechnung. Ausgangslage und Annahmen des Beispiels sind auf Seite 153 dargestellt.

entspricht. Diese zwei Effekte entsprechen in der Höhe gerade dem Barwert einer ewigen Rente (Perpetuität) der NOPAT-Änderung. Der SVA lässt sich damit auch auf eine alternative Art berechnen (vgl. ◄ Abb. 6/8). Die ewige Rente der NOPAT-Änderung entspricht den positiven Effekten auf den SVA. Wird nun vom Present Value der ewigen Rente noch der Present Value der Investitionen in Umlauf- und Anlagevermögen abgezogen, resultiert der SVA des betreffenden Jahres.

Am Beispiel ist dies in ◄ Abb. 6/7 und 6/8 gut ersichtlich. Zwischen den Jahren 4 und 5 bleiben sowohl der Umsatz als auch der NOPAT unverändert. Dies führt dazu, dass der *Residualwert,* der sich ja aus dem aktuellen NOPAT ergibt, und der Cash-flow (vor Investitionen) ebenfalls *unverändert* bleiben. Da in Jahr 5 aufgrund der unveränderten Umsatzzahlen keine Investitionen in Umlauf- und Anlagevermögen getätigt wurden, waren auch keine Geldabflüsse zu verzeichnen, welche den Shareholder Value geschmälert hätten. Der Gesamteffekt, der *Shareholder Value Added,* ist damit gerade gleich Null.

### 6.3.4 Zusammenfassende Beurteilung

Es ist zunächst festzuhalten, dass alle vorgestellten Modelle einen korrekten Wert der analysierten Unternehmung ermitteln. Risikogehalt der künftigen Cash-flows und der Zeitwert des Geldes werden überall berücksichtigt. ► Abb. 6/9 gibt einen Überblick zu den Eigenschaften der vorgestellten Modelle.

Abb. 6/9 Zusammenfassende Beurteilung der vorgestellten Modelle[a]

| **Kriterium** | **Discounted Cash-flow** | **Residual Income** | **Shareholder Value Added** |
|---|---|---|---|
| Korrekte Wertzumessung insgesamt | ✓ | ✓ | ✓ |
| Risikogehalt und Zeitwert des Geldes | ✓ | ✓ | ✓ |
| periodengerechte Wertbeiträge | ✗ | ✓ | ✓ |
| Berechnung des Periodenwertbeitrags | | Überrendite (ROIC–WACC) mal investiertes Kapital | Wertbeitrag des aktuellen Cash-flow + Änderung im erwarteten Residualwert |
| Hurdle Rate | | WACC | Mit iterativen Verfahren bestimmbar, z.B *WACC* oder *Profit Margin* |
| Frei von Accounting-Verzerrungen | ✓ | ✗ | ✓ |
| Berücksichtigung von Investitionsausgaben | in aktueller Periode | in Folgeperioden | in aktueller Periode |
| Berechnung des Residualwertes | Am Ende der detaillierten Planungsperiode[b] | Am Ende der detaillierten Planungsperiode[b] | Am Ende jedes Jahres aufgrund des aktuellen NOPAT |

a Quelle: Eigene Darstellung. (✓ = erfüllt, ✗ = nicht erfüllt)
b Zumeist wird von einem neutralen Residualwert ausgegangen (keine Übergewinne).

Wie bereits festgestellt, ist die Discounted Cash-flow-Methode zur Ermittlung von periodengerechten Wertbeiträgen und damit für die wertorientierte Führung weniger geeignet.[46] Sie eignet sich aber gut zur Plausibilisierung der in Residual Income-Ansätzen getroffenen Annahmen.[47]

46 Vgl. dazu auch Copeland/Koller/Murrin 1994, S. 98.
47 Vgl. zu diesem Punkt speziell Volkart/Labhart/Suter 1998, S. 362.

Die Unterschiede der analysierten Modelle liegen in der *Berechnung des periodisierten Wertbeitrags,* insbesondere in der *Berücksichtigung des Residualwertes.*

Im Rahmen der auf *Residual Income* beruhenden Verfahren lässt sich mit den Kapitalkosten WACC eine klare Hurdle Rate definieren, welche renditemässig für einen positiven Wertbeitrag zu übertreffen ist. Diese Hurdle-Rate fehlt beim Shareholder Value Added-Ansatz. Es ist zwar möglich, mittels iterativer Verfahren *Break-even*-Punkte zu berechnen, welche für die betrachtete Periode einen totalen SVA von Null ausweisen.[48] Die Hurdle Rate ist aber nicht einfach aus dem Modell ersichtlich.

Ein Vergleich der Wertbeiträge pro Periode offenbart *unterschiedliche* Werte für die zwei Modelle. Beim RI-Modell fällt dabei insbesondere ins Gewicht, dass die *absolute Höhe* der Wertbeiträge von der Anfangshöhe des Invested Capital abhängt, während deren Veränderungen konstant bleiben.[49] *Rappaport 1998* schlägt deshalb vor, anstelle der absoluten Grössen des Residual Income deren *Veränderung* zu berücksichtigen.[50] Damit spielt die Grösse des Invested Capital keine Rolle mehr. Er zeigt, dass sich Änderungen im Residual Income in Shareholder Value Added-Grössen umformen lassen.[51] Die Änderung des Residual Income RI ist durch Formel (13) definiert.

$$\Delta RI = \Delta NOPAT - (\Delta IC \cdot WACC) \tag{13}$$

Bei korrekter Handhabung der Änderung des Invested Capital entspricht dieses gerade den getätigten Netto-Investitionen.[52] Ein Teilen von Formel (13) durch den WACC ergibt dann:

48 Im Beispiel wird der Total SVA bei einem WACC von 17.45% oder bei einer Profit Margin von 4.90% gerade gleich Null.

49 Vgl. ◄ Abb. 6/6 auf Seite 157.

50 Diese Ansicht wird auch von Stewart 1994 vertreten: «The second reason we use book values is that we have found a way of circumventing the problem of historical cost – namely, by tying management rewards not to the absolute measures of EVA, but to year-to-year changes in EVA. (...) If you reward management for improving EVA, it really does not matter what value you assign to the assets.» Stewart 1994, S. 78.

51 Vgl. Rappaport 1998, S. 127.

52 Der Shareholder Value Added-Ansatz berücksichtigt Investitionen im Jahr, in dem sie getätigt werden. Im Residual Income-Ansatz fliessen diesjährige Investitionen in die Berechnung des Anfangsbestandes des Invested Capital des nächsten Jahres ein und werden via Capital Charge erst im nächsten Jahr berücksichtigt. Dieser Effekt ist bei der Überführung von Residual Income-Grössen in Shareholder Value Added-Werte zu berücksichtigen. Für stabile Investitionshöhen – wie im Beispiel von Rappaport 1998, S. 120–125 – ist diese Korrektur nicht nötig.

$$\frac{\Delta RI}{WACC} = \frac{\Delta NOPAT}{WACC} - \text{Nettoinvestitionen} = SVA \qquad (14)$$

Ebenso spielt die *unterschiedliche zeitliche Berücksichtigung der Investitionsausgaben* eine Rolle. Im RI-Modell führt dies im Beispiel im Jahr 4 bei einer Umsatzeinbusse von 5 % zu einer Abnahme des Wertbeitrags von knapp 30 %.[53]

Im *SVA-Modell* erscheint problematisch, dass ein identischer NOPAT in drei verschiedenen Jahren zu einem positiven, einem negativen und einem neutralen SVA führt.[54] Diese Verzerrung entsteht, indem immer auch der *Residualwert* in die Berechnung des Shareholder Value einfliesst, basierend auf der aktuellen Höhe des NOPAT. Der SVA eines bestimmten Jahres ist damit immer auch von der Höhe des letztjährigen Residualwertes und damit von der Höhe des letztjährigen NOPAT abhängig. Bei fluktuierenden Umsätzen führt dies, wie im Beispiel gezeigt, zu – mindestens auf den ersten Blick – nicht einleuchtenden Resultaten.[55]

Jedes der zwei Modelle ist mit spezifischen Stärken und Schwachpunkten behaftet. Eine Beurteilung im Lichte der wertorientierten Führung lässt dabei die auf *Residual Income* beruhenden Modelle als überlegen erscheinen. Positiv wirkt sich dabei sicher auch die gute Verständlichkeit des Modells aus. Der *SVA-Ansatz,* obwohl frei von buchhalterisch geprägten Verzerrungen und eigentlich näher am DCF-Ansatz, ist aufgrund seiner auf *Veränderungen* beruhenden Wertmechanik für die Zwecke der wertorientierten Führung weniger geeignet.

Beim *RI-Ansatz* erscheint die Festlegung des Invested Capital[56] als eigentliche Achillesferse, mit unmittelbaren Konsequenzen für die Management Compensation. Vertreter von Stern, Stewart & Co. schlagen hier vor,

- neben dem absoluten Betrag der EVA wenigstens teilweise auch die EVA-Veränderung in der variablen Entlöhnung zu berücksichtigen.[57]

---

53 Vgl. ◀ Abb. 6/5 auf Seite 157. Diese Übergewichtung kommt zustande, da sich der hohe Betrag getätigter Investitionen erst im Jahr 4 niederschlägt.

54 Vgl. die Jahre 2, 4 und 5 in ◀ Abb. 6/7 auf Seite 159 und ◀ Abb. 6/8 auf Seite 160.

55 Dies wird von Rappaport 1998 auch als Nachteil erkannt: «If operating profit (...) in any year is abnormally high or low, it will yield misleading results when serving as a basis for the perpetuity calculation. (...) To compensate for this it may be necessary to make an adjustment to ‹normalize› the operating profit.» Rappaport 1998, S. 42/43.

56 Im Rahmen des EVA-Konzepts zusätzlich die Festlegung der Conversions.

57 Vgl. Hostettler 1997, S. 307. Damit nähert sich das EVA-Konzept dem *Shareholder Value Added*-Konzept an. Vgl. Abschnitt 6.3.3 auf Seite 158 und Abschnitt 6.3.4 auf Seite 160.

- die Bonuszahlungen in eine *Bonusbank* einzuzahlen, von der jährlich ein fixer Prozentsatz ausbezahlt wird. Die Bonuszahlungen werden durch diese Massnahme geglättet, Schwankungen in der variablen Entlöhnung werden vermieden und der Zeitbezug des Bonussystems wird langfristiger.[58]

Die Berücksichtigung der EVA-Veränderung ist eine Möglichkeit, das Problem der Zuweisung des Invested Capitals zu umgehen. Dieser Vorteil wird allerdings mit dem Nachteil erkauft, dass gleiche absolute EVA-Werte in verschiedenen Zeitperioden – je nach Ergebnis der Vorperiode – zu unterschiedlichen Management-Entlöhnungen führen.[59] Der Idee Bonusbank ist beizupflichten. Der Fokus der Entlöhnung entfernt sich dadurch vom jährlichen Bonus (Stromgrösse) und nähert sich der Charakteristik der Entlöhnung anhand von (auf mehrere Jahre gesperrten) Kaderoptionen oder -Aktien an. Der Betrag (Bestandesgrösse), welcher sich «at risk» befindet, wird durch die Bonusbank grösser. Es ist durchaus denkbar, die jährliche Ausschüttungsquote in Abhängigkeit des aktuellen Ergebnisses festzulegen.

## 6.4 Überlegungen zur Wertzumessung im Konzern

Der Aktienkurs kann als Wertmassstab für börsenkotierte Unternehmen herangezogen werden.[60] Im Rahmen der wertorientierten Führung drängt es sich auf, auch den einzelnen Geschäftsbereichen Werte zuzumessen. Das gleiche gilt für Unternehmen, welche nicht börsenkotiert sind.

Die Modelle zur Wertzumessung wurden in Abschnitt 6.3 vorgestellt. Dort wurde von bekannten *Erfolgs-, Cash-flow-, Kapitalkosten- und Kapitalgrössen* ausgegangen. Diese sind in der Praxis für einzelne Geschäftsbereiche jedoch nicht immer einfach zu bestimmen. Problematisch ist vor allem die Bestimmung der Kapitalkosten und Kapitalgrössen. In diesem Abschnitt sollen dazu drei Lösungsansätze präsentiert werden.

### 6.4.1 Bestimmung von Risiko und Kapitalkosten

Die Kapitalkosten einer Business Unit oder einer nichtkotierten Unternehmung stehen im Zentrum der Wertzumessung. Die Eigenkapitalkosten sind

---

58 Vgl. zur Bonusbank Hostettler 1997, S. 309.

59 Die Entlöhnung anhand der EVA-Veränderung weist damit die gleichen Nachteile wie das Shareholder Value Added-Konzept auf.

60 Vgl. Abschnitt 6.2.3 auf Seite 151.

einerseits vom *Business Risk* (Investitionsrisiko) und andererseits vom *Financial Risk* (Finanzielles Risiko) abhängig.[61] Die Bestimmung des Business Risk steht damit am Anfang der Bestimmung der Eigenkapitalkosten.[62] Kombiniert mit einer Zielkapitalstruktur und den Fremdkapitalkosten ergibt sich in der Folge der durchschnittliche Gesamtkapitalkostensatz (Weighted Average Cost of Capital, WACC). Für die Risikoeinschätzung einer Geschäftseinheit stehen verschiedene Ansätze zur Verfügung, wobei drei Grundvarianten unterschieden werden können. Sie werden nachfolgend dargestellt:[63]

- *Qualitativer Ansatz;*
- *Analogie-Ansatz;*
- *Analytischer Ansatz.*

#### 6.4.1.1 Qualitativer Ansatz

Der qualitative Ansatz beruht auf Befragungen des Managements. Die Praxis zeigt, dass die so erzielten Resultate – obschon die dahinter stehenden Kapitalmarktmodelle dem Management nicht immer bekannt sind – oft erstaunlich adäquat sind.[64]

Üblicherweise wird dem Management eine Karte mit einer Risikolandschaft präsentiert, mit der Aufgabe, die eigene Unternehmung zu positionieren.[65] Es geht dabei auch darum, das Risiko des eigenen Geschäftsbereichs im Verhältnis zum Risiko des Gesamtunternehmens zu beurteilen. Die so gesammelten Risikoeinschätzungen der Unternehmensbereiche werden zum Gesamtrisiko aggregiert und mit der tatsächlichen (am Markt gemessenen) Risikosituation verglichen. Aus der Diskussion dieser Ergebnisse ergeben sich weitere Verfeinerungen der Risikoeinschätzungen. Es ist durchaus denkbar, den qualitativen Ansatz als Ausgangslage für den Analogie-Ansatz oder den analytischen Ansatz zu verwenden.

---

61 Vgl. zur Unterscheidung von investitionsseitigem und finanziellem Risiko Volkart 1999a, S. 173.

62 Bei der Bestimmung des Business Risk geht man fiktiv von einer zu 100 % eigenfinanzierten Gesellschaft aus. Deren finanzielles Risiko ist Null. Das Gesamtrisiko entspricht damit gerade dem Business Risk. Vgl. Volkart 1999a, S. 165.

63 Gliederung gemäss Mills 1998, S. 120/121 und Copeland/Koller/Murrin 1996, S. 334–348.

64 Vgl. Copeland/Koller/Murrin 1996, S. 342 und Gesprächsaussage Prof. Roger Mills (22.7.1999, Henley-on-Thames, UK).

65 Vgl. für eine Beispiel Copeland/Koller/Murrin 1996, S. 342.

### 6.4.1.2 Analogie-Ansatz

Hier wird für die Bestimmung der Risikos einer Business Unit eine in möglichst vielen Belangen vergleichbare, an der Börse kotierte Unternehmung herangezogen. Es lassen sich zwei Spielarten des Analogieansatzes unterscheiden:

- *Pure Play-Ansatz*
  Im Rahmen des Pure Play-Ansatzes wird anhand des Betas einer vergleichbaren Unternehmung auf das Beta des eigenen Geschäftsbereichs geschlossen. Es ist dazu nötig, das Beta der Vergleichsgesellschaft in ein Beta einer (fiktiv) zu 100% eigenfinanzierten Unternehmung zu transformieren *(unlevered Beta, Asset Beta).*[66] Die Eigenkapitalkosten des Bereichs können danach mittels dem *Capital Asset Pricing-Modell* (CAPM) bestimmt werden.[67]
- *Full Information-Ansatz (Regressionsansatz)*
  Der Full Information-Ansatz[68] basiert auf der Tatsache, dass das totale Risiko einer Unternehmung einem gewichteten Durchschnitt der Bereichsrisiken entspricht. Wenn nun am Markt mehrere Unternehmen kotiert sind, die in gleichen Bereichen tätig sind, kann mittels einer multiplen Regression aus dem (am Markt beobachteten) *unlevered* Beta auf die *unlevered* Betas der einzelnen Geschäftsbereiche geschlossen werden. ▶ Abb. 6/10 illustriert das Vorgehen an einem Beispiel.
  Die Asset Betas (unlevered Betas) können aus den am Markt beobachteten Betas und den Kapitalstrukturen hergeleitet werden, die Umsätze sind aus den Geschäftsberichten bekannt.[69] Mittels einer multiplen Regressionsanalyse kann nun den einzelnen Geschäftsbereichen ein eigenes Asset Beta zugeordnet werden. Die Asset Betas der Geschäftsbereiche sind aus ▶ Abb. 6/11 ersichtlich.

---

66 Vgl. Copeland/Koller/Murrin 1996, S. 343.

67 Vgl. Copeland/Weston 1992, S. 95.

68 Vgl. Copeland/Koller/Murrin 1996, S. 344 und Mills 1998, S. 121.

69 Korrekterweise müsste das Gewicht der einzelnen Geschäftsbereiche anhand des Marktwertes gebildet werden. Der Einfachheit halber wird oft von Umsatzzahlen ausgegangen.

Abb. 6/10 Beispiel zum Full Information-Ansatz: Ausgangslage[a]

| | | Business 1 | | Business 2 | | Business 3 | |
|---|---|---|---|---|---|---|---|
| **Company** | **Asset Beta** | **Sales** | **%** | **Sales** | **%** | **Sales** | **%** |
| A | 0.83 | 100 | 33.3% | 200 | 66.7% | 0 | 0.0% |
| B | 1.08 | 200 | 33.3% | 100 | 16.7% | 300 | 50.0% |
| C | 1.17 | 50 | 33.3% | 0 | 0.0% | 100 | 66.7% |
| D | 1.40 | 0 | 0.0% | 50 | 20.0% | 200 | 80.0% |

a Quelle: Eigene Darstellung/Berechnung.

Abb. 6/11 Beispiel zum Full Information-Ansatz: Betas[a]

| | | Business 1 | | Business 2 | | Business 3 | |
|---|---|---|---|---|---|---|---|
| **Company** | **Asset Beta** | **%** | **Beta** | **%** | **Beta** | **%** | **Beta** |
| A | 0.83 | 33.3% | 0.5 | 66.7% | 1.0 | 0.0% | 1.5 |
| B | 1.08 | 33.3% | 0.5 | 16.7% | 1.0 | 50.0% | 1.5 |
| C | 1.17 | 33.3% | 0.5 | 0.0% | 1.0 | 66.7% | 1.5 |
| D | 1.40 | 0.0% | 0.5 | 20.0% | 1.0 | 80.0% | 1.5 |

a Quelle: Eigene Darstellung/Berechnung.

#### 6.4.1.3 Analytischer Ansatz

Im Rahmen des analytischen Ansatzes[70] wird versucht, eine Beziehung zwischen historischen Ertragsinformationen der Business Unit und Marktrisikogrössen herzustellen. Hilfsmittel ist auch hier wieder die Regressionsanalyse.

$$\frac{EBIT_t}{V_t} = a + b \cdot r_{M_t} \quad (15)$$

wobei
- $EBIT_t$: EBIT im Zeitpunkt t
- $V_t$: Marktwert der Geschäftseinheit im Zeitpunkt t
- $\alpha$: Y-Achsen-Abschnitt der Regression
- $b$: Steigung der Regressionsgeraden, Beta-Schätzung
- $r_{M_t}$: Marktrendite im Zeitpunkt t

Die Steigung $b$ der Regressionsgeraden entspricht dem Beta der Geschäftseinheit. Dieser Ansatz ist mit zwei Mängeln behaftet. Zum einen benötigt man Schätzungen über den Marktwert der Geschäftseinheit, was ja eigentlich das

70 Vgl. Copeland/Koller/Murrin 1996, S. 346.

Ziel der Wertbemessung ist. Zum anderen sind EBIT-Werte oft nicht in der Qualität und Menge vorhanden, die für eine aussagekräftige Regression nötig wären.

#### 6.4.1.4 Beurteilung

Jedes der präsentierten Modelle weist seine spezifischen Vorzüge und Schwächen auf. Es ist angezeigt, nicht ein Modell isoliert einzusetzen, sondern durch die Verwendung von zwei oder drei verschiedenen Kapitalkostenherleitungen die Resultate zu plausibilisieren. Besonders fruchtbar erscheint dabei der Einbezug des Managements als Know-how-Träger.

Ebenso ist kritisch zu überprüfen, ob nicht die Verwendung von extern geforderten Minimalrenditezielen eine Alternative zur internen Kapitalkostenbestimmung darstellt.[71]

### 6.4.2 Bestimmung einer Zielkapitalstruktur

Neben den durch das Business Risk bestimmten Eigenkapitalkosten ist für die Bestimmung der durchschnittlichen Gesamtkapitalkosten (WACC) auch die Definition einer Kapitalstruktur notwendig. Es wäre dabei falsch, von der bestehenden Kapitalstruktur der Gesamtunternehmung auszugehen. Vielmehr drängt es sich auf, den einzelnen Geschäftsbereichen Zielkapitalstrukturen zuzuweisen.[72]

Anhaltspunkte zur optimalen Kapitalstruktur können aus zwei Richtungen gewonnen werden. *Zum einen* kann es sinnvoll sein, Kapitalstrukturen vergleichbarer Unternehmen am Markt zu beobachten. Empirische Studien haben gezeigt, dass diese branchenspezifische, stabile Muster aufweisen.[73] Dies deutet darauf hin, dass – in Abhängigkeit der Aktiven und des Cash-flow-Aufkommens – für jede Industrie ein optimaler Kapitalstrukturbereich existiert. *Zum anderen* kann die Verschuldungsfähigkeit *(debt capacity)* der Geschäftseinheit bestimmt werden. Zu analysierende Faktoren sind hier unter anderen die Stabilität der Cash-flows, die Spezifität der verwendeten Aktiven und die

71 Vgl. Volkart 1999a, S. 200.

72 Vgl. Volkart 1999a, S. 164/165, Copeland/Koller/Murrin 1996, S. 341 und Mills 1998, S. 121. Eine knappe Mehrheit der von Bruner/Eades/Harris/Higgins 1998 befragten US-Gesellschaften geht von Zielkapitalstrukturen aus. Eine vom Swiss Banking Institute initiierte Untersuchung ergab, dass ca. 25 % der befragten Schweizer Unternehmen zur Herleitung des WACC Zielkapitalstrukturen verwenden. Vgl. dazu Suter/Volkart 1998, S. 33.

73 Vgl. dazu Megginson 1997, S. 307. Diese Muster sind weltweit zu beobachten.

kompetitive Position in der Industrie. Im Sinne einer Extremvariante kann es kann sinnvoll sein, sich zu fragen, wie die Kapitalstruktur nach einem *Leveraged Buyout* aussehen würde.[74]

### 6.4.3 Allokation des Invested Capitals

Die Allokation des gesamten Kapitals zu den einzelnen Business Units ist ein weiteres Problem in der Bewertung einzelner Business Units. Im Rahmen der Kapitalallokation sind zwei Kapitalgrössen zu unterscheiden: *Cash Capital* und *Risk Capital.*[75] Cash Capital entspricht den historischen Kosten aller Investitionen, welche für eine Geschäftseinheit getätigt worden sind und wird im Rahmen von Bewertungen von *Industriegesellschaften* verwendet. Risk Capital wird für Bewertungen von *Finanzdienstleistungsunternehmen* verwendet und ist abhängig vom (mit einer bestimmten Wahrscheinlichkeit eintretenden) maximalen Verlust, den eine Geschäftseinheit erleiden kann. Riskanten Geschäftseinheiten wird damit mehr Kapital zugeordnet.[76] Im Rahmen dieser Arbeit wird das Risk Capital-Konzept nicht mehr weiterverfolgt.

Im Cash Capital-Konzept wird für jede einzelne Business Unit der Wert der Net Operating Assets bestimmt.[77] Das Vorgehen ist ähnlich dem Bestimmen des Substanzwertes im Rahmen einer Unternehmensbewertung.[78] Schwierigkeiten ergeben sich hier vor allem im Bereich der immateriellen Vermögenswerte *(intangible assets).*[79] Im Rahmen des REVA-Konzepts[80] *(Revised Economic Value Added)* wird dieses Problem umgangen, indem periodisch das investierte Kapital dem Marktwert der Unternehmung gleichgesetzt wird. Wie in Abschnitt 6.3.2.1 auf Seite 156 und ◀Abb. 6/6 auf Seite 157 dargestellt, hat der Anfangsbestand des Invested Capital erheblichen Einfluss auf die Höhe der pro nachfolgende Periode ausgewiesenen EVA, jedoch nicht auf deren Veränderung. Ein gangbarer Weg ist es demnach, die Management Compensation wenigstens zum Teil auf Veränderungen der EVA zu basieren.[81]

---

74 Vgl. Mills 1998, S. 121.

75 Vgl. Uyemura/Kantor/Pettit 1996, S. 106.

76 Vgl. für die verschiedenen Varianten der Kapitalzuteilung im Rahmen des Risk Capital-Konzepts Uyemura/Kantor/Pettit 1996, S. 107.

77 Vgl. zur konkreten Bestimmung der Net Operating Assets Hostettler 1997, S. 111 f.

78 Vgl. Volkart 1999a, S. 79–84.

79 Vgl. Mills 1999, S. 70 und Labhart 1999, S. 188–196.

80 Vgl. Bacidore/Boquist/Milbourn/Thakor 1997, S. 15.

81 Vgl. dazu Fussnote 50 auf Seite 162.

## 6.5 Fazit

Dieses Kapitel hat die folgenden Punkte gezeigt.

- Der *Wert* der Unternehmung steht im Zentrum der *Planung,* der *Ressourcenzuweisung,* der *Performance-Messung* und der *Entlöhnung.* Jede unternehmerische Tätigkeit lässt sich nur mit einem *positiven erwarteten Wertbeitrag* rechtfertigen.
- Der *Marktwert* einer Unternehmung ist der einzig *objektive* Wert einer Unternehmung. Er ist jedoch mit Problemen behaftet.
  - Mindestens *in der kurzen Frist* scheint die Preisbildung in den Aktienmärkten der halbstarken Form der Markteffizienz nicht zu genügen.
  - Der Marktwert einer Unternehmung ist von *Faktoren* beeinflusst, die *nicht im Einflussbereich des Managements* liegen, beispielsweise dem Zinsumfeld.
  - Für *Teilbereiche* eines Konzerns oder für *nicht kotierte Unternehmen* ist kein Marktwert verfügbar.
- *Wertrechnungen* bestimmen den *intrinsischen Wert* einer Unternehmung aufgrund der künftigen, erwarteten Free Cash-flows oder aufgrund der künftigen, erwarteten Überrenditen. Sie sind zwar theoretisch konsistent – berücksichtigen also den Zeitwert des Geldes und das Risiko – aber immer mit einem subjektiven Element behaftet.
  - Der Discounted Cash-flow-Ansatz ist das Basis-Bewertungstool der Corporate Finance. Zur Bestimmung von periodenweise abgegrenzten Wertbeiträgen ist der DCF-Ansatz aber weniger geeignet.
  - Im Rahmen von *Residual Income-Ansätzen* ist ein Anfangsbestand des investierten Kapitals zu bestimmen, der die pro Periode ausgewiesenen Wertbeiträge nachhaltig beeinflusst.
  - Die im Shareholder Value Added-Ansatz ausgewiesenen Periodenwertbeiträge sind zwar unabhängig vom investierten Kapital, beruhen aber massgeblich auf der Veränderung der Rohgewinngrösse im Bezug zur letzten Periode. Der SVA-Ansatz erscheint deshalb zur wertorientierten Entlöhnung weniger geeignet.
- Die Aufteilung der *gesamten Wertschöpfung* der Unternehmung in die Wertschöpfung der *einzelnen Geschäftsbereiche* ist ein Angelpunkt der wertorientierten Entlöhnung. Besonders problematisch erscheint dabei die Bestimmung des Risikos einer Geschäftseinheit.

*Kapitel 7*

# *Konzept zur Lösung des Manager-Investoren-Konflikts*

## 7.1 Einleitung

In den vorangehenden Kapiteln wurden Ansatzpunkte für eine effiziente Entschärfung des Konflikts zwischen Management und Investoren gegeben. In diesem Kapitel geht es darum, diese Ansatzpunkte zu einem Konzept zu verdichten. Entsprechend dem Aufbau dieser Arbeit ist auch das Konzept – wie in ▶ Abb. 7/1 und in Abschnitt 2.5 auf Seite 53 dargestellt – in zwei Teilen dargestellt. Es umfasst neben Hinweisen zur eigentlichen Vertragsgestaltung mit dem Management (Ex-ante-Sichtweise) auch die optimale Gestaltung des Corporate Governance-Umfeldes der Unternehmung (Ex-post-Sichtweise). Das Konzept wird in drei Teilen präsentiert.

- In einem ersten Teil sollen Handlungsempfehlungen zur Gestaltung der Entlöhnung des Kaders *(Management Compensation)* gegeben werden.
- Im zweiten Teil werden Handlungsempfehlungen zur Gestaltung der *Corporate Governance* der Unternehmung geliefert.
- Der dritte Teil befasst sich mit Fragen der *Implementierung* eines Management Compensation-Systems.

Abb. 7/1 Vorgehensweise[a]

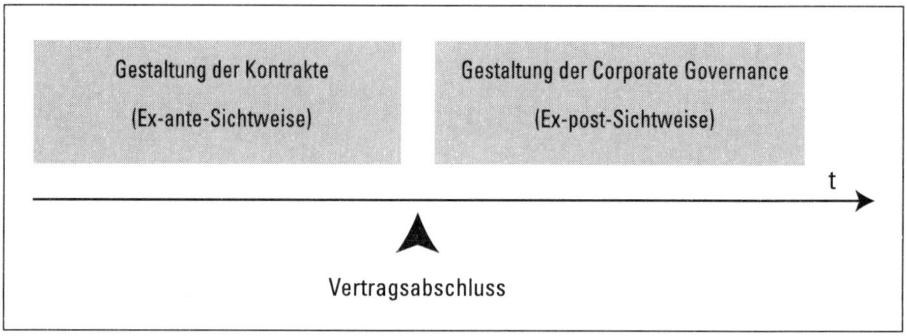


a Quelle: Eigene Darstellung.

## 7.2 Handlungsempfehlungen zur Management Compensation

### 7.2.1 Grundsätzliches

Das hier vorgestellte Konzept zur Management Compensation gibt – basierend auf den bisher gewonnenen Erkenntnissen – Antworten auf die in Kapitel 4[1] identifizierten Kernfragestellungen eines Management Compensation-Systems.

- Kreis der Berechtigten;
- Bemessungsgrundlage;
- Benchmark;
- Anteil der variablen Entlöhnung.

Die hier präsentierte Lösung stellt eine Maximalvariante dar. Je nach Art der Managementanreize oder des Corporate Governance-Umfeldes relativiert sich die Wichtigkeit der Management Compensation.[2]

### 7.2.2 Kreis der Berechtigten

Vor dem Festlegen des Kreises der Berechtigten ist das Ziel der Management Compensation klar zu definieren. In der aktuellen betrieblichen Praxis, aber auch in der Theorie, werden hier oft zwei Aspekte vermengt und verwechselt. Wertorientierte Entlöhnung in der hier besprochenen Form dient dem *Setzen von Anreizen* an das Management mit dem Ziel, wertvernichtende Effekte der Beziehung Management–Investor einzudämmen.

---

1 Vgl. Abschnitt 4.2.2 auf Seite 89.

2 Vgl. Abschnitt 7.4.2 auf Seite 190.

Die Zuteilung von eigenkapitalbasierten Entlöhnungsinstrumenten dient in der aktuellen Praxis oft nicht der Anreizsetzung, sondern vielmehr der *Bindung* des Managements oder anderer Schlüsselpersonen an die Unternehmung. Dies erfolgt durch die Ausstattung der Instrumente mit einer mehrjährigen Sperrfrist, verbunden mit dem wertlosen Verfall der Instrumente bei Kündigung. Die Aussicht, bei einer Kündigung auf eine namhafte Summe Geld zu verzichten, legt es dem Manager nahe, mit der Kündigung mindestens bis zum Ende der Sperrfrist zuzuwarten.

Das Binden von bestimmten Personen an die Unternehmung kann aus ökonomischer Sicht durchaus Sinn machen. So kann es durchaus erwünscht sein, der Unternehmung spezifisches Know-how zu erhalten. Eine kritische Analyse der oben angeführten Argumentation zeigt aber, dass dieses Ziel auch mit einer von der aktuellen Unternehmenswertentwicklung unabhängigen, auf eine bestimmte Zeit versprochenen und bei Kündigung verfallenden Bargeldzahlung erreicht werden kann. Dieses Vorgehen ist von mehreren Vorteilen begleitet. *Zum einen* ist eine feste Zahlungsverpflichtung für den Mitarbeiter risikolos. Der risikoaverse Mitarbeiter wird ihr den höheren Nutzen beimessen als einer erwarteten, risikobehafteten Auszahlung einer Option. *Zum anderen* entfällt ein *Repricing,* das nach Kursverlusten zur Wahrung der Bindungswirkung vorgenommen werden muss. Das Binden von Key Persons an die Unternehmung ist damit kein Argument, diese in die *Management Compensation* einzubeziehen.

Die hier betrachtete Form der Management Compensation verfolgt das Ziel, den wertbeeinträchtigenden Manager-Investoren-Konflikt zu mindern. Aus dieser Zielsetzung lassen sich Schlüsse auf den Kreis der zu beteiligenden Personen ziehen. Für die Management Compensation in Frage kommende Personen müssen auf der einen Seite einen *nachhaltigen Einfluss* auf den Manager-Investoren-Konflikt haben. Dies bedeutet, dass die von diesen Personen im Sinne der Eigennutzenmaximierung getroffenen Entscheide den Unternehmenswert spürbar reduzieren können. Auf der anderen Seite muss es sich um Personen handeln, welche von vorgesetzten Stellen aufgrund der unternehmensspezifischen Gegebenheiten nur unter Inkaufnahme von *hohen Monitoring-Kosten* überwacht werden können (▶ Abb. 7/2).

Damit wird klar, dass das *Top-Management* immer in ein Management Compensation-System eingebunden sein muss, ebenso der *Verwaltungsrat.* Hier sind beide Bedingungen kumulativ erfüllt. Beim *mittleren Management* (Bereichsleiter) ist eine genauere Analyse nötig: Ein Bereichsleiter, der einen strategisch wichtigen Bereich führt (z.B. Forschung und Entwicklung), ist aufgrund des Einflusses auf den Unternehmenswert in das System einzubin-

Abb. 7/2 Kreis der Berechtigten[a]

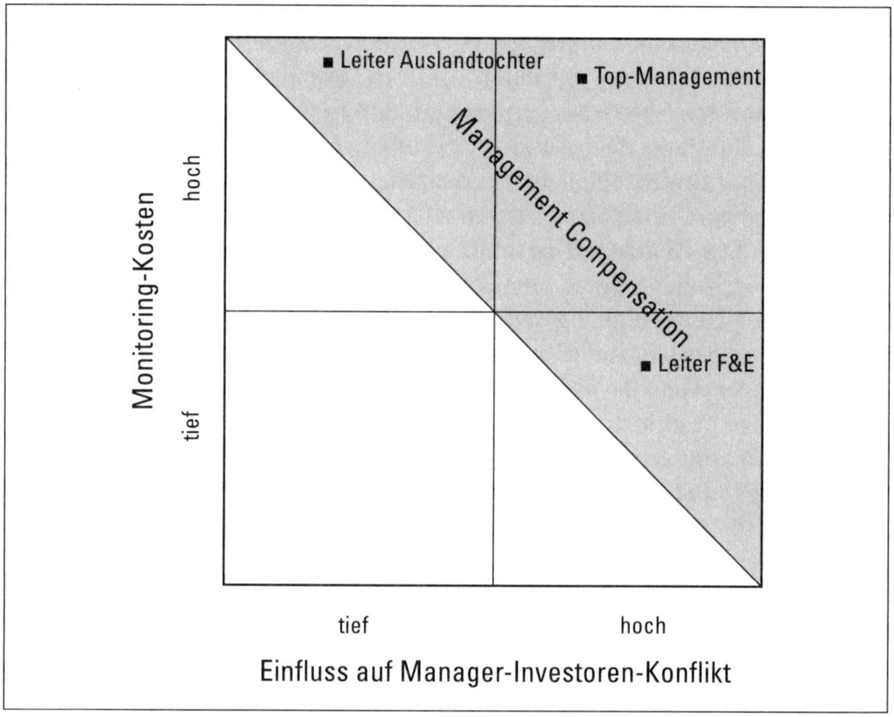


a Quelle: Eigene Darstellung.

den. Ebenso verhält es sich mit dem Manager eines unabhängig geführten Bereichs (z.B. ausländische Tochtergesellschaft); hier ist die Ausübung von Autorität mit hohen Monitoring-Kosten verbunden (◄ Abb. 7/2). Ebenso klar geht aus der obigen Argumentation hervor, dass Mitarbeiter ohne Management-Funktion nicht in ein Entlöhnungssystem der hier besprochenen Art eingebunden werden können.[3]

---

3 Diese Aussage ist nicht als Kritik an den weitverbreiteten Mitarbeiterbeteiligungsprogrammen zu werten. Diese haben sehr wohl ihre Berechtigung, verfolgen aber andere Ziele als die hier zugrundegelegten. Mögliche Ziele sind dabei die Identifikation mit der Unternehmung, Bindung an die Unternehmung oder Fördern des unternehmerischen Denkens und Handels. Vgl. zu breit angelegten Mitarbeiterbeteiligungsprogrammen Weilenmann 1999, S. 233–254.

### 7.2.3 Bemessungsgrundlage

Nachdem der Kreis der Berechtigten festgelegt ist, geht es darum, die optimale Bemessungsgrundlage für die Entrichtung der wertorientierten Entlöhnung festzulegen. Während in diesem Abschnitt der Frage nach der optimalen Bemessungsgrundlage nachgegangen wird, erfolgt im nächsten Abschnitt[4] eine Diskussion darüber, welche Höhe des zugrundegelegten Wertes (Benchmark) vom Management erreicht werden muss, damit eine positive variable Entlöhnung erlangt werden kann.

*Die Frage nach der Grösse,* welche zur Bemessung des variablen Teils der Entlöhnung herangezogen wird, ist eng mit der sog. *Entlöhnungsgerechtigkeit* verbunden. Danach muss die variable Entlöhnung an einen Parameter gekoppelt sein, der auch tatsächlich vom betreffenden Manager beeinflusst werden kann, da sonst die motivatorische Wirkung geschwächt wird. Dieser Zusammenhang wird von der sogenannten *Valenz-Instrumentalitäts-Erwartungs-(VIE-)Theorie* gestützt.[5] Gemäss dieser Theorie ist die Motivation eines Individuums umso höher, je wertvoller es die in Aussicht gestellte Belohnung einschätzt (Valenz), je enger die vorzunehmende Handlung mit der Zielerreichung verknüpft ist *(Instrumentalität)* und je höher die Wahrscheinlichkeit eingeschätzt wird, das Ziel zu erreichen und damit die Belohnung zu erhalten *(Erwartung).*

Vor dem Hintergrund der in Kapitel 6 entwickelten Zusammenhänge ergibt sich der in ▶ Abb. 7/3 dargestellte Zusammenhang zwischen hierarchischer Stufe und Bemessungsgrundlage.

Die Handlungen des *Top Managements* (Geschäftsleitung) haben unmittelbaren Einfluss auf den Aktienkurs der Unternehmung. Dementsprechend müsste die Bemessungsgrundlage für die variable Entlöhnung der Aktienkurs sein.

Auch das *Middle Management* (Bereichsleiter) nimmt Einfluss auf den Aktienkurs, allerdings nur mittelbar über den Wert des von ihm geführten Bereichs. Eine Entlöhnung anhand des Aktienkurses würde das Middle Management gegenüber Einflüssen exponieren, die es selber nicht kontrollieren können. Entsprechend ist das Middle Management anhand von Bereichswertgrössen zu entlöhnen, die mittels Wertrechnungen ermittelt werden.[6] Die Wertermittlungen sind dabei nicht isoliert für die Zwecke der Entlöhnung zu

---

4 Vgl. Abschnitt 7.2.4 auf Seite 177.

5 Vgl. zu klassischen organisationspsychologischen Theorien z.B. Kossbiel 1993, S. 79–103.

6 Vgl. zu Wertrechnungen Abschnitt 6.3 auf Seite 153.

Abb. 7/3 Bemessungsgrundlage[a]

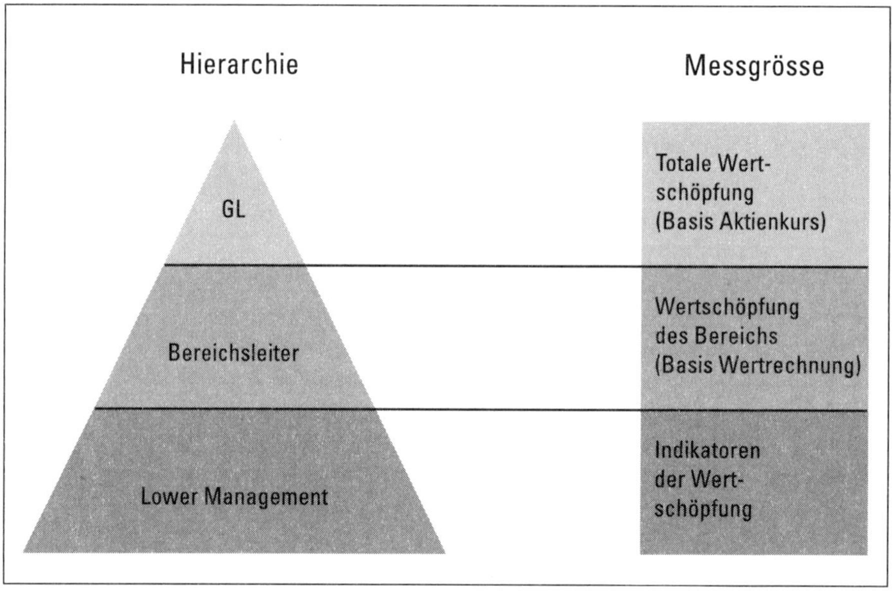


a Quelle: In Anlehnung an Rappaport 1999, S. 99.

erstellen, sondern sind für sämtliche Elemente der wertorientierten Führung nötig.[7] Um Interessenkonflikten in der Ermittlung der Bereichswerte vorzubeugen, ist der Einbezug externer Berater angebracht.

*Manager in Frontbereichen,* sofern sie zum Kreis der Berechtigten gehören, können – in Analogie zum Middle Management – nicht anhand des Bereichswertes entlöhnt werden. Es geht hier darum, die Wertentstehung innerhalb des betreffenden Bereichs zu analysieren. Dafür bietet sich das von *Rappaport 1998 bzw. 1999* entwickelte Konzept des *Value Driver Assessment* an.[8] Ziel dieses Vorgehens ist die Identifikation eines oder mehrerer Value Driver (sog. *Leading Indicators of Value*), welche massgeblichen Einfluss auf die Wertschöpfung des Bereichs haben. Die Entlöhnung des Managements dieser Stufe wird in der Folge an den oder die identifizierten Value Driver geknüpft.

In praktischen Umsetzungen von Management Compensation-Systemen ist zu beobachten, dass die variable Entlöhnung teilweise auch auf der Bemessungsgrundlage der nächsthöheren Stufe beruht. So kann zum Beispiel die Entlöhnung eines Bereichsleiters teilweise an den aktuellen Aktienkurs ge-

7 Vgl. zu den Elementen der wertorientierten Führung Abschnitt 6.2.2 auf Seite 149.

8 Vgl. Rappaport 1998, S. 171–175 und Rappaport 1999, S. 100.

koppelt sein. Die Beurteilung dieser Spielart der Entlöhnung gestaltet sich schwierig, da hier zwei gegenläufige Effekte auftreten. Einerseits wird damit das Denken im Sinne der vorgesetzten Stufe gefördert. Andererseits werden auf diese Weise Faktoren in die Entlöhnung miteinbezogen, welche nicht im Einflussbereich des betroffenen Managers liegen. Zudem wird das Nachvollziehen der Beziehung zwischen eigener Leistung und daraus resultierender Belohnung für den Manager schwieriger und weniger nachvollziehbar.

### 7.2.4 Benchmark

Im letzten Abschnitt wurde behandelt, welche Grössen zur Bemessung des variablen Anteils der Entlöhnung herangezogen werden können. In diesem Abschnitt geht es darum festzulegen, ab welcher Höhe des zugrundegelegten Wertes die variable Entlöhnung des Managers positive Werte annehmen soll.

Aus bewertungstechnischer Sicht geht es dabei auf der Stufe Top Management um das Festlegen des *Ausübungspreises* von zugeteilten Kaderoptionen oder um das Festlegen des *Verkaufspreises* von Kaderaktien. Auf der Stufe Bereichsleiter geht es um die Art und Weise, wie das residuale Einkommen berechnet werden soll.

Es ist die Grundidee des hier vorgestellten Konzepts, dass das Management eine im Vergleich zu einem Benchmark bessere Leistung erbringen muss, um in den Genuss einer positiven variablen Entlöhnung zu gelangen. Damit wird vermieden, dass das Management grosszügig entschädigt wird, während die Aktionäre einen Wertverlust auf ihren Unternehmensanteilen zu verzeichnen haben. ► Abb. 7/4 illustriert die Grundidee im Überblick.

Für die Stufe *Top Management* folgt aus dieser Grundidee direkt, dass bei Optionen der Ausübungspreis an einen breiten Marktindex oder einen schmaleren Branchenindex gekoppelt sein muss. Der Ausübungspreis erhöht (senkt) sich damit bei steigendem (fallendem) Marktindex. Dieses Vorgehen weist mehrere Vorteile auf:

- Das Management wird nur dann mit einer positiven variablen Entlöhnung belohnt, wenn die Wertschöpfung besser als die des Marktes oder der Branche war.
- Externe Markteinflüsse (Zinsniveau, Konjunktur) fliessen nicht in die Entlöhnung ein. Damit bleibt die Anreizwirkung auch in Phasen sinkender Aktienmärkte erhalten.
- Die Volatilität der Entlöhnung wird reduziert. In Anbetracht der *Risikoaversion* des Managements wird auf diese Weise die Effizienz der Entlöhnung gesteigert. Das *Certainty Equivalent* des erwarteten Payoffs einer

Abb. 7/4 Bemessungsgrundlage und Bemessungshöhe[a]

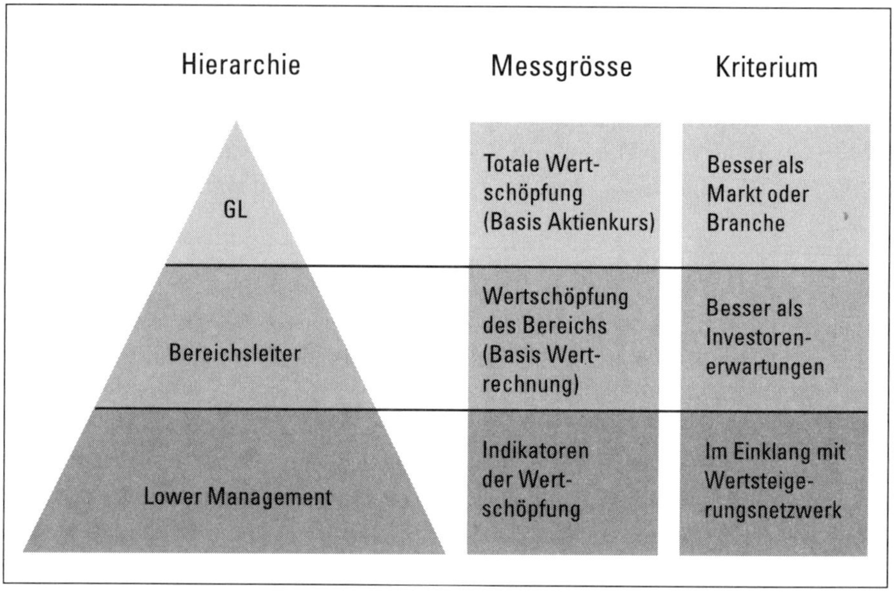


a Quelle: In Anlehnung an Rappaport 1999, S. 99.

indexierten Option liegt höher als das einer nicht indexierten Option. Wie in Abschnitt 4.3.2 auf Seite 94 ausgeführt kann der Effekt beträchtliche Ausmasse annehmen.

- Die Pay-for-Performance-Sensitivität einer im Wert identischen Zuteilung von indexierten Optionen ist höher als für normale Optionen.[9]
- Bei sinkenden Märkten wird der Ausübungspreis automatisch nach unten angepasst. Ein Repricing[10] erübrigt sich damit.

Das Entlöhnen mittels indexierten Optionen weist auch Nachteile auf, die ausschliesslich mit dem regulatorischen Umfeld zusammenhängen.

- Indexierte Optionen werden im amerikanischen und im schweizerischen Steuerumfeld steuerlich nicht begünstigt. Erträge aus indexierten Optionen müssen auf der Seite des Managers als normales Einkommen zum Einkommenssteuersatz versteuert werden.
- Unter amerikanischen Accounting-Regeln ist der Wert abgegebener indexierter Optionen direkt dem aktuellen Ertrag zu belasten. Dies wird oft als

9 Vgl. Abschnitt 4.2.3 auf Seite 89.
10 Vgl. zum Repricing Abschnitt 4.3.3 auf Seite 98.

Nachteil angeführt, führt aber im Kern zu einer Verbesserung der Transparenz für den Investor.[11]

In einer Gesamtbeurteilung überwiegen die Vorteile der indexierten Entlöhnung. Aufgrund des tieferen Wertes einer indexierten Option muss dem Management für einen identischen Wert der zugeteilten Optionen eine höhere Anzahl Optionen zugeteilt werden.[12] Für die Abgabe von Kaderaktien wird entsprechend der Verkaufspreis an den Referenzindex gekoppelt.

Für die Stufe des *Middle Managements* (Bereichsleiter) ist die optimale Ausgestaltung der Entlöhnung mit einigen Herausforderungen behaftet. Grundsätzlich hat die Entlöhnung der Bereichsleiter proportional zum geschaffenen Wertbeitrag zu erfolgen. Es ergeben sich damit die folgenden Schritte:

- *Festlegung des Kapitalkostensatzes*
  Für die Festlegung der Bereichs-Kapitalkostensätze kann auf die bereits vorgestellten Modelle zurückgegriffen werden.[13] Grundsätzlich ist der Kapitalkostensatz im Sinne einer *Hurdle Rate* aufzufassen, welcher der *minimalen Renditeforderung* der Investoren entspricht. Im Rahmen einer Gesamtkapitalbetrachtung *(Entity-Approach)* geht es dabei um die Herleitung von Bereichs-WACC. Dabei sind die folgenden Schritte vorzunehmen:
  - Abschätzen der Bereichsrisiken;
  - Festlegen einer Bereichskapitalstruktur;
  - Festlegen von bereichsbezogenen Eigen- und Fremdkapitalkostensätzen.[14]

  Eine Rendite über der Hurdle Rate generiert Wert für die Unternehmung und führt zur Belohnung des Managements.
- *Festlegung des Invested Capital*
  In Abschnitt 6.4.3 auf Seite 169 wurde auf die Schwierigkeit der Allokation des Gesamtkapitals auf die einzelnen Unternehmensbereiche hingewiesen. Ebenso wurde gezeigt, dass die absolute Höhe der pro Periode resultierenden Wertbeiträge vom gewählten Bestand des investierten Kapitals per Anfang der Planungsperiode abhängt. Eine interessante Alternative zur klas-

11 Vgl. dazu Abschnitt 7.3.3 auf Seite 187.

12 Der Faktor beträgt im Durchschnitt zwischen zwei und drei. Vgl. Rappaport 1999, S. 95.

13 Vgl. Abschnitt 6.4 auf Seite 168.

14 Vgl. Volkart 1999a, S. 200. Vgl. für eine Analyse der aktuellen Praxis in der WACC-Festlegung Suter/Volkart 1998.

sischen Festlegung des investierten Kapitals bietet hier das REVA-Modell, bei welchem das investierte Kapital periodisch dem Marktwert der Unternehmung gleichgesetzt wird.[15] Eine Anpassung an Marktwerte kann im REVA-Modell beispielsweise nach einem Wechsel im Managementteam oder nach grundlegenden Veränderungen in der Struktur der Unternehmung vorgenommen werden. Das REVA-Modell eignet sich damit insbesondere für Unternehmungen, welche sich in einer Phase der Umgestaltung befinden.[16]

- *Plausibilisierung der Parameter*
  Die Festlegung des Kapitalkostensatzes und des Anfangsbestandes an investiertem Kapital weist zahlreiche Interdependenzen auf. In der Folge drängt sich eine *kritische Überprüfung* der festgelegten Parameter anhand der aktuellen Marktbewertung der Unternehmung auf. Diese kann durch eine Unternehmensbewertung anhand eines Residual Income-Konzepts erfolgen.[17] Dazu sind die folgenden Schritte nötig:
  - *Prognostizieren der künftigen ROIC-WACC-Spreads je Unternehmenseinheit.*
    In einer einfachen Variante kann dabei von konstanten, positiven Spreads über eine Laufzeit von zwischen drei und fünf Jahren ausgegangen werden. Sophistiziertere Modelle arbeiten mit exakter prognostizierten Spreads, die aufgrund von Planbilanzen, Planerfolgs- und Mittelflussrechnungen festgelegt werden.[18] Aus der Prognose der ROIC-WACC-Spreads ergeben sich – unter Berücksichtigung des investierten Kapitals – die Wertbeiträge pro Periode.
  - *Ermitteln des Market Value Added und des Wertes je Unternehmenseinheit*
    Die Summe der mit dem WACC diskontierten Wertbeiträge ergibt den Market Value Added. Zählt man diesen zum Anfangsbestand des investierten Kapitals hinzu, ergibt sich der Wert je Unternehmenseinheit.

---

15 Vgl. Bacidore/Boquist/Milbourn/Thakor 1997, S. 15. Damit wird auch die im Rahmen von klassischen Substanzwertbestimmungen schwierige Bewertung des intangiblen Kapitals *(intangible capital)* umgangen. Vgl. zu *intangibles* Labhart 1999, S. 188–196.

16 Wie in ◀ Abb. 6/6 auf Seite 157 dargestellt, bleibt die Veränderung der Wertbeiträge zwischen den einzelnen Perioden unberührt vom Anfangsbestand des Invested Capital.

17 Vgl. zur Unternehmensbewertung auf EVA-Basis Volkart/Labhart/Suter 1998.

18 Durch die Berücksichtigung von bereichspezifischen *Competitive Advantage Periods* (CAP) zur Festlegung der Dauer von positiven Spreads erfährt das Modell eine wertvolle Erweiterung. Vgl. zur Competitive Advantage Period Labhart 1999, S. 140–146.

- *Agreggieren der Einzelwerte zum Unternehmensgesamtwert*
  Aus der Summe der Bereichswerte ergibt sich der Unternehmensgesamtwert. Diesen stellt man der aktuellen Marktbewertung der Unternehmung gegenüber und nimmt allenfalls Anpassungen an den gewählten Parametern vor.

Die Entlöhnung des Bereichsleiters kann nun direkt an den Wertbeitrag des von ihm geführten Bereichs gekoppelt werden. Eine andere Möglichkeit besteht darin, seinen variablen Entlöhnungsanteil wenigstens zum Teil auf der Veränderung der Wertbeiträge zu basieren.[19] Formel (16) zeigt dazu eine mögliche Variante.[20] Eine Erweiterung erfahren beide Varianten, wenn der festgelegte Bonus nicht direkt ausbezahlt, sondern in eine sog. *Bonusbank* einbezahlt werden, von der jährlich ein fixer Prozentsatz ausbezahlt wird.[21] Der jährlich ausbezahlte Bonus wird so geglättet. Die Idee der Bonusbank erlaubt es, die Ausrichtung der Management Compensation langfristiger zu gestalten, indem von einer flussgrössenorientierten, jährlichen Bonuszahlung zu einer an Bestandesgrössen ausgerichteten Entlöhnung übergegangen wird.[22]

$$\text{Bonus} = 0.15 \cdot (RI_t - RI_{t-1}) + 0.05 \cdot RI_t \qquad (16)$$

wobei $RI_t$: Residual Income (Wertbeitrag) im Zeitpunkt t

Die Entlöhnung der unteren Management-Stufen erfolgt anhand der ermittelten massgeblichen *Value Driver*. In Analogie zur Ermittlung des relevanten Kapitalkostensatzes wird auch hier der Schwellenwert ermittelt, welcher für eine positive Wertschöpfung des Bereichs zu erreichen ist. Zusätzlich ist eine Sensitivitätsanalyse hilfreich, welche die Wertschöpfung zu verschiedenen Werten der *Value Driver* in Beziehung setzt. Eine positive variable Entlöhnung der unteren Management-Stufen ist in der Folge an das Erreichen dieses Schwellenwertes geknüpft.

---

19 Wie in ◀ Abb. 6/6 auf Seite 157 gezeigt, sind diese Änderungen der Wertbeiträge vom Anfangsbestand des investierten Kapitals unabhängig. Dieser Problembereich wird damit wenigstens teilweise umgangen. Dies wird mit dem Nachteil erkauft, dass die aktuelle Höhe der variablen Entlöhnung zum Teil auf der Performance vergangener Jahren beruht. Vgl. dazu Abschnitt 6.3.4 auf Seite 160.

20 Vgl. Hostettler 1997, S. 307.

21 Vgl. zur Bonusbank Hostettler 1997, S. 308–311.

22 Zusätzlich kann die Bindung des Managers an die Unternehmung gesteigert werden, indem vertraglich abgemacht wird, dass der Bestand der Bonusbank bei einer Kündigung wertlos verfällt. Vgl. Hostettler 1997, S. 310.

### 7.2.5 Höhe des variablen Anteils

Die Festlegung der Höhe des variablen im Verhältnis zum fixen Teil der Entlöhnung ist eine Kernfrage in der Gestaltung der Management Compensation. Dabei sind verschiedene Faktoren zu berücksichtigen.

- Durch die Risikoaversion des Managements nimmt der Nutzen der totalen Entlöhnung mit steigendem variablen Anteil ab.[23] Die Risikoaversion ist dabei wieder von einer Vielzahl von Faktoren abhängig, wie z.B. Alter, Vermögenssituation oder Liquiditätsbedürfnis.[24]
- Nicht zu unterschätzen ist die Konkurrenzsituation zwischen einzelnen Unternehmen, welche sich im Markt für die nur beschränkt verfügbare Ressource Managementfähigkeiten gegenüberstehen. Neben der absoluten Höhe der Entlöhnung spielt dabei auch der Anteil der variablen Entlöhnung eine Rolle, nicht zuletzt auch aus steuerlichen Gründen.[25] Für die Festlegung von Entlöhnungspaketen werden oft externe Berater beigezogen, welche die aktuelle Marktsituation überblicken. Dies führt zu einer Angleichung der im Markt beobachteten Entlöhnungssysteme. In einem internationalen Vergleich sind die Unterschiede aber dennoch beträchtlich (▶ Abb. 7/5).

Die Risikoaversion des Managements legt es daher nahe, den variablen Teil der Entlöhnung nicht zu hoch festzulegen. Die Indexierung der variablen Entlöhnung an Markt- oder Branchenindizes reduziert allerdings das Entlöhnungsrisiko. Dementsprechend kann der variable Anteil im Vergleich zur nicht indexierten Variante erhöht werden. Ein Anteil der variablen Entlöhnung von zwischen 30 und 50% erscheint dabei angebracht.

Es erscheint dabei sinnvoll, den variablen Anteil mit steigender Hierarchiestufe zu erhöhen. Dies kann mit einer sinkenden Risikoaversion auf höheren Hierarchiestufen begründet werden. Manager höherer Hierarchiestufen wei-

---

23 Durch die gängige Praxis des *Repricing* wird in der aktuellen Entlöhnungspraxis allerdings ein hoher Teil des Risikos für den Manager eliminiert. Vgl. zum Repricing Abschnitt 4.3.3 auf Seite 98.

24 Vgl. zur Risikoaversion des Managements Abschnitt 3.3.3 auf Seite 64 und Abschnitt 4.3.2 auf Seite 94. Das Liquiditätsbedürfnis einer Person ist abhängig von der aktuellen Lebensphase: Tendenziell ist es in jungen Jahren grösser als in späteren Lebensphasen (z.B. Familiengründung, Erwerb von Wohneigentum).

25 Im aktuellen steuerlichen Umfeld in der Schweiz werden Kaderoptionen bei Zuteilung besteuert. Die Besteuerung erfolgt dabei mit einem Diskont. Der bei Ausübung realisierte Erlös unterliegt als Kapitalgewinn keiner Besteuerung. Vgl. Abschnitt 4.4.2 auf Seite 109.

Abb. 7/5 Anteil der variablen Entlöhnung in Prozenten des fixen Gehalts[a]

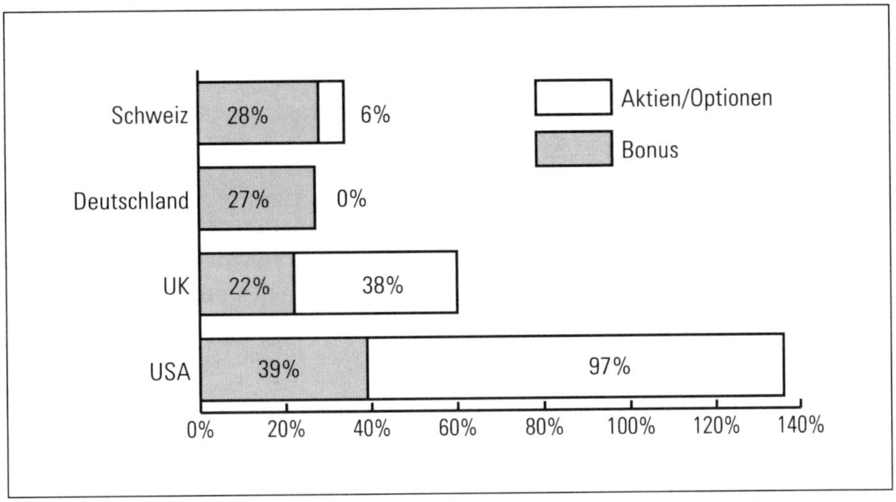


a Quelle: Towers Perrin 1998, S. 22. Die Erhebung bezieht sich auf die Stufe Geschäftsleitung und CEO.

sen im Durchschnitt ein höheres Vermögen, ein höheres (fixes) Einkommen und tendenziell auch ein höheres Alter auf.

Das Ausrichten an den Strukturen (Anteil fix, Anteil variabel) der Entlöhnungsschemata anderer Unternehmen aufgrund von Wettbewerbsüberlegungen ist nicht sinnvoll. Entscheidendes Kriterium für den Manager ist dabei der subjektiv empfundene Wert des *gesamten* Entlöhnungspakets. Dabei wird er – entsprechend der Risikoaversion – das Risiko des variablen Entlöhnungsteils zu berücksichtigen.

## 7.3 Handlungsempfehlungen zur Corporate Governance

### 7.3.1 Grundsätzliches

Wie in Kapitel 5 ab Seite 115 dargestellt, umfasst die Corporate Governance neben marktmässigen auch interne und politische Mechanismen. Im Rahmen des in diesem Kapitel präsentierten Konzepts wird ausschliesslich auf Möglichkeiten eingegangen, welche der einzelnen Unternehmung offenstehen. Die politischen Mechanismen, welche gesamtwirtschaftliche Auswirkungen haben, werden an dieser Stelle nicht weiter behandelt.

Das Konzept fokussiert damit auf zwei Aspekte der Corporate Governance. Einerseits werden Massnahmen vorgestellt, welche dazu beitragen, die *in-*

*terne Überwachung durch den Verwaltungsrat* zu verbessern. Andererseits werden Anhaltspunkte gegeben, wie durch Transparenz die *effiziente Funktionsweise der Märkte* unterstützt werden kann.

### 7.3.2 Verbesserung der internen Überwachung

Der Verwaltungsrat ist das Bindeglied zwischen den Eigentümern und den Managern einer Unternehmung. Die Eigenschaften eines optimalen, eigentümerorientierten Verwaltungsrates sind breit diskutiert worden.[26] Die Diskussion im Rahmen dieses Konzepts erfolgt anhand der in ▶ Abb. 7/6 illustrierten Punkte.

- *Grösse*
  Bezüglich der Grösse des Verwaltungsrates nennt Jensen 1993 eine optimale Grösse von zwischen sieben und acht Verwaltungsräten.[27] Nach Ansicht des Verfassers ist das Beschränken der Analyse auf absolute Zahlen – obschon empirisch ein Zusammenhang zwischen Unternehmenswert und VR-Grösse festgestellt wurde[28] – nicht opportun. Grösseres Gewicht ist der Zusammensetzung der Verwaltungsrates und den weiteren, nachfolgend besprochenen Punkten beizumessen.
- *Zusammensetzung*
  Der Verwaltungsrat hat von der Geschäftsleitung unabhängig zu sein. Dies bedingt, dass die Mehrheit der Verwaltungsräte weder der Geschäftsleitung angehören, noch mit der Unternehmung auf eine andere Weise verbunden sind – sei es als externer Berater, als Lieferant oder als bedeutender Kunde. Einzelne Verwaltungsratsausschüsse müssen – aus Gründen der Unabhängigkeit – ausschliesslich mit externen Verwaltungsräten besetzt sein. Darunter fallen namentlich der *Entlöhnungsausschuss*, das *Audit Committee* oder das *Nomination Committee*, das sich mit der Selektion neuer Verwaltungsräte befasst. Eine Begrenzung der maximalen Anzahl an Verwaltungsratsmandaten[29] erscheint in Anbetracht der nicht quantifizierbaren zeitlichen Belastung, die aus einem Mandat erwächst, nicht opportun; die Offenlegung der weiteren Mandate ist aus Gründen der Transparenz und möglicher Interessenkonflikte zwingend.

---

26 Vgl. Abschnitt 5.3.2 auf Seite 129 und die dort angeführten Quellen.

27 Vgl. Jensen 1993, S. 854.

28 Vgl. Yermack 1996a.

29 In Deutschland ist die Anzahl Aufsichtsratsmandate auf zehn begrenzt, wobei das Präsidium seit dem 5.3.1998 doppelt gewichtet wird. Vgl. § 100 Abs. 2 Aktiengesetz.

Abb. 7/6 Beurteilungskriterien Verwaltungsrat[a]

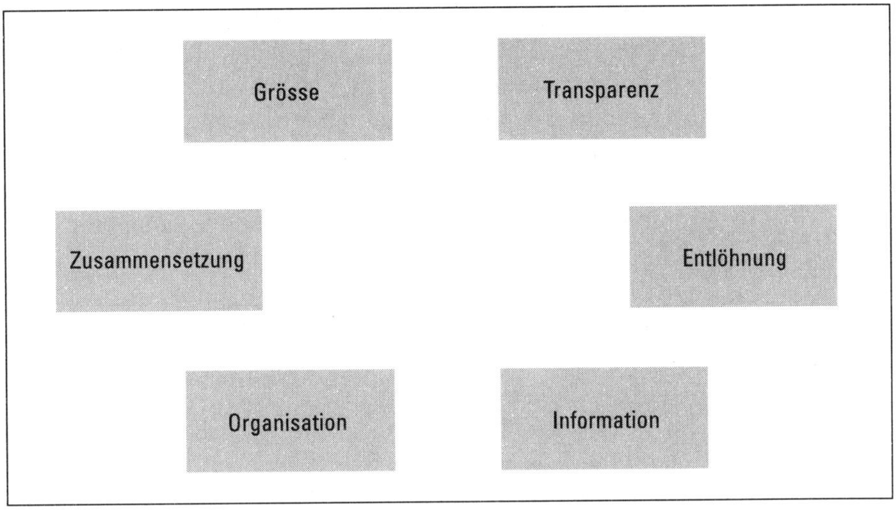


a Quelle: Eigene Darstellung.

- *Organisation*
  Das Vorschreiben einer festen Anzahl von Pflichtsitzungen pro Jahr erleichtert die Organisation, erscheint aber nicht zwingend.[30] Akademische Beiträge bezeichnen zwar die fehlende Zeit der externen Verwaltungsräte als Determinante für die mangelnde Effizienz von Verwaltungsratsgremien.[31] Höhere Sitzungsrhythmen würden hier Abhilfe schaffen. Diesem Argument ist entgegenzuhalten, dass die Überwachungsintensität durch den Verwaltungsrat der jeweiligen Unternehmenssituation angepasst sein muss. *Jensen 1993* vertritt dabei die Ansicht, dass dem Verwaltungsrat eine eher reaktive Rolle zukommen sollte. Der VR soll damit primär in Krisensituationen zum Zuge kommen.[32,33]
  Für die Effizienz der Verwaltungsratsgremiums wichtiger ist die Bildung von kleinen, schlagkräftigen Verwaltungsratsausschüssen, welchen spezifische Aufgaben zugeteilt werden. Im Rahmen der hier behandelten Problematik sind folgende Ausschüsse vorzusehen.

30 In Deutschland hat der Aufsichtsrat von kotierten Unternehmen mindestens viermal pro Jahr zusammenzutreffen. Vgl. § 110 Abs. 3 Aktiengesetz.

31 Vgl. Vafeas 1999, S. 114 und die dort zitierten Quellen.

32 Vgl. Jensen 1993, S. 114.

33 Eine Studie von Vafeas 1999 bestätigt diese Hypothese. Er weist nach, dass die VR-Aktivität (gemessen an der Sitzungsfrequenz) nach Wertverlusten im Aktienkurs zunimmt. In der Folge verbessert sich die Performance statistisch signifikant. Vgl. Vafeas 1999, S. 140.

  - *Entlöhnungsausschuss*
    Der Entlöhnungsausschuss *(Compensation Committee)* beschliesst die Gestaltung der Entlöhnung des Managements der Unternehmung.[34] Er besteht zwingend aus unabhängigen Verwaltungsräten. Die Entlöhnungsstrukturen sind den Eigentümern offenzulegen.
  - *Nomination Committee*
    Das Nomination Committee hat die Aufgabe, neue Verwaltungsräte zu evaluieren, zu selektieren und der Generalversammlung zur Wahl vorzuschlagen.
  - *Audit Committee*[35]
    Das Audit Committee steht – als vom Management unabhängige Instanz – über der internen und der externen Revision und koordiniert diese.
  - *Review Committee*
    Dem Review Committee obliegt die Aufgabe, Zusammensetzung und Organisation des Verwaltungsrates in Bezug auf Zweckmässigkeit und Effizienz zu überprüfen. Es besteht zwingend aus unabhängigen Verwaltungsräten. Bei Bedarf zieht es externe Berater zur Beurteilung der aktuellen Struktur bei. Das Review Committee überprüft auch die Einhaltung des Corporate Governance-Leitbildes.
- *Information*
  Der Verwaltungsrat hat über die für die zu treffenden Entscheide notwendigen Informationen zu verfügen. Die benötigten Informationen müssen zeitgerecht zur Verfügung stehen. Idealerweise verfügt der Verwaltungsrat über einen Verwaltungsratssekretär, dem die Informationsbeschaffung und -aufbereitung zufällt.
- *Entlöhnung*
  Analog der Entlöhnung des Managements[36] ist auch der Verwaltungsrat als Vertreter der Eigentümer mit bedeutendem Gewicht mit Eigenkapitalinstrumenten der eigenen Unternehmung zu entlöhnen. Auch hier kann die Entlöhnung mittels branchen- oder marktindexierter Optionen erfolgen.
- *Transparenz*
  Die Struktur und Organisation des Verwaltungsrates muss für Aussenstehende transparent sein. Namentlich ist auf mögliche Interessenkonflikte von Mitgliedern des Verwaltungsrats hinzuweisen, beispielsweise durch die Auflistung der in anderen Unternehmen besetzten Verwaltungsratsmandate. Analog der Transparenz der Managemententlöhnung ist auch die Entlöh-

---

34 Vgl. Abschnitt 7.2 auf Seite 172.
35 Vgl. zum Audit Committee Helbling 1992, S. 496/497.
36 Vgl. Abschnitt 7.2 auf Seite 172.

nung des Verwaltungsrates offenzulegen (Gesamtlohnsumme und Anzahl bzw. Wert der in der Berichtsperiode zugeteilten Aktien und Optionen). Das Verfahren zur Selektion neuer Verwaltungsräte muss offengelegt werden.

### 7.3.3 Verbesserung der Marktmechanismen

In diesem Abschnitt wird davon ausgegangen, dass die Preisbildung in den Märkten – gegeben die verfügbaren Informationen – auf eine effiziente Weise erfolgt. Es geht in der Folge darum, die Investoren mit jenen Informationen zu bedienen, die ihnen die korrekte Einschätzung der Unternehmen ermöglichen. Dies sind *einerseits* Informationen, welche eine Beurteilung der Anreize des Managements und der Überwachung durch den Verwaltungsrat zulassen. *Andererseits* sind es Informationen, welche eine Einschätzung der Qualität der aktuellen Ertragssituation und künftiger möglicher Kapitalverwässerungen erlauben.

Im Bereich *Management Compensation* sind beide Punkte – Anreiz- bzw. Überwachungstransparenz und richtiges Einschätzen der Ertragslage – angesprochen.

- *Transparenz*
  Die finanziellen Anreize des Managements müssen den Investoren bekannt sein. Dies bedingt Information zu den folgenden Punkten:
  - Stellungnahme des Compensation Committees zum Entlöhnungskonzept;
  - Zahl, Ausübungspreis und Laufzeit der im Berichtsjahr total abgegebenen Kaderoptionen und Zahl der im Berichtsjahr total abgegebenen Kaderaktien;
  - Richtlinien zum Repricing von Kaderoptionen (Herabsetzung des Ausübungspreises)[37];
  - Informationen zu erfolgten Repricings;
- *Accounting von Options- und Aktienplänen*
  Die Auswirkungen der wertorientierten Entlöhnung auf die aktuelle und die künftige Ertragssituation müssen aus der Jahresrechnung ersichtlich sein. Grundsätzlich sind drei Varianten denkbar:
  - Keine Berücksichtigung in der laufenden Erfolgsrechnung mit Ausweis der erwarteten künftigen Kapitalverwässerung.

---

37 Unter Repricing versteht man die Herabsetzung des Ausübungspreises einer Kaderoption als Reaktion auf einen Kurssturz an der Börse. Vgl. zum Repricing Abschnitt 4.3.3 auf Seite 98.

- Pro-forma-Berücksichtigung[38] in der laufenden Erfolgsrechnung bei der *Zuteilung* der Eigenkapitalinstrumente. Der Wert der abgegebenen Aktien und Optionen muss anhand eines Bewertungsmodells spezifiziert werden. Aufgrund der speziellen Charakteristika von Kaderoptionen (Sperrfrist, vielfach vorzeitige Ausübung aus Liquiditäts- und Risikoüberlegungen) überschätzt das klassische Optionsbewertungsmodell nach Black/Scholes den Wert der Kaderoptionen.[39]
- Falls die Entlöhnung nicht mittels Zuteilung von Eigenkapitalinstrumenten erfolgt, sondern der jährlich auszubezahlende Wert mittels einer Schattenrechnung ermittelt wird,[40] wird der jährlich *ausbezahlte* Betrag direkt dem Personalaufwand belastet und fliesst so direkt in den ausgewiesenen Gewinn ein.[41]

Im Bereich *Corporate Governance* geht es ausschliesslich um den Faktor Transparenz. Investoren berücksichtigen in der Bewertung einer Unternehmung die Unsicherheit bezüglich der Bewertungsparameter im Kapitalkostensatz. Eine Reduktion dieser Unsicherheit führt – ceteris paribus – zu einer Reduktion der Kapitalkosten und damit zu einer Höherbewertung der Unternehmung.[42] Die Diskussion der hier denkbaren Massnahmen erfolgt zweigeteilt. *Zum einen* wird auf die Wichtigkeit der Kommunikation der im Bereich Corporate Governance getroffenen Vorkehrungen hingewiesen. *Zum anderen* erfolgt aufgrund der Wichtigkeit der Thematik die Darstellung der wertorientierten Kommunikation *(Value Reporting).*

- *Corporate Governance-Leitbild*
  Das Corporate Governance-Leitbild[43] ist das Bekenntnis der Unternehmung zu angemessenen Überwachungsstrukturen. Es umfasst eine Auswahl der in Kapitel 5 angesprochenen Governance-Mechanismen[44] und die

38 In der Erfolgsrechnung wird der Gewinn, der sich nach Abzug des Wertes der im laufenden Geschäftsjahr zugeteilten Eigenkapitalinstrumtente ergibt, in einer Fussnote ausgewiesen. Diese Variante wird vom FASB vorgeschrieben. Vgl. Abschnitt 4.4.3 auf Seite 110.

39 Vgl. Carpenter 1999.

40 Diese Variante ist bei der Anwendung von Wertrechnungsmodellen zwingend.

41 Berkshire Hathaway bevorzugt diese Variante. Die Argumentation ist zwingend und logisch: «If options aren't a form of compensation, what are they? If compensation isn't an expense, what is it? And, if expenses shouldn't go into the calculation of earnings, where in the world should they go?» Berkshire Hathaway 1998, S. 14.

42 Vgl. zu dieser Argumentation Labhart 1999, S. 71.

43 Vgl. zu möglichen Lösungen Abschnitt 5.4.4 auf Seite 141.

44 Vgl. Abschnitt 5.3 auf Seite 123.

Beschreibung der Massnahmen, welche die Unternehmung im jeweiligen Bereich getroffen hat.

- *Wertorientiertes Reporting (Value Reporting)*
  Ein Teil der Massnahmen im Bereich Corporate Governance ist die wertorientierte Kommunikation zum Investor. Im Gegensatz zu den anderen Massnahmen ist *Value Reporting* stets im Spannungsfeld zwischen transparenter Kommunikation und dem Wahren von Wettbewerbsvorteilen zu sehen. Value Reporting umfasst dabei neben quantitativer, prospektiver Information vor allem auch qualitative Informationen. Die zu veröffentlichenden Informationen können nach dem Konzept von *Labhart 1999* selektiert werden.[45]

## 7.4 Hinweise zur Implementierung

### 7.4.1 Grundsätzliches

In den vorangehenden Abschnitten wurden Massnahmen präsentiert, welche in der Lage sind, den Konflikt zwischen Management und Investoren effizient zu reduzieren. In diesem Abschnitt soll auf Implementierungsaspekte eingegangen werden. Die Einführung wertorientierter Entlöhnung wird entlang eines Prozesses dargestellt.

Typischerweise spielt sich eine Implementierung in vier Phasen ab (▶ Abb. 7/7).

Abb. 7/7 Implementierungsprozess[a]

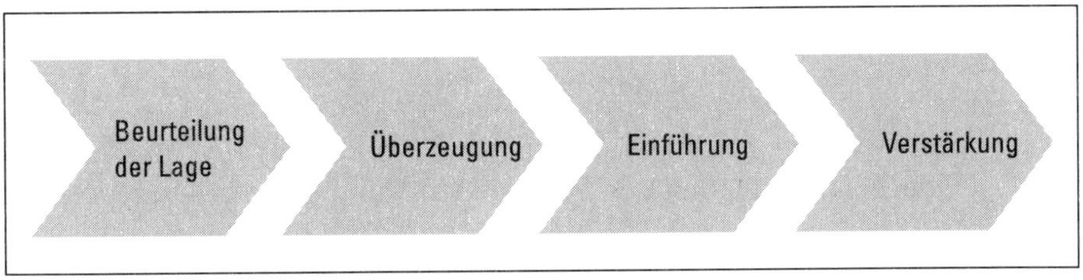


a Quelle: In Anlehnung an Rappaport 1998, S. 165.

45 Vgl. Labhart 1999, S. 230.

### 7.4.2 Beurteilung der Lage

Der Bedarf nach wertorientierter Entlöhnung ist nicht in allen Unternehmen gleich ausgeprägt. Im Sinne einer Beurteilung der Lage ist die betreffende Unternehmung anhand der folgenden Kriterien zu analysieren. In Kapitel 3 wurde die Position und die Anreize des Managements analysiert. Es wurde gezeigt, dass

- in *Growth Firms* mit hohem Anteil an Wachstumsoptionen im Portefeuille der Investitionsmöglichkeiten der Agency-Konflikt zwischen Management und Investor stärker ausgeprägt ist als in *Non-Growth Firms;*[46]
- *diversifizierte Unternehmensgruppen* oft mit dem Ziel der Maximierung der Managerial Welfare geschaffen werden;[47]
- *Fremdkapital* in der Lage ist, mögliche Agency-Konflikte zwischen Management und Investoren zu entschärfen;[48]
- das Ausschütten von *Dividenden* den für das Management verfügbaren *Free Cash-flow* reduziert.[49]

In Kapitel 5 wurde das Corporate Governance-Umfeld einer Unternehmung analysiert. Es wurde gezeigt, dass

- die Bedeutung der Corporate Governance in reifen, nicht-kompetitiven Produktmärkten am grössten ist;[50]
- ein hoher Anteil an institutionellen Anlegern im Aktionariat die Überwachung des Managements verbessern kann;[51]
- ein effizienter Verwaltungsrat (Grösse, Zusammensetzung) die Corporate Governance verbessern kann;[52]
- wertorientierte Kommunikation zum Investor *(Value Reporting)* in der Lage ist, die Informationsasymmetrie zwischen Management und Investoren wirkungsvoll zu reduzieren.[53]

Anhand der genannten Kriterien ist es möglich, eine qualitative Beurteilung der Anreizsituation des Managements und des *Corporate Governance-Um-*

---

46 Vgl. Abschnitt 3.4.1.3 auf Seite 71f.
47 Vgl. Abschnitt 3.4.2 auf Seite 73.
48 Vgl. Abschnitt 3.4.3 auf Seite 74.
49 Vgl. Abschnitt 3.4.4 auf Seite 78.
50 Vgl. Abschnitt 5.2.4 und ◄ Abb. 5/3 auf Seite 123.
51 Vgl. Abschnitt 5.3.1.2 auf Seite 124.
52 Vgl. Abschnitt 5.3.2 auf Seite 129.
53 Vgl. Abschnitt 5.3.5 auf Seite 133.

Abb. 7/8 Corporate Governance-Situation einer Unternehmung[a]

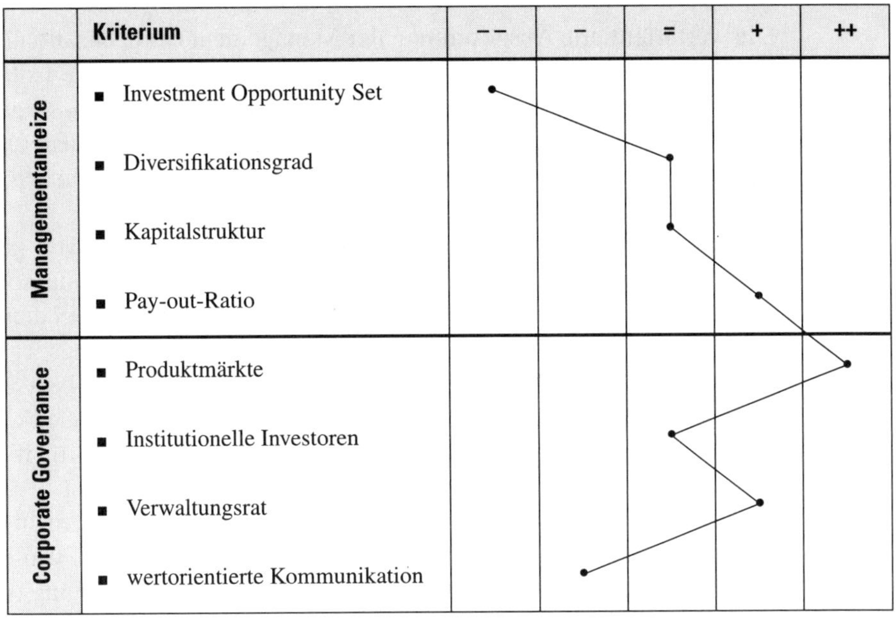


a Quelle: Eigene Darstellung.

*felds* der Unternehmung vorzunehmen. Tendenziell ist die wertorientierte Entlöhnung in Unternehmen mit schlechten Governance-Mechanismen und adversen Managementanreizen nötiger als in Unternehmen mit funktionierenden Überwachungsmechanismen. ◂ Abb. 7/8 zeigt eine mögliche Visualisierungsform für die qualitative Beurteilung der aktuellen Corporate Governance-Situation.

Dieses Vorgehen – obschon qualitativ – hat gegenüber quantitativen Beurteilungen den Vorteil, dass die verschiedenen Mechanismen der Corporate Governance analysiert werden, und nicht nur das von diesen Mechanismen produzierte Resultat.[54] Allenfalls ist die qualitative Beurteilung mit quantitativen Auswertungen zu ergänzen.

Aus der Beurteilung der Lage wird eine Liste der zu treffenden Massnahmen abgeleitet. Die Priorisierung der Massnahmen wird dabei primär anhand der Beurteilung der zwei Dimensionen *Kosten* (monetär, Zeit) und *Wirkung* (im Sinne der Zielerreichung) vorgenommen werden. Eine weitere Dimension ist die *Einfachheit* und die *Verständlichkeit* der zu treffenden Massnahmen.

54 Vgl. für das mögliche Vorgehen zur quantitativen Erfassung der Effizienz der Corporate Governance Abschnitt 5.2.4 auf Seite 119f. und Macey 1998.

### 7.4.3 Die Phase der Überzeugung

Die wertorientierte Ausgestaltung der Management Compensation ist stets im Kontext der wertorientierten Unternehmensführung[55] und nie isoliert zu betrachten. Wertorientierte Führung verlangt die Schaffung eines *umfassenden Wertbewusstseins* auf allen Stufen der Unternehmung. Dies wiederum bedingt Verständnis und Know-how der Führungskräfte in allen Bereichen des *Value Based Managements,* prioritär im Bereich der Wertmessung.

Dies ist speziell im Bereich Management Compensation von grosser Bedeutung. *Hall 1998* hat verschiedene Interviews mit Entlöhnungsspezialisten, aber auch mit CEOs durchgeführt und dabei festgestellt, dass in diesem Punkt noch Nachholbedarf besteht. «One of the most striking findings was the view that many CEOs and directors found stock option valuation to be a ‹black box› that they did not understand well. (...) In particular, there seemed to be a bias toward valuing options according what they would be worth if exercised today. As a result many viewed at the money options or out of the money options as near worthless.»[56] Die *Wirksamkeit* der Management Compensation steht und fällt mit dem Verständnis des Managements, wie eine Wertveränderung der Unternehmung den Wert der eigenen Entlöhnung beeinflusst. Die Einführung eines Management Compensation-Systems muss in der Folge von entsprechenden *Schulungsmassnahmen* begleitet sein. Am Schluss der Überzeugungsphase muss das Management von der Notwendigkeit der Management Compensation überzeugt sein.[57]

### 7.4.4 Die Phase der Einführung

Die Einführung eines wertorientiert ausgestalteten Management Compensation-Systems darf nie als isolierte Massnahme betrachtet werden, sondern hat eingebettet in den Rahmen der wertorientierten Unternehmensführung zu erfolgen. Es macht keinen Sinn, die Entlöhnung anhand von wertorientierten Kriterien zu gestalten, wenn die Planung, die Ressourcenzuweisung oder die Performancemessung nach klassischem Muster erfolgen.[58]

---

55 Vgl. zur wertorientierten Unternehmensführung Abschnitt 6.2.2 auf Seite 149 und insbesondere ◄ Abb. 6/2 auf Seite 150.

56 Hall 1998, S. 32.

57 Dieser Schulungsbedarf dürfte auch im Verwaltungsrat vorhanden sein. «Yet such financial expertise is generally lacking on today's boards. Consequently, board (and management) often fail to understand why long-run market value maximization is generally the privately and socially optimal corporate objective.» Jensen 1993, S. 864.

58 Vgl. Abschnitt 6.2.2 auf Seite 149.

Ein kritischer Punkt ist die Wahl des richtigen Zeitpunkts der Einführung. Es läge nahe, diese in Phasen von externem Druck zu vollziehen. Der externe Druck kann z.B. durch schlechte Performance oder durch Veränderungen im Umfeld der Unternehmung resultieren. Es ist dabei allerdings zu beachten, dass das Management und der Verwaltungsrat in dieser Phase durch andere, primär reaktiv ausgerichtete Tätigkeiten absorbiert ist. Idealerweise wird mit der Einführung nicht zugewartet, bis der äussere Druck eine solche verlangt.[59] Dies setzt eine kritische Beurteilung der Zukunft voraus, verbunden mit dem Willen, diese proaktiv zu gestalten. Damit wird vermieden, die Einführung in einem ungünstigen Zeitpunkt vornehmen zu müssen.

Der *Zeitpunkt* der Einführung ist nicht mit der *Dauer* der Einführung zu verwechseln. Während die der Einführung vorangehende Phasen der Beurteilung der Lage und der Überzeugung nicht zeitkritisch sind, ist die Einführung der wertorientierten Führung zügig an die Hand zu nehmen. Allenfalls ist eine gestaffelte Einführung denkbar. In einer ersten Phase werden wertorientierte Kriterien für die strategische Planung, Ressourcenzuweiseung und Performancemessung eingeführt. Die Einführung der wertorientierten Entlöhnung kann dann zeitlich nachgelagert in einer zweiten Phase erfolgen.[60]

Entsprechend Abschnitt 7.3.3 auf Seite 187 ist die Einführung an die Märkte zu kommunizieren.

### 7.4.5 Die Phase der Festigung

Nach der Einführung der Wertorientierung im allgemeinen und der der wertorientiert ausgestalteten Mangement Compensation im speziellen ist der Prozess nicht abgeschlossen. Es geht nun darum, die *Wirksamkeit* der getroffenen Massnahmen einer periodischen Überprüfung zu unterziehen. Dies ist besonders in einem sich rasch verändernden Unternehmensumfeld – Produktmärkte und Kapitalmärkte – von entscheidender Bedeutung.

Als mögliches Instrument bietet sich die in Abschnitt 7.4.2 auf Seite 190 vorgestellte Beurteilung der aktuellen Lage an. Diese Neubeurteilung kann nicht Aufgabe des Managements sein, sondern ist klar dem Verwaltungsrat zuzuweisen. Auch in dieser Phase gewährleistet externe Beratung Unabhängigkeit und fachliche Kompetenz.

---

59 Vgl. Rappaport 1998, S. 166.

60 Dieses Vorgehen wird von Rappaport vorgeschlagen. Vgl. Rappaport 1998, S. 169–177 und S. 178–179.

*Kapitel 8*

# *Zusammenfassung, Schlussfolgerungen und Ausblick*

## 8.1 Zusammenfassung

Die vorliegende Arbeit ist in drei Teile gegliedert. In einem *ersten Teil* wurden die theoretischen Grundlagen zur Management Compensation präsentiert, die Anreize des Managements zur Maximierung der eigenen Wohlfahrt *(Managerial Welfare Maximization)* analysiert und die Auswirkungen auf Kernbereiche der Corporate Finance dargestellt. Der *zweite Teil* der Arbeit widmete sich den konkreten Funktionsweisen der *Corporate Governance* und der *Management Compensation*. Im *dritten Teil* wurden Handlungsempfehlungen zur Lösung des Manager-Investoren-Konfliktes entwickelt. Ein eigenes Kapitel ist den dabei auftretenden Bewertungsfragen gewidmet.

Ein Anreizsystem hat die *Aufgabe,* die Handlungen des Managements in Bahnen zu lenken, welche den Interessen der Eigentümer entsprechen. Damit sind die drei Bereiche *Motivation* (Aktivitätsniveau des Managers), *Risiko* (Übernahme von Risiko, falls entsprechend entschädigt) und *effizienter Ressourceneinsatz* angesprochen. Das Management ist grundsätzlich zwei Kategorien von Anreizen ausgesetzt: Einerseits der *Aussicht auf Beförderung* (promotion-based incentive), andererseits der *leistungsorientierten Entlöhnung* (Pay-for-Performance incentive). Die *Beförderungspolitik* einer Unternehmung hat zwei Ziele zu erfüllen: Zum einen sollen die Mitarbeiter zu hoher Leistung motiviert werden *(motivation),* zum anderen geht es darum, sämtliche Positionen in der Unternehmenshierarchie mit geeigneten Personen zu besetzen *(matching)*. Es kann nun gezeigt werden, dass die gleichzeitige Erfüllung beider Ansprüche Schwierigkeiten bereitet. Beförderungsbasierte Anreize sind damit nur beschränkt geeignet, das Management zu einem Verhalten im Sinne des Aktionärs anzuhalten. Im Gegensatz dazu kann die *leistungsorientierte Entlöhnung* in allen drei angesprochenen Bereichen Anreiz bieten. Es ist dabei festzuhalten, dass die *Motivation* in der engen Population Management nicht ein Problem erster Ordnung darstellt. Deutlich wichtiger erscheinen die Bereiche *Risiko* und *Ressourceneinsatz*.

Die *Neoklassische Theorie* der Unternehmung ist nicht in der Lage, einen Beitrag zu der hier besprochenen Problematik zu leisten. Der Konflikt zwischen Management und Investoren basiert gerade auf Konstellationen, welche die Neoklassische Theorie ausklammert. Geeigneter erscheint die *Neue Institutionenökonomik*. Ihr liegt eine kontraktbezogene Sichtweise der Unternehmung zugrunde, die hier sehr geeignet erscheint. Die Analyse des Konflikts zwischen Management und Investoren erfolgt in der gesamten Arbeit jeweils unter zwei Aspekten: Mittels der *Prinzipal-Agenten-Theorie* kann die vertragliche Beziehung zwischen Management und Investoren analysiert werden. Im hier behandelten Kontext ist vor allem der Situation des *moral hazard* Beachtung zu schenken. Daraus können Anhaltspunkte zu einer optimalen Vertragsgestaltung abgeleitet werden. Diese Sichtweise beleuchtet den Vertragsabschluss *ex ante*. Die *Transaktionskostentheorie,* dabei inbesondere die daraus hervorgegangene *Theorie der inkompletten Kontrakte,* zeigt, dass der Abschluss von vollständigen, alle künftigen Ereignisse abdeckenden Kontrakten aufgrund von Transaktionskosten nicht eine optimale Lösung darstellt. Gesucht sind damit Mechanismen, welche die vertraglichen Lücken schliessen können und als eigentliches Substitut zum Vertrag wirken. Überwachungsmechanismen *(Corporate Governance)* können diese Funktion erfüllen. Diese Sichtweise behandelt die Phase nach der eigentlichen Vertragsgestaltung mit dem Management (*Ex-post*-Sichtweise).

Die *Prinzipal-Agenten-Theorie* und die *Transaktionskostentheorie* basieren auf einem spezifischen Modell des menschlichen Verhaltens. Trotz terminologischen Differenzen sind die Verhaltensmodelle beider Theorien weitgehend identisch. Das menschliche Verhalten ist von *Opportunismus* und *Rationalität* geprägt. Bezogen auf den Fall des Managements spricht man in diesem Zusammenhang von der *«Managerial Welfare Maximization»*. Die Managerial Welfare besteht dabei aus den Komponenten *Maximierung der Entlöhnung, Maximierung der Handlungsfreiheit* und *Minimierung des persönlichen Risikos.* Die *Managerial Welfare Maximization* und die im Interesse der Eigentümer liegende Maximierung des *Shareholder Value* stehen sich *konfliktär* gegenüber. Aus dem Konzept der Managerial Welfare Maximization lassen sich *Hypothesen* zum Managementverhalten in verschiedenen Kernbereichen der Corporate Finance ableiten.

- Manager neigen im Rahmen der *Investitionspolitik* dazu, kurzfristige Erfolge anzustreben und das Risiko der Investitionsprojekte – durch entsprechende Auswahl der Investitionsprojekte – ihrer Entlöhnungsart anzupassen. So neigen optionsentlöhnte Manager dazu, das Risiko der Unternehmung zu erhöhen. Besonderes Gewicht erhält diese Tatsache in Unternehmen, welche über viele Wachstumsoptionen verfügen.
- Manager neigen tendenziell zur *Überdiversifikation* und zum Aufbauen von unübersichtlichen, grossen Unternehmenskonglomeraten.
- Im allgemeinen zieht das Management eine *Kapitalstruktur* mit mehr Eigenkapital, als eigentlich optimal wäre, vor, um der disziplinierenden Wirkung des Fremdkapitals zu entgehen.
- Das Management wird versuchen, *Dividendenzahlungen* einzuschränken, oder durch andere Möglichkeiten des Werttransfers zum Aktionär zu ersetzen, um Verwässerungseffekte auf die eigenen, üblicherweise nicht dividendengeschützen Optionen zu vermeiden.
- Je nach Entlöhnungsstruktur wird das Management dazu tendieren, das *Risiko* der eigenen Unternehmung zu erhöhen oder mit geeigneten Mitteln zu reduzieren.
- Das Management tendiert dazu, sowohl *Qualität* als auch *Zeitpunkt* der Abgabe von *Informationen* an den Markt entsprechend der Maximierung des eigenen Nutzens zu wählen.

Diese Hypothesen wurden – vor allem im amerikanischen Markt – mittels empirischer Methoden getestet und grösstenteils verifiziert.

Unter *Corporate Governance* versteht man alle Mechanismen, welche den Konflikt zwischen Management und Investoren reduzieren können und so dem Investor zu einer risikoadäquaten Rendite auf seiner Investition verhelfen. Corporate Governance kann damit als Substitut oder Ergänzung zur wertorientierten Entlöhnung des Management verstanden werden. Durch die Reduktion von Prinzipal-Agenten-Kosten vermag *Corporate Governance* den Wert der einzelnen Unternehmung zu steigern. Neben dieser Betrachtung auf *Mikroebene* kann gezeigt werden, dass Corporate Governance auch wertsteigernd für Gesellschaft als ganzes sein kann *(Makroebene).* Dies hat dazu geführt, dass vermehrt auch supranationale Organisationen (Weltbank, OECD) Interesse an der Corporate Governance-Diskussion zeigen.

Die *Corporate Governance-Mechanismen* können in folgende Kategorien unterteilt werden:

- Marktmechanismen (Kapital-, Arbeits- und Produktmärkte)
- Interne Kontrollmechanismen (Verwaltungsrat)
- Politische Kontrollmechanismen.

Die Gewichtung der einzelnen Mechanismen fällt dabei *international* unterschiedlich aus. Weltweit sind drei Corporate Governance-Typen zu beobachten: Die *USA* und *England* verfügen über ein System, das primär auf Marktmechanismen beruht. In *Kontinentaleuropa* ist der Einfluss der Banken in der Rolle von Finanzintermediären stark, während in *Asien* die Überwachung primär über Kreuzbeteiligungen in grossen Konglomeraten erfolgt.

Aufbauend auf der Erkenntnis, dass effiziente Corporate Governance-Mechanismen wertgenerierend sein können, haben *Börsenplätze, institutionelle Investoren* aber auch *einzelne Unternehmen* eigentliche Richtlinien zur Corporate Governance erstellt *(best practices).*

Die Theorie zur *Management Compensation* gibt Anhaltspunkte für eine optimale Gestaltung der Kontrakte zwischen dem Management und den Investoren. Die Kontrakte müssen dabei für das Management Anreize schaffen, welche die oben dargestellten, unerwünschten Handlungen des Managements verhindern oder zumindest abschwächen. Grundidee ist die Koppelung der Entlöhnung des Managements an die finanzielle Wertgenerierung der Unternehmung. Dabei sind folgende Aspekte zwingend zu beachten:

- Im Gegensatz zum diversifizierten Investor hat das Management viel finanzielles aber auch Humankapital in der eigenen Unternehmung gebunden. Dies führt dazu, dass das Management in einem höheren Masse *risikoavers.* ist. Die Wirksamkeit von Entlöhnungskontrakten mit einer hohen *Pay-for-Performance-Sensitivität* wird dadurch reduziert. Die hohe Risikoaversion kann die in empirischen Untersuchungen festgestellten niedrigen *Pay-for-Performance-Sensitivitäten* erklären.
- Bei der Beurteilung der Pay-for-Performance-Sensitivität sind nicht nur die im aktuellen Jahr abgegebenen Aktien und Optionen zu berücksichtigen, sondern auch der Bestand von Aktien und Optionen, welche in den *vergangenen* Jahren zugeteilt worden sind.
- Das *Risiko der Entlöhnung* kann mittels *indexierten* Eigenkapitalinstrumenten (Optionen: markt- oder branchenindexierter Ausübungspreis, Aktien: markt- oder branchenindexierter Verkaufspreis) reduziert werden. Die Effizienz der Entlöhnung wird durch die Reduktion des Risikos erhöht. Zudem wird ein *Repricing* obsolet.

- Die *Verbreitung* von wertorientierten Entlöhnungsschemata ist stark vom *regulatorischen Umfeld* geprägt. Massgeblich ist dabei besonders die steuerliche Behandlung von Kaderoptionen resp. Kaderaktien. Ein weiterer (vermeintlicher) Vorteil der wertorientierten Entlöhnung liegt darin begründet, dass die an das Kader fliessende Entschädigung unter den geltenden Rechnungslegungsvorschriften (FASB) nicht der aktuellen Erfolgsrechnung belastet werden muss.
- Im Sinne der *Transparenz* ist dieses letzte Argument klar abzulehnen. Die effektiven Kosten der Management Compensation (in Form künftiger Kapitalverwässerungen) sind für den Investor heute nicht ersichtlich. Mindestens der Wert der abgegebenen Kaderoptionen oder -aktien sollte dem Investor aber bekannt sein.

Die Management Compensation ist als unverzichtbarer Bestandteil der wertorientierten Unternehmensführung *(Value Based Management)* zu sehen. Der *Wert der Unternehmung* steht dabei im Zentrum der *Planung,* der *Ressourcenzuweisung,* der *Performancemessung* und der *Kaderentlöhnung.* Für die konkrete Ausgestaltung der *Management Compensation* sind daher einige Überlegungen zur Erfassung der betrieblichen Wertschöpfung anzustellen.

Der *Marktwert* einer Unternehmung ist der einzige objektive Wert einer Unternehmung. Er ist aber mit einigen Problemen behaftet: Zum einen ist er von Faktoren geprägt, welche nicht im Einflussbereich des Managements liegen (z.B. Konjunktur, Inflationserwartungen). Zum anderen ist dieser Wert für nichtkotierte Unternehmen oder Teilbereiche einer kotierten Unternehmung nicht verfügbar. In diesen Fällen muss auf Wertrechnungen ausgewichen werden.

*Wertrechnungen* bestimmen den Wert der Unternehmung aufgrund der künftigen, erwarteten Free Cash-flows *(DCF-Methode)* oder aufgrund von künftigen, erwarteten Überrenditen *(Residual Income-Verfahren).* Die DCF-Methode als Basisbewertungsmodell eignet sich für die Zwecke der Kaderentlöhnung nicht, da die Herleitung von periodisierten Wertbeiträgen nur unter erheblichen Schwierigkeiten möglich ist. Besser geeignet erscheinen hier die Residual Income-Verfahren (Economic Profit, EVA). Wertrechnungen sind allerdings immer mit subjektiven Elementen behaftet. Die Herleitung der relevanten Parameter hat deshalb mit grosser Vorsicht zu erfolgen. Besonders problematisch erscheint die Festlegung des Risikos einer Unternehmung oder eines Geschäftsbereichs. Dieses bestimmt den für die Wertrechnung benötigten Kapitalkostensatz, zumeist in Form des *Weighted Average Cost of Capital (WACC).* Eine weitere Schwierigkeit besteht in der Zuweisung des Anfangsbestandes des investierten Kapitals.

Das letztgenannte Problem kann umgangen werden, wenn die Management Compensation nicht auf *absoluten* Werten des residualen Ertrags, sondern auf deren *Veränderungen* basiert. Diese Veränderung ist auch bei unterschiedlichen Kapitalanfangsbeständen konstant. Es wird damit allerdings in Kauf genommen, dass – je nach dem Vorjahresergebnis – die gleiche absolute Wertschöpfung zu unterschiedlichen Ausschüttungen an das Management führt. Das Konzept der *Bonusbank* erlaubt es, die Ausrichtung der Management Compensation langfristiger zu gestalten, indem von einer flussgrössenorientierten, jährlichen Bonuszahlung zu einer an Bestandesgrössen ausgerichteten Entlöhnung übergegangen wird. Der Entlöhnungsbetrag, welcher dem Unternehmensrisiko ausgesetzt ist, wird damit grösser – in Analogie zur Entlöhnung mittels aktien- oder optionsbasierten Programmen.

Das diese Arbeit abschliessende *Konzept zur Management Compensation* ist – analog zum Aufbau dieser Arbeit – in zwei Teile gegliedert. Zum einen werden Handlungsempfehlungen zu einer optimalen Vertragsgestaltung mit dem Management gegeben *(Ex-ante-Sichtweise)*. Zum anderen werden Massnahmen präsentiert, welche *ex post* als Substitut oder Ergänzung zum Vertrag wirken und auf diesem Wege den Manager-Investoren-Konflikt reduzieren.

Im Rahmen der Management Compensation werden dabei Antworten zu folgenden Problembereichen gegeben:

- *Kreis der Berechtigten*
  Wer soll in ein Management Compensation-System eingebunden werden?
- *Bemessungsgrundlage*
  Welche Wertgrösse wird zur Beurteilung der Leistung des Managers herangezogen?
- *Benchmark*
  Welche Höhe der Bemessungsgrundlage muss vom Manager erreicht werden, um in den Genuss einer positiven variablen Entlöhnung zu gelangen?
- *Anteil des variablen Gehaltanteils*
  Welcher Anteil der Gesamtentlöhnung soll variabel ausgerichtet werden?

Im Bereich *Corporate Governance* geht es um zwei Aspekte. Einerseits wird für eine effiziente interne Überwachung durch den Verwaltungsrat plädiert. Dazu werden verschiedene Handlungsempfehlungen und Anhaltspunkte gegeben. Andererseits werden Mittel und Wege aufgezeigt, wie durch Informations-Transparenz die effiziente Funktionsweise der Märkte unterstützt und verbessert werden kann.

## 8.2 Schlussfolgerungen

### 8.2.1 Schlüsselfaktoren wertorientierter Entlöhnung

Die Analyse bestehender Entlöhnungsschemata offenbart, dass die *Ausgestaltung* heute massgeblich vom *regulatorischen Umfeld* geprägt ist. Dies ist im Bereich *Steuern* zu begrüssen. Die Optimierung der Entlöhnung in steuerlicher Hinsicht führt für den Manager zu einem höheren Nachsteuereinkommen. Entsprechend kann auch das von der Unternehmung zugeteilte Vorsteuereinkommen reduziert werden, mit den entsprechenden positiven Effekten für den Aktionär.

Aus ökonomischer Sicht nicht stichhaltig ist die Argumentation im Bereich *Rechnungslegung* und *Transparenz*. Trotz erheblichen Bemühungen im internationalen Bereich (FASB) ist die Berücksichtigung von wertorientierten Entlöhnungsinstrumenten in der laufenden Erfolgsrechnung nach wie vor unbefriedigend geregelt. Der in Zukunft zu erwartende Verwässerungseffekt der Zuteilung von Kaderoptionen oder Aktien ist für den Aktionär aus der aktuellen Berichterstattung nicht ersichtlich.[1] Die aktuellen Regelungen führen zum einen dazu, dass fixes Einkommen durch Kaderaktien oder -optionen substituiert wird, mit dem Ziel, die aktuelle Erfolgsrechnung zu entlasten. Um die Substitution für das Management möglichst risikoneutral zu gestalten, werden dabei die zusätzlichen Kaderoptionen oft mit Ausübungspreisen unter dem aktuellen Aktienkurs abgegeben. Zum anderen wird auf objektiv geeignetere Varianten der Kaderentlöhnung (z. B. indexierte Kaderoptionen) verzichtet, da diese in der Rechnungslegung gegenüber klassischen Varianten benachteiligt sind. Das regulatorische Umfeld führt damit zu einer aus ökonomischer Sicht unerwünschten *Verzerrung* der Ausgestaltung der wertorientierten Entlöhnung.

Aufgrund des regulatorischen Umfeldes, aber auch aufgrund des Konkurrenzkampfs um Managementkapazität (Attraktivität der Entlöhnung) ist eine Angleichung der Entlöhnungsprogramme verschiedener Unternehmen zu beobachten. Der Anteil der variablen, wertorientierten Entlöhnung an der Gesamtentlöhnung ist *kein* Wettbewerbsargument im Managermarkt. Der Manager beurteilt die Attraktivität der gesamten Entlöhnung aufgrund der absoluten Höhe der Entlöhnung und aufgrund des mit dem variablen Anteil verbundenen

1 Eine lobenswerte Ausnahme im Schweizer Markt stellt die UBS AG dar. Aus dem Geschäftsbericht 1998 sind Anzahl und durchschnittlicher Ausübungspreis der zugeteilten Optionen ersichtlich. Im allgemeinen liegen Schweizer Gesellschaften in der Berichterstattung aber noch deutlich hinter dem amerikanischen Standard zurück.

Risikos. Es ist daher sinnvoll, diese Grösse für die Führungskräfte zu optimieren.

Viel wichtiger als die Anpassung der Entlöhnungsprogramme an das aktuelle regulatorische Umfeld oder an Entlöhnungsprogramme von Konkurrenzunternehmen erscheint die *Ausrichtung auf unternehmensspezifische Gegebenheiten.* Dies bedingt eine umfassende Analyse der *aktuellen Anreizsituation* des Managements sowie eine Analyse der anderen *Überwachungsmechanismen.*

### 8.2.2 Risikoaversion des Managements

Im Feld der *Nutzentheorie unter Unsicherheit* ist der Faktor Risikoaversion gut untersucht und beschrieben worden. Erst seit kurzer Zeit wird der Risikoaversion im Bereich Management Compensation die gebührende Aufmerksamkeit geschenkt. Sie ist ein zentrales Element in der Kaderentlöhnung.

Aus der klassischen *Prinzipal-Agenten-Theorie* lässt sich schliessen, dass die Anreize des Management mit denjenigen der Aktionäre parallelisiert werden müssen. Gefragt sind damit sogenannte *high-powered incentives* mit einer hohen Sensitivität zwischen Unternehmenswertsteigerung und Entlöhnung. Nicht berücksichtigt wird dabei die grundsätzlich unterschiedliche Risikoaversion von Aktionär und Management. Der gut diversifizierte Aktionär ist weniger risikoavers als das Management. Der Manager ist aufgrund des im Unternehmen gebundenen Humankapitals und des kumulierten Aktien- und Optionsbestandes an eigenen Aktien von einem diversifizierten Portefeuille weit entfernt. Der Manager ist damit ausgeprägt *risikoavers.* Der *Grad der Risikoaversion* ist von verschiedenen Faktoren abhängig, so z.B. Alter, Vermögenssituation und Ausbildung.

Der Risikoaversionsaspekt wurde in der Gestaltung der *Management Compensation* bis anhin *wenig* berücksichtigt. Jede Reduktion des mit der variablen Entlöhnung verbundenen Risikos stiftet für den Manager zusätzlichen Nutzen. Es kann dabei allerdings nicht darum gehen, ihn vom Unternehmensrisiko zu «befreien», da dies den Zielsetzungen der wertorientierten Entlöhnung entgegenlaufen würde. Anzustreben ist daher die Reduktion von Risiken, welche das Management nicht unmittelbar selbst beeinflussen und steuern kann. Eine mögliche Variante stellt das *Indexieren* der zugeteilten Kaderaktien oder Optionen dar. Externe Markt- und Brancheneinflüsse werden damit neutralisiert. Der Risikogehalt des variablen Entlöhnungsanteils wird reduziert, was vom Management als nutzenbringend beurteilt wird. Die Effizienz der Management Compensation wird gesteigert.

### 8.2.3 Transparenz

Transparenz schafft Wert für die Unternehmung. Eine *offene Informationspolitik* von Seiten der Unternehmung reduziert die *Informationsasymmetrie* zwischen Unternehmung (Management) und Investoren. Die damit verbundene Reduktion der Unsicherheit des Investors senkt den Kapitalkostensatz und erhöht den Wert der Unternehmung.

Im Bereich der *klassischen Rechnungslegung* wurde dies erkannt und hat seinen Niederschlag in nationalen (Schweiz: FER) und internationalen Rechnungslegungsnormen (IAS, US-GAAP) gefunden. Eine Erweiterung der klassischen Rechnungslegung hin zu einer eigentlich wertorientierten Kommunikation zum Investor *(Value Reporting, Investor Relations)* ist in jüngster Zeit in Gang gekommen.

Die *wertorientierte Kommunikation* darf sich dabei nicht auf geschäftspolitische Gesichtspunkte, z.B. auf Kommentare zu den klassischen Werttreibern beschränken. Eine ebenso grosse Bedeutung für den Investor hat die Kenntnis der *aktuellen Anreizsituation* des Managements (z.B. Art und Umfang der abgegebenen Kaderoptionen) und die Kenntnis der *Massnahmen,* welche zusätzlich getroffen wurden, um das Management zu wertorientiertem Agieren anzuhalten. Darunter fallen Aspekte der internen Überwachung (z.B. Organisation des Verwaltungsrats) ebenso wie klare Statements zur *Ausschüttungspolitik* oder zur *Kapitalstrukturgestaltung.* In diesem Sinne erhält die wertorientierte Kommunikation den Stellenwert eines zusätzlichen, bis anhin nicht gebührend anerkannten Werttreibers.

## 8.3 Ausblick

### 8.3.1 Zur aktuellen Situation in der Schweiz

In der Schweiz haben Aktien- und Optionspläne für das Management erst in den letzten fünf Jahren an Bedeutung gewonnen. Ursache dafür dürfte die gestiegene Bedeutung des Unternehmenswertes in der strategischen Führung von Unternehmen sein.[2] Ein weiterer Grund kann darin liegen, dass Schweizer Unternehmen durch Übernahmen, Zusammenschlüsse oder Kooperationen mit amerikanischen Unternehmen vermehrt in Kontakt mit deren wertorientierten Entlöhnungsschemata gekommen sind.[3]

---

2 Vgl. dazu Abschnitt 6.2 auf Seite 146.

3 Vgl. z.B. für den Fall LGT Zulauf-Poli 1998b.

Abb. 8/1 Verbreitung von Aktienoptionsplänen in der Schweiz

| Untersuchung | Sample | Fazit |
|---|---|---|
| Egon Zehnder International/ Revisuisse Price Waterhouse 1997 | 400 kotierte und nicht kotierte Schweizer Unternehmen, Rücklauf nicht spezifiziert | ▪ 78 % der befragten Unternehmen verfügen über ein Kaderaktienprogramm<br>▪ 50 % verfügen über ein Kaderoptionsprogramm |
| Kienbaum und Partner 1998 | 220 nicht näher spezifizierte Schweizer Unternehmen, davon 131 mit Umsatz > 50 Mio. CHF | ▪ 26 % der Unternehmen geben an, ein langfristiges Anreizsystem (Kaderoptionen/Kaderaktien) für die oberste Führungsebene zu haben<br>▪ Weitere Unternehmen planen die Einführung |
| Helbling 1998 | 58 kotierte und nicht kotierte Unternehmen[a] | ▪ 49 % der Unternehmen verfügen über ein Kaderaktienprogramm<br>▪ 7 % verfügen über ein Kaderoptionsprogramm. |
| Heusser-Bachmann 1998 | Kotierte Schweizer Unternehmen | ▪ 54 kotierte Unternehmen geben an, über einen Optionsplan zu verfügen. |
| Weilenmann 1999 | Sämtliche an der Schweizer Börse kotierten Unternehmen, ohne Beteiligungsgesellschaften, Rücklauf 38 %, ausgewertete Gesellschaften 82. | ▪ Rund die Hälfte der antwortenden Unternehmen (41) gibt an, keine wertorientierte Entlöhnung zu haben.<br>▪ 32 dieser 41 Unternehmen geben an, einen Optionsplan implementiert zu haben.<br>▪ Der Wertanteil des Optionsplans im Verhältnis zum Fixsalär beträgt bei über 50 % der Unternehmen unter 10 %. |

a Die Auswahl der angeschriebenen Unternehmen erfolgte ziemlich willkürlich, «d.h. mit dem vagen Wissen, dass diese Gesellschaften ein Beteiligungsmodell führen.» Helbling 1998, S. 305.

Die Analyse verschiedener Erhebungen im Schweizer Markt (vgl. ◄ Abb. 8/1) offenbart eine gewisse *Konzeptlosigkeit* in der wertorientierten Entlöhnung. So verfügen einige Unternehmen über *verschiedene,* sich teilweise *überlappende Entlöhnungsprogramme.* Das *Gewicht* des variablen Vergütungsanteils im Verhältnis zum fixen Gehalt ist sehr heterogen: Bei einzelnen Unternehmen beträgt die maximale variable Vergütung nur gerade 10 bis 20 % des fixen Einkommen, während sie bei anderen Unternehmen über 300 % des fixen Einkommens betragen kann.[4] Auch bei der *Auswahl der Be-*

4 Vgl. zu den folgenden Ausführungen Weilenmann 1999, S. 275–280.

*zugsberechtigten* sind unterschiedliche Auffassungen festzustellen: Bei einzelnen Unternehmen spielt das Dienstalter eine Rolle, andere stützen sich nur auf den hierarchischen Rang ab. Die *Zahl der Bezugsberechtigten* nimmt zudem oft grosse Dimensionen an: In 88 % der analysierten Unternehmen sind zwischen 100 und 499 Angestellte daran beteiligt. Die *Bemessung der Anzahl* der zugeteilten Optionen erfolgt aufgrund verschiedener Kriterien. Die in den USA übliche Zuteilung einer fixen Menge oder eines fixen Wertes an Optionen[5] ist in der Schweiz selten. Oft wird die Abgabe der Optionen an das Erreichen anderer Erfolgszielgrössen (Rentabilität, Gewinn- oder Kostengrössen, individuelle Ziele) gekoppelt. Damit fliessen indirekt weitere – unter Umständen der Wertmaximierung entgegenlaufende – Grössen in die *Management Compensation* mit ein.

Die verschiedenen Erhebungen zeigen auch, dass in der Schweiz die *Transparenz* über die Kaderentlöhung nach wie vor zu wünschen übrig lässt. Dies erstaunt um so mehr, als die Entlöhnung des Kaders ein Punkt ist, der vor allem für den Investor von grosser Bedeutung ist. Durch die *Globalisierung* und die damit verbundene Internationalisierung der Investorenbasis dürfte der Druck auf Schweizer Unternehmen in diesem Bereich in den nächsten Jahren zunehmen. Es ist auch zu erwarten, dass internationale Rechnungslegungsstandards in naher Zukunft die Publikation einschlägiger Informationen fordern werden, wie das vom FASB bereits heute verlangt wird.[6]

### 8.3.2 Chancen in der Gestaltung der wertorientierten Entlöhnung

Die Chancen in der Gestaltung der wertorientierten Entlöhnung lassen sich entlang von zwei Stossrichtungen zeigen.

*Zum einen* ist die wertorientierte Entlöhnung *per se* besser auf die individuelle Charakteristik der einzelnen Unternehmung abzustimmen. Sie darf nicht einzig in Bezug auf das regulatorische Umfeld optimiert werden. Dabei sollte das aktuelle Corporate Governance-Umfeld der Unternehmung ebenso berücksichtigt werden wie die aktuelle Situation der Management-Anreize.

Zum anderen muss die *Corporate Governance,* also die effiziente Überwachung der Unternehmung mit dem Ziel, den Manager-Investoren-Konflikt zu reduzieren, verbessert werden. Governance-Mechanismen unterstützen und ergänzen die durch die eigentliche Management Compensation generierten Anreize. Die beiden Bereiche sind deshalb immer in einer Gesamtsicht zu sehen.

---

5 Vgl. dazu Abschnitt 4.2.3 auf Seite 89f.

6 Vgl. auch Abschnitt 4.4.3 auf Seite 110.

### 8.3.3 Chancen weiterer Forschungstätigkeit

Diese Arbeit hat den Konflikt zwischen Management und Investoren und die Anreizsituation des Managements dargestellt. Darauf aufbauend wurden Handlungsempfehlungen zur Management Compensation und zur optimalen Gestaltung der Corporate Governance abgeleitet.

Im Rahmen der Erstellung dieser Arbeit sind in einzelnen Teilgebieten *Fragestellungen* manifest geworden, die sich aufgrund des aktuellen Standes der Forschung nicht oder nur unvollständig beantwortet liessen.

Theoretisch schlecht fundiert ist der Bereich *Risikoaversion des Managements*. Die *Risikowahrnehmung* und die sich daraus ergebende *Risikoneigung* des Managements ist eines der wichtigsten Themen in nächster Zukunft. Dabei interessiert besonders, welche Faktoren das Management in welcher Art und Weise beeinflussen. Wahrscheinlich erlaubt der Einbezug der *Behavioral Decision Theory*[7] eine wertvolle Ergänzung der klassischen Prinzipal-Agenten-Theorie.

Die Bedeutung der *Corporate Governance* für die Corporate Finance wurde in den letzten Jahren erkannt. Die Mechanismen der *Corporate Governance* sind bekannt, ihre Funktionsweise ist gut beschrieben worden. Vor allem im kontinentaleuropäischen Raum fehlen allerdings empirische Erhebungen, welche die Wirksamkeit von unternehmensspezifischen Governance-Mechanismen untersuchen. So interessiert in diesem Zusammenhang vor allem der Zusammenhang zwischen Marktbewertung und Qualität der Governance-Mechanismen.

Beiden Problembereichen ist gemein, dass Erkenntnisse wahrscheinlich nur mittels interdisziplinären Anstrengungen gewonnen werden können. In diesem Sinne ist zu hoffen, dass die vorliegende Arbeit nicht nur im Kreise der Ökonomen Aufnahme findet.

---

7 Vgl. zur Behavioral Decision Theory Fussnote 31 auf Seite 98.

# *Literaturverzeichnis*


Aboody, D.: Market Valuation of Employee Stock Options, in: Journal of Accounting and Economics, Vol. 22, 1996, S. 357–391.

Abowd, J. M./Kaplan, D. S.: Executive Compensation: Six Questions that Need Answering. National Bureau of Economic Research (NBER) Working Paper Nr. 7124, 1999.

Abt, H.: Auf der Suche nach einer neuen Balance der Macht. Forderung nach einem neuen Typ des unabhängigen Verwaltungsrates, in: Der Schweizer Treuhänder, Nr. 12 1995, S. 1021 bis 1028.

Ackermann, J.: Wieviel Gewinn für wen? Unternehmen zwischen Aktionären und Öffentlichkeit, in: Neue Zürcher Zeitung, 14./15.1.1995, S. 27.

Admati, A. R./Pfleiderer, P./Zechner, J.: Large Shareholder Activism, Risk Sharing, and Financial Market Equilibrium, in: Journal of Political Economy, Vol. 102, 1994, S. 1097–1130.

Aggarwal, R./Samwick, A. A.: The Other Side of the Tradeoff: The Impact of Risk on Executive Compensation. National Bureau of Economic Research (NBER) Working Paper Nr. 6634, 1998.

Aggarwal, R. K./Samwick, A. A.: Executive Compensation, Strategic Competition, and Relative Performance Evaluation: Theory and Evidence, in: Journal of Finance, Vol. 54, Nr. 6, December 1999 (forthcoming).

Aghion, P./Tirole, J.: Some Implications of Growth for Organizational Form and Ownership Structure, in: European Economic Review, Vol. 39, Nr. 3-4 1995, S. 440–455.

Agrawal, A./Knoeber, C. R.: Firm Performance and Mechanisms to Control Agency Problems between Managers and Shareholders, in: Journal of Financial and Quantitative Analysis, Vol. 31, Nr. 3, September 1996, S. 377–397.

Agrawal, A./Knoeber, C. R.: Managerial Compensation and the Threat of Takeover, in: Journal of Financial Economics, Vol. 47, Nr. 2, February 1998, S. 219–239.

Agrawal, A./Mandelker, G. N.: Managerial Incentives and Corporate Investment and Financing Decisions, in: Journal of Finance, Vol. 42, Nr. 4, September 1987, S. 823–837.

Agrawal, A./Walkling, R. A.: Executive Careers and Compensation Surrounding Takeover Bids, in: Journal of Finance, Vol. 49, Nr. 3, July 1994, S. 985–1014.

Akerlof, G. A.: The Market for «Lemons»: Quality Uncertainty and the Market Mechanism, in: Quarterly Journal of Economics, Vol. 84, August 1960, S. 488–500.

Akhigbe, A./Madura, J./Tucker, A. L.: Market-controlled Stock Options: A New Approach to Executive Compensation, in: Journal of Applied Corporate Finance, Vol. 9, Nr. 1, Spring 1996, S. 93–97.

Alchian, A./Demsetz, H.: Production, Information Cost, and Economic Organization, in: American Economic Review, Vol. 62, 1972, S. 777–795.

Amihud, Y./Lev, B.: Risk Reduction as a Managerial Motive for Conglomerate Mergers, in: Bell Journal of Economics, Vol. 12, 1981, S. 605–617.

Ang, J. S./Cole, R. A./Wuh Lin, J.: Agency Costs and Ownership Structure, in: Journal of Finance, forthcoming, 2000.

Ang, J. S./Constand, R. L.: Compensation and Performance: The Case of Japanese Managers and Directors, in: Journal of Multinational Financial Management, Vol. 7, Nr. 4, March 1998, S. 275–304.

Angel, J. J./McCabe, D. M.: Market-Adjusted Options For Executive Compensation, Working Paper, 31. Januar 1997.

Arrow, K.: The Organization of Economic Activity: Issues Pertinent to the Choice of Market versus Nonmarket Allocation, Washington 1969.

Auckenthaler, C.: Theorie und Praxis des modernen Portfolio-Managements, Bank- und finanzwirtschaftliche Forschungen, Nr. 135, 2. Auflage, Bern/Stuttgart/Wien 1994.

Bacidore, J. M./Boquist, J. A./Milbourn, T. T./Thakor, A. V.: The Search for the Best Financial Performance Measure, in: Financial Analysts Journal, Mai/Juni 1997, S. 11–20.

Baiman, S./Verrecchia, R. E.: The Relation among Capital Markets, Financial Disclosure, Production Efficiency, and Insider Trading, in: Journal of Accounting Research, Vol. 34, Nr. 1, Spring 1996, S. 1–22.

Baker, G. P./Hall, B. J.: CEO Incentives and Firm Size. National Bureau of Economic Research (NBER) Working Paper Nr. 6868, 1998.

Baker, G. P./Jensen, M. C./Murphy, K. J.: Compensation and Incentives: Practice vs. Theory, in: Journal of Finance, Vol. 43, Nr. 3, July 1988, S. 593–616.

Bank Julius Bär (Hrsg.): Institutionelle Investoren in der Schweiz, 1996.

Barkema, H. G./Gomez-Mejia, L. R.: Managerial Compensation and Firm Performance: A General Research Framework, in: Academy of Management Journal, Vol. 41, Nr. 2, April 1998, S. 135.

Barro, J. R./Barro, R. J.: Pay, Performance, and Turnover of Bank CEOs, in: Journal of Labor Economics, Vol. 8, 1990, S. 448–481.

Beatty, R. P./Zajac, E. J.: Managerial Incentives, Monitoring, and Risk Bearing in Initial Public Offering Firms, in: Journal of Applied Corporate Finance, Vol. 8, Nr. 2, Summer 1995, S. 87 bis 96.

Becht, M.: Strong Blockholders, Weak Owners and the Need for European Mandatory Disclosure. Executive Report, in: European Corporate Governance Network (Hrsg.): The Separation of Ownership and Control: A Survey of 7 European Countries, A Preliminary Report to the European Commission, Brussels 1997.

Becker, G.: A Theory of Marriage: Part 1, in: Journal of Political Economy, Vol. 82, Nr. July/August 1973.

Behm, U.: Shareholder-Value und Eigenkapitalkosten von Banken, Bank- und finanzwirtschaftliche Forschungen, Nr. 191, Bern/Stuttgart/Wien 1994.

Behr, G.: Corporate Governance – Schlagwort oder Trendwende?, in: Der Schweizer Treuhänder, Nr. 12 1995, S. 1017–1020.

Benston, G.: The Self-Serving Management Hypothesis: Some Evidence, in: Journal of Accounting and Economics, Vol. 7, 1985.

Berger, P. G./Ofek, E.: Diversification's Effect on Firm Value, in: Journal of Financial Economics, Vol. 37, Nr. 1, 1994, S. 39–65.

Berger, P. G./Ofek, E./Yermack, D. L.: Managerial Entrenchment and Capital Structure Decisions, in: Journal of Finance, Vol. 52, Nr. 4, September 1997, S. 1411–1438.

Berkovitch, E./Israel, R.: The Design of Internal Control and Capital Structure, in: The Review of Financial Studies, Vol. 9, Nr. 1, Spring 1996, S. 209–240.

Berkshire Hathaway, Geschäftsbericht, 1998.

Berle, A. A./Means, G. C.: The Modern Corporation and Private Property, New York 1932.

Bhagat, S./Shleifer, A./Vishny , R. W.: Hostile Takeovers in the 1980s: The Return to Corporate Specialization, in: Brookings Papers on Economic Activity, Special Issue, 1990, S. 1–72.

Biddle, G. C./Bowen, R. M./Wallace, J. S.: Does EVA Beat Earnings? Evidence on Associations with Stock Returns and Firm Values, in: Journal of Accounting and Economics, Vol. 24, Nr. 3, 1997, S. 301–336.

Bilimoria, D.: Perspectives on Corporate Control: Implications for CEO Compensation, in: Human Relations, Vol. 50, Nr. 7, July 1997, S. 829.

Birchler, U.: Aktionärsstruktur und Unternehmenspolitik – Bedeutung für die Sicherheit des Bankensystems, in: Quartalsheft SNB, Nr. 3, 1995, S. 265–276.

Bizjak, J. M./Brickley, J. A./Coles, J. L.: Stock-based Incentive Compensation and Investment Behavior, in: Journal of Accounting and Economics, Vol. 16, 1993, S. 349–372.

Blass, A./Yafeh, Y./Yosha, O.: Corporate Governance in an Emerging Market: The Case of Israel, in: Journal of Applied Corporate Finance, Vol. 10, Nr. 4, Winter 1998, S. 79–89.

Bohnenblust, P.: Zum Thema Stock Options – Die UBS wehrt sich, in: Finanz und Wirtschaft, 30.6.1999.

Boldt, B.: EVA and Corporate Governance, 1998.

Borokhovich, K. A./Brunarski, K. R./Parrino, R.: CEO Contracting and Antitakeover Amendments, in: Journal of Finance, Vol. 52, Nr. 4, September 1997, S. 1495–1517.

Botosan, C. A.: Disclosure Level and the Cost of Equity Capital, in: The Accounting Review, Vol. 72, Nr. 3, July 1997, S. 323–349.

Brealey, R. A./Myers, S. C.: Principles of Corporate Finance, 5. Auflage, New York et al. 1996.

Brennan, M. J.: Latent Assets, in: Journal of Finance, Vol. 45, July 1990, S. 709–730.

Brennan, M. J.: Incentives, Rationality, and Society, in: Journal of Applied Corporate Finance, Vol. 7, Nr. 2, Summer 1994, S. 30–39.

Brennan, M. J.: Corporate Finance over the Past 25 Years, in: Financial Management, Vol. 24, Nr. 2, Summer 1995, S. 9–22.

Brennan, M. J.: Executive Compensation in the U.K., in: Journal of Applied Corporate Finance, Vol. 9, Nr. 1, Spring 1996, S. 88–92.

Brenner, B.: Vom rechten Mass, in: Neue Zürcher Zeitung, 28.4. 1994.

Brenner, M./Sundaram, R./Yermack, D.: Altering the Terms of Executive Stock Options, Working Paper, Stern School of Business, New York, März 1998.

Brickley, J. A./Bhagat, S./Lease, R. C.: The Impact of Long-Range Managerial Compensation on Shareholder Wealth, in: Journal of Accounting and Economics, Vol. 7, 1985, S. 115–129.

Brickley, J. A./Linck, J. S./Coles, J. L.: What Happens to CEOs After They Retire? New Evidence on Career Concerns, Horizon Problems, and CEO Incentives, in: Journal of Financial Economics, Vol. 52, Nr. 3, 1999, S. 341–377.

Brown, K. C./Harlow, W. V./Starks, L. T.: Of Tournaments and Temptations: An Analysis of Managerial Incentives in the Mutual Fund Industry, in: Journal of Finance, Vol. 51, Nr. 1, March 1996, S. 85–110.

Bruner, R. F./Eades, K. M./Harris, R. S./Higgins, R. C.: Best Practices in Estimating the Cost of Capital: Survey and Synthesis, in: Financial Practice and Education, Nr. 1, 1998, S. 13–28.

Brunner, C.: Value Based Management – zentrale Herausforderung der Bankführung, in: Geiger, H./Hirszowicz, C./Volkart, R./Weibel, P. F. (Hrsg.): Schweizerisches Bankwesen im Umbruch, Bern/Stuttgart/Wien 1996, S. 81–96.

Bühlmann, B.: Corporate Hedging – Über die Wertsteigerungsmöglichkeiten durch finanzwirtschaftliches Risikomanagement, Zürich 1998.

CalPERS (Hrsg.): Corporate Governance Core Principles & Guidelines, 13. April 1998a.

CalPERS (Hrsg.): Geschäftsbericht, 1998b.

Carney, W. J.: Large Bank Stakeholders in Germany: Saviours or Substitutes?, in: Journal of Applied Corporate Finance, Vol. 9, Nr. 4, Winter 1997, S. 74–81.

Carpenter, J./Yermack, D.: Executive Compensation and Shareholder Value: Theory and Evidence, New York 1999.

Carpenter, J. N.: The Exercise and Valuation of Executive Stock Options, in: Journal of Financial Economics, Vol. 48, Nr. 2, May 1998, S. 127–158.

Chew, D. H.: The New Corporate Finance, 2. Auflage, Boston et al. 1998.

Clinch, G.: Employee Compensation and Firms' Research and Development Activity, in: Journal of Accounting Research, Spring 1991, S. 59–78.

Coase, R.: The Nature of the Firm, in: Economica, Vol. 4, 1937, S. 386–405.

Cole, R. A./Mehran, H.: The Effect of Changes in Ownership Structure on Performance: Evidence from the Thrift Industry, in: Journal of Financial Economics, Vol. 50, Nr. 3, 1998, S. 291–317.

Comment, R./Jarell, G. A.: Corporate Focus and Stock Returns, in: Journal of Financial Economics, Vol. 37, 1994, S. 67–87.

Conyon, M./Peck, S. I.: Board Control, Remuneration Committees, and Top Management Compensation, in: Academy of Management Journal, Vol. 41, Nr. 2, April 1998, S. 146.

Conyon, M. J./Schwalbach, J.: European Differences in Executive Pay and Corporate Governance, Working Paper, September 1997.

Conyon, M. J./Schwalbach, J.: Pay for Performance and Board Effectiveness in Britain and Germany, Working Paper, October 1997.

Conyon, M. J./Schwalbach, J.: Corporate Governance, Executive Pay and Performance in Europe, in: Carpenter, J. N./Yermack, D. L. (Hrsg.): Executive Compensation and Shareholder Value: Theory and Evidence, New York 1999, S. 13–34.

Copeland, T./Koller, T./Murrin, J.: Valuation: Measuring and Managing the Value of Companies, 2. Auflage, New York et al. 1996.

Copeland, T./Weston, F. J.: Financial Theory and Corporate Policy, 3. Auflage, Reading, MA et al. 1992.

Coughlan, A./Schmidt, R.: Executive Compensation, Management Turnover, and Firm Performance, in: Journal of Accounting and Economics, Vol. 11, 1985, S. 95–106.

Crawford, D./Franz, D. F./Smith, G. R., Jr.: Computing Employee Stock Options Values with a Spreadsheet, in: Management Accounting, Vol. 69, Nr. 7, July 1997, S. 44–48.

Credit Suisse First Boston, Equity Research Switzerland (Hrsg.): Wertorientiertes Management in der Schweiz, 1998.

Crystal, G./Foulkes, F.: Don't Bail out Underwater Options, in: Fortune, March 1988, S. 171 bis 172.

Cuny, C. J./Jorion, P.: Valuing Executive Stock Options with Endogenous Departure, in: Journal of Accounting and Economics, Vol. 20, 1995, S. 193–205.

Daily, C. M./Johnson, J. L./Ellstrand, A. E./Dalton, D. R.: Compensation Committee Composition as a Determinant of CEO Compensation, in: Academy of Management Journal, Vol. 41, Nr. 2, April 1998, S. 209.

Damodaran, A.: Investment Valuation, New York et al. 1996.

Damodaran, A.: Corporate Finance: Theory and Practice, New York et al. 1997.

Damodaran, A.: Applied Corporate Finance: A User's Manual, New York et al. 1999.

David, P./Kochhar, R./Levitas, E.: The Effect of Institutional Investors on the Level and Mix of CEO Compensation, in: Academy of Management Journal, Vol. 41, Nr. 2, April 1998, S. 200.

de Pury, D.: Corporate Governance – Herausforderung für die Unternehmensführung, in: Der Schweizer Treuhänder, Nr. 12, 1995, S. 1029–1036.

Dechow, P. M./Hutton, A. P./Sloan, R. G.: Economic Consequences of Accounting for Stock-Based Compensation, in: Journal of Accounting Research, Vol. 34, Supplement, 1996, S. 1 bis 19.

Dechow, P. M./Sloan, R. G.: Executive Incentives and the Horizon Problem, in: Journal of Accounting and Economics, Vol. 14, 1991, S. 51–89.

Defusco, R. A./Johnson, R. R./Zorn, T. S.: The Effect of Executive Stock Option Plans on Stockholders and Bondholders, in: Journal of Finance, Vol. 45, Nr. 2, June 1990, S. 617–627.

Defusco, R. A./Zorn, T. S./Johnson, R. R.: The Association between Executive Stock Option Plan Changes and Managerial Decision Making, in: Financial Management, Vol. 20, Nr. 1, 1991, S. 36–43.

Del Guercio, D./Hawkins, J.: The Motivation and Impact of Pension Fund Activism, in: Journal of Financial Economics, Vol. 52, Nr. 3, 1999, S. 293–340.

DeMarzo, P. M./Duffie, D.: Corporate Incentives for Hedging and Hedge Accounting, in: The Review of Financial Studies, Vol. 8, Nr. 3, Fall 1995, S. 743–771.

Denis, D. J./Denis, D. K.: Performance Changes Following Top Management Dismissals, in: Journal of Finance, Vol. 50, Nr. 4, September 1995, S. 1029–1057.

Denis, D. J./Denis, D. K./Sarin, A.: Ownership Structure and Top Executive Turnover, in: Journal of Financial Economics, Vol. 45, Nr. 2, August 1997a, S. 193–221.

Denis, D. J./Denis, D. K./Sarin, A.: Agency Problems, Equity Ownership, and Corporate Diversification, in: Journal of Finance, Vol. 52, Nr. 1, March 1997b, S. 135–160.

Denis, D. J./Sarin, A.: Ownership and Board Structures in Publicly Traded Corporations, in: Journal of Financial Economics, Vol. 52, Nr. 2, 1999, S. 187–223.

Dial, J./Murphy, K. J.: Incentives, Downsizing, and Value Creation at General Dynamics, in: Journal of Financial Economics, Vol. 37, Nr. 3, 1994, S. 261–314.

Dunbar, R. L. M./Schwalbach, J.: Corporate Reputation and Performance in Germany, Working Paper, Januar 1998.

Easterbrock, F./Fischel, D.: The Economic Structure of Corporate Law, Cambridge 1991.
Eberle, M.: Optionen setzen sich für die Kaderbeteiligung durch, in: Invest, Magazin der Finanz und Wirtschaft, November 1997, S. 76–77.
Egon Zehnder International/Revisuisse Price Waterhouse (Hrsg.): Beteiligungsmodelle für Führungskräfte in der Schweiz: Trends, Steuerliche Aspekte, Empfehlungen, Zürich 1997.
Evans, J./Noe, T. H./Thornton, J. H.: Regulatory Distortion of Management Compensation: The Case of Golden Parachutes for Bank Managers, in: Journal of Banking & Finance, Vol. 21, 1997, S. 825–848.
Ezzamel, M./Watson, R.: Market Comparison Earnings and the Bidding-up of Executive Cash Compensation: Evidence from the United Kingdom, in: Academy of Management Journal, Vol. 41, Nr. 2, April 1998, S. 221.
Fama, E. F.: Efficient Capital Markets: A Review of Theory and Empirical Work, in: The Journal of Finance, Vol. 25, March 1970, S. 383–417.
Fama, E. F.: Agency Problems and the Theory of the Firm, in: Journal of Political Economy, Vol. 88, April 1980.
Fama, E. F.: Efficient Capital Markets II, in: The Journal of Finance, Vol. 46, Nr. 5, December 1991, S. 1575–1617.
Fama, E. F./French, K. R.: The Cross-Section of Expected Stock Returns, in: Journal of Finance, Vol. 47, Nr. 2, June 1992, S. 427–465.
Fama, E. F./Jensen, M. C.: Agency Problems and Residual Claims, in: Journal of Law and Economics, Vol. 26, Nr. 2, June 1983, S. 327–349.
Fama, E. F./Jensen, M. C.: Separation of Ownership and Control, in: Journal of Law and Economics, Vol. 26, Nr. 2, June 1983, S. 301–325.
Fama, E. F./Jensen, M. C.: Organizational Forms and Investment Decisions, in: Journal of Financial Economics, Vol. 14, Nr. 1, March 1985, S. 101–119.
Fehr, K.: Willkür in Aktienoptionen sorgt für Verärgerung: Insider und Aktionäre werden in den USA unterschiedlich behandelt – Ausübungspreis der Optionen wird gesenkt, in: Finanz und Wirtschaft, 17. Oktober 1998, S. 31.
Felton, R. F./Hudnut, A./van Heeckeren, J.: Putting a Value on Board Governance, in: The McKinsey Quarterly, Nr. 4, 1996, S. 170–175.
Felton, R. F./Hudnut, A./Witt, V.: Building a Stronger Board, in: The McKinsey Quarterly, Nr. 2, 1995, S. 162–175.
Fenn, G. W./Liang, N.: Corporate Payout Policy and Managerial Stock Incentives, Working Paper, March 1999.
Finkelstein, S./Boyd, B. K.: How Much Does the CEO Matter? The Role of Managerial Discretion in the Setting of CEO Compensation, in: Academy of Management Journal, Vol. 41, Nr. 2, April 1998, S. 179.
Foster, T. W. I./Koogler, P. R./Vickrey, D.: Valuation of Executive Stock Options and the FASB Proposal, in: The Accounting Review, Vol. 66, Nr. 3, July 1991, S. 595–610.
Frank, R. H./Cook, P. J.: The Winner-Take-All Society, New York 1995.
Franks, J./Mayer, C.: Corporate Ownership and Control in the U.K., Germany, and France, in: Journal of Applied Corporate Finance, Vol. 9, Nr. 4, Winter 1997, S. 30–45.
Frey, B. S.: Markt und Motivation: Wie ökonomische Anreize die (Arbeits-)Moral verdrängen, München 1997.
Frey, B. S.: Steigern Aktienoptionen die Managerleistung?, in: Cash, 18.12.98 1998, S. 22.

Frey, B. S./Osterloh, M.: Motivation – der zwiespältige Produktionsfaktor, in: Neue Zürcher Zeitung, 29.3.1997.

Froot, K. A./Scharfstein, D. S./Stein, J. C.: Risk Management: Coordinating Corporate Investment and Financing Policies, in: Journal of Finance, Vol. 48, Nr. 5, December 1993, S. 1629 bis 1658.

Furrer, M.: Optionenpläne, Mitarbeiteraktien und Phantom Stock aus rechtlicher, steuerlicher und finanzieller Sicht, Zürich 1998.

Garen, J.: Executive Compensation and Principal-Agent Theory, in: Journal of Political Economy, Vol. 102, Nr. 6, 1994, S. 1175–1199.

Garvey, G. T.: Marketable Incentive Contracts and Capital Structure Relevance, in: Journal of Finance, Vol. 52, Nr. 1, March 1997, S. 353–378.

Gaver, J. J./Gaver, K. M.: Compensation Policy and the Investment Opportunity Set, in: Financial Management, Vol. 24, Nr. 1, Spring 1995, S. 19–32.

Gibbons, R.: Incentives in Organizations. National Bureau of Economic Research (NBER) Working Paper Nr. 6695, 1998.

Gibbons, R./Murphy, K. J.: Relative Performance Evaluation for Chief Executive Officers, in: Industrial and Labor Relations Review, Vol. 43, February 1990, S. 30–51.

Gibbons, R./Murphy, K. J.: Does Executive Compensation Affect Investment? National Bureau of Economic Research (NBER) Working Paper Nr. 4135, 1992a.

Gibbons, R./Murphy, K. J.: Optimal Incentive Contracts in the Presence of Career Concerns: Theory and Evidence, in: Journal of Political Economy, Vol. 100, 1992b, S. 468–505.

Gillenkirch, R./Verlthui, L. J.: Lineare Anreizverträge für Manager bei systematischen und unsystematischen Risiken, in: Zeitschrift für betriebswirtschaftliche Forschung, Vol. 49, Nr. 2, 1997, S. 121–140.

Gilson, S. C./Vetsuypens, M. R.: Creating Pay-for-Performance in Financially Troubled Companies, in: Journal of Applied Corporate Finance, Vol. 6, Nr. 4, Winter 1994, S. 81–92.

Gisler, M.: Abzocken, was der Goldesel hergibt, in: Cash, 22. Mai 1998, S. 11.

Golsbee, A.: What Happens When You Tax the Rich? Evidence from Executive Compensation. National Bureau of Economic Research (NBER) Working Paper Nr. 6333, 1997.

Gordon, J. N.: Employee Stock Ownership in Economic Transitions: The Case of United Airlines, in: Journal of Applied Corporate Finance, Vol. 10, Nr. 4, Winter 1998, S. 39–62.

Graham, B./Dodd, D.: Security Analysis, New York 1934.

Grasshoff, U./Schwalbach, J.: Agency-Theorie, Informationskosten und Managervergütung, Working Paper, Oktober 1997.

Grossman, S./Hart, O.: Takeover Bids, the Free-Rider Problem, and the Theory of the Corporation, in: Bell Journal of Economics, Vol. 11, 1980, S. 42–64.

Grossman, S./Hart, O.: Corporate Financial Structure and Managerial Incentives, in: McCall, J. J. (Hrsg.): The Economics of Information and Uncertainty, Chicago 1982, S. 107–140.

Grossman, S./Hart, O.: An Analysis of the Principal-Agent Problem, in: Econometrica, Vol. 51, January 1983, S. 7–45.

Grünbichler, A./Oertmann, P.: Die optimale Grösse des Verwaltungsrates, in: Neue Zürcher Zeitung, 8. Juni 1996, S. 29.

Guay, W. R.: The Sensitivity of CEO Wealth to Equity Risk: an Analysis of the Magnitude and Determinants, in: Journal of Financial Economics, Vol. 53, Nr. 1 1999, S. 43–71.

Hadlock, C. J./Lumer, G. B.: Compensation, Turnover, and Top Management Incentives: Historical Evidence, in: Journal of Business, Vol. 70, Nr. 2, 1997, S. 153–187.

Hall, B. J.: The Pay for Performance Incentives of Executive Stock Options. National Bureau of Economic Research (NBER) Working Paper Nr. 6674, 1998.
Hall, B.: A Better Way to Pay CEOs?, in: Carpenter, J. N./Yermack, D. L. (Hrsg.): Executive Compensation and Shareholder Value: Theory and Evidence, New York 1999a, S. 35–46.
Hall, B. J.: The Design of Multi-Year Stock Option Plans, in: Journal of Applied Corporate Finance, Vol. 12, Nr. 2, 1999b, S. 97–106.
Hall, B. J./Liebman, J. B.: Are CEOs Really Paid Like Bureaucrats? National Bureau of Economic Research (NBER) Working Paper Nr. 6213, 1997.
Hallock, K. F.: Reciprocally Interlocking Boards of Directors and Executive Compensation, in: Journal of Financial and Quantitative Analysis, Vol. 32, Nr. 3, September 1997.
Hallock, K. F.: Dual Agency: Corporate Boards with Reciprocally Interlocking Relationships, in: Carpenter, J. N./Yermack, D. L. (Hrsg.): Executive Compensation and Shareholder Value: Theory and Evidence, New York 1999, S. 55–76.
Hamner, W. C.: How to Ruin Motivation with Pay, in: Compensation Review, Vol. 7, 1975, S. 17 bis 27.
Harikumar, T.: Leverage, Risk-Shifting Incentive, and Stock-based Compensation, in: Journal of Financial Research, Vol. 19, Nr. 3, September 1996, S. 417.
Harris, M./Raviv, A.: Corporate Control Contest and Capital Structure, in: Journal of Financial Economics, Vol. 20, 1988, S. 55–86.
Harris, M./Raviv, A.: The Theory of Capital Structure, in: Journal of Finance, Vol. 46, 1991, S. 297–355.
Hart, O.: Firms, Contracts, and Financial Structure, New York 1995a.
Hart, O.: Corporate Governance: Some Theory and Implications, in: The Economic Journal, Vol. 105, May, 1995b, S. 678–689.
Haubrich, J. G.: Risk Aversion, Performance Pay, and the Principal-Agent Problem, in: Journal of Political Economy, Vol. 102, Nr. 2, 1994, S. 258–276.
Haugen, R. A.: The New Finance, The Case Against Efficient Markets, Englewood Cliffs 1995.
Haugen, R. A./Senbet, L. W.: Resolving the Agency Problems of External Capital through Options, in: Journal of Finance, Vol. 36, Nr. 3, June 1981, S. 629–647.
Hawkins, J. A.: Why Investors Push for Strong Corporate Boards, in: The McKinsey Quarterly, Nr. 3 1997, S. 145–148.
Healy, P. M.: The Effect of Bonus Schemes on Accounting Decisions, in: Journal of Accounting and Economics, Vol. 7, 1985.
Helbling, C.: Revisions- und Bilanzierungspraxis, 3. Auflage, Düsseldorf 1992.
Helbling, C.: Unternehmensbewertung und Steuern, 7. Auflage, Düsseldorf 1993.
Helbling, C.: Bilanz- und Erfolgsanalyse, 7. Auflage, Düsseldorf 1994.
Helbling, C.: Mitarbeiteraktien und Mitarbeiteroptionen in der Schweiz, Zürich 1998.
Hellwig, M.: Wem ist ein Unternehmen verpflichtet?, in: Neue Zürcher Zeitung, 12.11.1994.
Hemmer, T.: Risk-free Incentive Contracts: Eliminating Agency Cost Using Option-based Compensation Schemes, in: Journal of Accounting and Economics, Vol. 16, 1993, S. 447–473.
Hemmer, T./Matsunaga, S./Shevlin, T.: Estimating the «Fair Value» of Employee Stock Options with Expected Early Exercise, in: Accounting Horizons, Vol. 8, Nr. 4, December 1994, S. 23–42.
Hemmer, T./Matsunaga, S./Shevlin, T.: The Influence of Risk Diversification on the Early Exercise of Employee Stock Options by Executive Officers, in: Journal of Accounting and Economics, Vol. 21, 1996, S. 45–68.

Heusser-Bachmann, C.: Auch Stock-Option-Pläne haben Pferdefuss – Mitarbeiterbeteiligungsprogramme sind beliebt – Gewinnverwässerung muss nicht zwingend sein, in: Finanz und Wirtschaft, 22.8.1998, S. 15.

Higgins, R. C.: Analysis for Financial Management, 5. Auflage, Chicago et al. 1995.

Hill, W.: Sind grosse Verwaltungsräte effizient? Eindeutige Antworten aus theoretischer Sicht, in: Neue Zürcher Zeitung, 9.4.1994.

Himmelberg, C. P./Hubbard, R. G./Palia, D.: Understanding the Determinants of Managerial Ownership and the Link between Ownership and Performance, in: Journal of Financial Economics, Vol. 53, Nr. 3, 1999, S. 353–384.

Hirshleifer, D.: Managerial Reputation and Corporate Investment Decision, in: Financial Management, Vol. 22, Nr. 2, Summer 1993, S. 145–160.

Hofacker, M.: Finanzielle Führung mittlerer Industriekonzerne, Bank- und finanzwirtschaftliche Forschungen, Nr. 254, Bern/Stuttgart/Wien 1997.

Holly, G. J.: International Comparison of Board «Best Practices», Working Paper, November 1998.

Holmstrom, B.: Moral Hazard and Observability, in: Bell Journal of Economics, Vol. 10, Spring 1979, S. 74–91.

Holmstrom, B.: Moral Hazard in Teams, in: Bell Journal of Economics, Vol. 13, 1982, S. 324 bis 340.

Holmstrom, B./Milgrom, P.: Aggregation and Linearity in the Provision of Intertemporal Incentives, in: Econometrica, Vol. 55, March 1987, S. 303–328.

Holmstrom, B./Milgrom, P.: The Firm as an Incentive System, in: American Economic Review, Vol. 84, Nr. 4, 1994, S. 972–991.

Holzach, R.: Die Verletzlichkeit des Banksystems, in: SBG-Schriften zu Wirtschafts-, Bank- und Währungsfragen, Nr. 79, 1982.

Holzrichter, B.: Die Risikoneigung des Managements – unter besonderer Berücksichtigung der Entlöhnung. Unveröffentlichte Diplomarbeit am Institut für schweizerisches Bankwesen, Zürich 1998.

Horner: The Value of Corporate Voting Right, in: Journal of Banking and Finance, Vol. 12, 1988, S. 69.

Hornung, F.: Integrationsmanagement – Die Integration von Banken im M&A-Prozess unter besonderer Berücksichtigung der Behandlung von Dissynergien, Bank- und finanzwirtschaftliche Forschungen, Nr. 276, Bern/Stuttgart/Wien 1998.

Hostettler, S.: Economic Value Added (EVA): Darstellung und Anwendung auf Schweizer Aktiengesellschaften, Bern/Stuttgart/Wien 1997.

Hubbard, R. G./Palia, D.: Executive Pay and Performance: Evidence from the U.S. Banking Industry, in: Journal of Financial Economics, Vol. 39, Nr. 1, September 1995, S. 105–130.

Huddart, S.: Employee Stock Options, in: Journal of Accounting and Economics, Vol. 18, 1994, S. 207–231.

Huddart, S.: Patterns of Stock Option Exercises in the United States, in: Carpenter, J. N./Yermack, D. L. (Hrsg.): Executive Compensation and Shareholder Value: Theory and Evidence, New York 1999, S. 115–142.

Huddart, S./Lang, M.: Employee Stock Option Exercises: An Empirical Analysis, in: Journal of Accounting and Economics, Vol. 21, 1996, S. 5–43.

Hull, J. C.: Options, Futures, and other Derivatives, 3. Auflage, Upper Saddle River 1997.

Israel, R.: Capital and Ownership Structures, and the Market for Corporate Control, in: The Review of Financial Studies, Vol. 5, Nr. 2, Summer 1992, S. 181–198.

Janakiraman, S./Lambert, R. A./Larcker, D. F.: An Empirical Investigation of the Relative Performance Evaluation Hypothesis, in: Journal of Accounting Research, Vol. 30, Spring 1992, S. 53–69.

Jensen, M. C.: The Agency Costs of Free Cash Flow: Corporate Finance and Takeovers, in: American Economic Review, Vol. 76, Nr. 2, May 1986, S. 323–329.

Jensen, M. C.: Eclipse of the Public Corporation, in: Harvard Business Review, Vol. 67, 1989, S. 61–74.

Jensen, M. C.: Corporate Control and the Politics of Finance, in: Journal of Applied Corporate Finance, Vol. 3, Nr. 2, Summer 1991, S. 13–33.

Jensen, M. C.: The Modern Industrial Revolution, Exit and the Failure of Internal Control Systems, in: Journal of Finance, Vol. 48, Nr. 3, July 1993, S. 831–880.

Jensen, M. C.: Self-Interest, Altruism, Incentives, and Agency Theory, in: Journal of Applied Corporate Finance, Vol. 7, Nr. 2, Summer 1994, S. 40–45.

Jensen, M. C./Meckling, W.: Theory of the Firm: Managerial Behavior, Agency Costs, and Ownership Structure, in: Journal of Financial Economics, Vol. 3, 1976, S. 305–360.

Jensen, M. C./Meckling, W.: The Nature of Man, in: Journal of Applied Corporate Finance, Vol. 7, Nr. 2, Summer 1994, S. 4–19.

Jensen, M. C./Murphy, K. J.: Performance Pay and Top-Management Incentives, in: Journal of Political Economy, Vol. 98, Nr. 2, April 1990a, S. 225–264.

Jensen, M. C./Murphy, K. J.: CEO Incentives – It's Not How Much You Pay, But How, in: Harvard Business Review, Vol. Nr. 3, May-June 1990b, S. 138–153.

Jensen, M. C./Warner, J. B.: The Distribution of Power among Corporate Managers, Shareholders, and Directors, in: Journal of Financial Economics, Vol. 20, 1988, S. 3–24.

Jensen, M. C./Zimmerman, J. L.: Management Compensation and the Managerial Labor Market, in: Journal of Accounting and Economics, Vol. 7, 1985, S. 3–9.

Johnson, M. F./Shackell, M. B.: Shareholder Proposals on Executive Compensation, Working Paper, April 1997.

Johnson, W. B./Magee, R. P./Nagarajan, N. J./Newman, H. A.: An Analysis of the Stock Price Reaction to Sudden Executive Deaths: Implications for the Managerial Labor Market, in: Journal of Accounting and Economics, Vol. 7, 1985.

Jolls, C.: Stock Repurchases and Incentive Compensation. National Bureau of Economic Research (NBER) Working Paper Nr. 6467, 1998.

Kalay, A./Lowenstein, U.: The Informational Content of the Timing of Dividend Announcements, in: Journal of Financial Economics, Vol. 16, 1986, S. 373–388.

Kang, J.-K./Shivdasani, A.: Firm Performance, Corporate Governance, and Top Executive Turnover in Japan, in: Journal of Financial Economics, Vol. 38, Nr. 1, May 1995, S. 29–58.

Kang, J.-K./Shivdasani, A.: Does the Japanese Governance System Enhance Shareholder Wealth? Evidence from the Stock-Price Effects of Top Management Turnover, in: The Review of Financial Studies, Vol. 9, Nr. 4, Winter 1996, S. 1061–1095.

Kaplan, R. S./Norton, D. P.: Using the Balanced Scorecard as a Strategic Management System, in: Harvard Business Review, January-February 1996, S. 75–85.

Kaplan, S. N.: The Effects of Management Buyouts on Operating Performance and Value, in: Journal of Financial Economics, Vol. 24, 1989, S. 217–254.

Kaplan, S. N.: The Staying Power of Leveraged Buyouts, in: Journal of Financial Economics, Vol. 29, 1991, S. 287–313.

Kaplan, S. N.: Top Executives, Turnover, and Firm Performance in Germany, in: Journal of Law, Economics, & Organization, Vol. 10, Nr. 1, 1994a, S. 142–159.

Kaplan, S. N.: Top Executive Rewards and Firm Performance: A Comparison of Japan and the U.S., in: Journal of Political Economy, Vol. 102, 1994b.

Kaplan, S. N.: Corporate Governance and Corporate Performance: A Comparison of Japan, Germany, and the U.S., in: Journal of Applied Corporate Finance, Vol. 9, Nr. 4, Winter 1997, S. 86–93.

Kaplan, S. N.: Top Executive Incentives in Germany, Japan and the USA: A Comparison, in: Carpenter, J. N./Yermack, D. L. (Hrsg.): Executive Compensation and Shareholder Value: Theory and Evidence, New York 1999, S. 3–12.

Kaplan, S. N./Minton, B.: Appointments of Outsiders to Japanese Boards: Determinants and Implication for Managers, in: Journal of Financial Economics, Vol. 36, Nr. 2, 1994, S. 225 bis 258.

Khorana, A./Zenner, M.: Executive Compensation of Large Acquirors in the 1980s, in: Journal of Corporate Finance, Vol. 4, Nr. 3, September 1998, S. 209–240.

Kim, M./Ritter, J. R.: Valuing IPOs, in: Journal of Financial Economics, Vol. 53, Nr. 3, 1999, S. 409–437.

Kohler, K.: Stock Options für Führungskräfte aus der Sicht der Praxis, in: Zeitschrift für Handelsrecht, Vol. 161, 1997, S. 246–268.

Kohn, A.: Incentives Can Be Bad for Business, in: INC, January 1988, S. 93–94.

Kole, S. R.: The Complexity of Compensation Contracts, in: Journal of Financial Economics, Vol. 43, 1997, S. 79–104.

Kose, J./Ofek, E.: Asset Sales and Increase in Focus, in: Journal of Financial Economics, Vol. 37, Nr. 1, 1994, S. 105–126.

Kose, J./Senbet, L. W.: Corporate Governance and Board Effectiveness, in: Journal of Banking & Finance, Vol. 22, 1998, S. 371–403.

Kossbiel, H.: Beiträge verhaltens- und wirtschaftswissenschaftlicher Theorien zur Beurteilung der Effizienz betrieblicher Anreizsysteme – Eine Vorstudie auf der Grundlage einiger ausgewählter Ansätze, in: Weber, W. (Hrsg.): Entgelt-Systeme – Lohn, Mitarbeiterbeteiligung und Zusatzleistungen, Stuttgart 1993, S. 79–103.

Kräkel, M.: Direkte versus indirekte Leistungsanreize – eine kritische Diskussion der traditionellen ökonomischen Anreiztheorie, in: Zeitschrift für Personalforschung, Vol. 4, 1996, S. 358–371.

Kross, W./Schroeder, D. A.: An Empirical Investigation of the Effect of Quarterly Earnings Announcement Timing on Stock Return, in: Journal of Accounting Research, Vol. 22, 1984, S. 153–176.

Kulatilaka, N./Marcus, A. J.: Valuing Employee Stock Options, in: Financial Analysts Journal, November-December 1994, S. 46–56.

La Porta, R./Lopez-de-Silanes, F./Shleifer, A.: Corporate Ownership around the World. National Bureau of Economic Research (NBER) Working Paper Nr. 6625, 1998.

Labhart, P.: Value Reporting. Informationsbedürfnisse des Kapitalmarktes und Wertsteigerung durch Reporting, Zürich 1999.

Lambert, R. A./Lanen, W. N./Larcker, D. F.: Executive Stock Option Plans and Corporate Dividend Policy, in: Journal of Financial and Quantitative Analysis, Vol. 24, Nr. 4, 1989, S. 409 bis 425.

Lambert, R. A./Larcker, D. F.: Golden Parachutes, Executive Decision-making, and Shareholder Wealth, in: Journal of Accounting and Economics, Vol. 7, 1985, S. 101–136.

Lambert, R. A./Larcker, D. F.: Executive Compensation, Corporate Decision-Making and Shareholder Wealth: A Review of the Evidence, in: Stern, M./Stewart, G. B./Chew, D. H. (Hrsg.): Corporate Restructuring and Executive Compensation, N.N. 1989, S. 409–425.

Lang, H. H. P./Stulz, R. M.: Tobin's q, Corporate Diversification and Firm Performance, in: Journal of Political Economy, Vol. 102, 1994, S. 1248–1280.

Lang, L./Poulsen, A./Stulz, R.: Asset Sales, Firm Performance, and the Agency Costs of Managerial Discretion, in: Journal of Financial Economics, Vol. 37, Nr. 1, 1994, S. 3–37.

Lazear, E. P./Rosen, S.: Rank-Order Tournaments as Optimum Labor Contracts, in: Journal of Political Economy, Vol. 89, October 1981, S. 841–164.

Lease, R.C./McConnell/Mikkelson: The Market Value of Control in Publicly Traded Corporations, in: Journal of Financial Economics, Vol. 39, Nr. 4, 1983, S. 11.

Levy, A.: Economic Evaluation of Voting Power in Common Stock, in: Journal of Finance, Vol. 38, 1982, S. 79.

Levy, A.: The New Math of CEO Pay, in: Bloomberg, Vol. 8, Nr. 7, July 1999, S. 24–27.

Lewellen, W./Loderer, C./Rosenfeld, A.: Merger Decisions and Executive Stock Ownership in Acquiring Firms, in: Journal of Accounting and Economics, Vol. 7, 1985, S. 98–112.

Lintner, J.: Distribution of Incomes of Corporations Among Dividends, Retained Earnings, and Taxes, in: American Economic Review, Vol. 46, 1956, S. 97–113.

Lippert, R. L./Moore, W. T.: Monitoring versus Bonding: Shareholder Rights and Management Compensation, in: Financial Management, Vol. 24, Nr. 3, September 1995, S. 54.

Loderer, C./Martin, K. J.: Executive Stock Ownership and Performance, Tracking Faint Traces, in: Journal of Financial Economics, Vol. 45, 1997, S. 223–255.

Loderer, C./Zgraggen, P.: The Union Bank of Switzerland 1994 Proxy Fight, Working Paper, 23. Dezember 1997.

Long, M. S.: The Incentives Behind the Adoption of Executive Stock Option Plans in U.S. Corporations, in: Financial Management, Vol. 21, Nr. 3, 1992, S. 12–21.

Macdonald, N.: The Cadbury Report – Corporate Governance from an Institutional Perspective. The Need for a Process of Challenge, in: Der Schweizer Treuhänder, Nr. 12, 1995, S. 1051 bis 1056.

Macey, J. R.: Measuring the Effectiveness of Different Corporate Governance Systems: Towards a More Scientific Approach, in: Journal of Applied Corporate Finance, Vol. 10, Nr. 4, Winter 1998, S. 16–25.

Macey, J. R./Miller, G. P.: Universal Banks Are Not the Answer to America's Corporate Governance «Problem»: A Look at Germany, Japan, and the U.S., in: Journal of Applied Corporate Finance, Vol. 9, Nr. 4, Winter 1997, S. 57–73.

Machiavelli, N.: Il Principe/Der Fürst, 1219, Stuttgart 1532.

Main, B. G. M.: The Rise and Fall of Executive Share Options in Britain, in: Carpenter, J. N./ Yermack, D. L. (Hrsg.): Executive Compensation and Shareholder Value: Theory and Evidence, New York 1999, S. 83–114.

Main, B. G. M./Bruce, A./Buck, T.: Total Board Remuneration and Company Performance, in: The Economic Journal, Vol. 106, November 1996, S. 1627–1644.

Maranghino-Singer, B.: Methoden der strategischen Bankplanung, Bank- und finanzwirtschaftliche Forschungen, Nr. 277, Bern/Stuttgart/Wien 1998.

Margrabe, W.: The Value of an Option to Exchange One Asset for Another, in: Journal of Finance, Vol. 33, März 1978, S. 177–186.

Marshall, A.: Principles of Economics, Vol. 1, New York 1890.

Martin, K. J.: The Method of Payment in Corporate Acquisitions, Investment Opportunities, and Management Ownership, in: Journal of Finance, Vol. 51, Nr. 4, September 1996, S. 1227 bis 1246.

Maslow, A. H.: A Theory of Human Motivation, in: Psychological Review, Vol. 50, 1943, S. 350–392.

Matsunaga, S./Shevlin, T./Shores, D.: Disqualifying Dispositions of Incentive Stock Options: Tax Benefits versus Financial Reporting Costs, in: Journal of Accounting Research, Vol. 30, 1992, S. 37–68.

Maucher, H.: Motivating Management to Peak Performance, in: Focus, Egon Zehnder International, Vol. 2, Spring 1998, S. 26–27.

Maug, E.: Large Shareholders as Monitors: Is There a Trade-off between Liquidity and Control?, in: Journal of Finance, Vol. 53, Nr. 1, February 1998, S. 65–98.

May, D. O.: Do Managerial Motives Influence Firm Risk Reduction Strategies?, in: Journal of Finance, Vol. 5, Nr. 4, September 1995, S. 1291–1308.

Meade, J. E.: The Controlled Economy, London 1971.

Megginson, W.: Restricted Voting Stock, Acquisition Premiums, and the Market for Corporate Control, in: The Financial Review, Vol. 1990, S. 175.

Megginson, W. L.: Corporate Finance Theory, Reading, MA et al. 1997.

Mehran, H.: Executive Incentive Plans, Corporate Control, and Capital Structure, in: Journal of Financial and Quantitative Analysis, Vol. 27, Nr. 4, December 1992, S. 539–560.

Mehran, H.: Executive Compensation Structure, Ownership, and Firm Performance, in: Journal of Financial Economics, Vol. 38, Nr. 2, June 1995, S. 163–184.

Mehran, H./Nogler, G. E./Schwartz, K. B.: CEO Incentive Plans and Corporate Liquidation Policy, in: Journal of Financial Economics, Vol. 50, Nr. 3, 1998, S. 319–349.

Mehran, H./Yermack, D. L.: Stock-Based Compensation and Top Management Turnover, Working Paper, September 1996.

Menichetti, M.: Aktien-Optionsprogramme für das Top-Management, in: Der Betrieb, Vol. 49, 1996, S. 1688–1692.

Meyer-Hayoz, A./Forstmoser, P.: Grundriss des schweizerischen Gesellschaftsrechts, 7. Auflage, Bern 1993.

Milbourn, T. T.: The Executive Compensation Puzzle: Theory and Evidence, Working Paper, May 1996.

Miller, M. H./Crystal, G. S.: The Case for Expensing Stock Options against Earnings, in: Journal of Applied Corporate Finance, Vol. 7, Nr. 2, Summer 1994, S. 88–90.

Miller, M. H./Modigliani, F.: Dividend Policy, Growth and the Valuation of Shares, in: Journal of Business, Vol. 34, October 1961, S. 411–433.

Mills, R. W.: The Dynamics of Shareholder Value. The Principles and Practices of Strategic Value Analysis, Lechlade 1998.

Minuz, M. A.: Pensionskassen: Vom passiven Shareholder zur aktiven Corporate Governance, in: Der Schweizer Treuhänder, Nr. 3, 1997.

Modigliani, F./Miller, M.: The Cost of Capital, Corporate Finance and the Theory of Investment, in: American Economic Review, Vol. 48, June 1958, S. 261–297.

Modigliani, F./Miller, M. H.: Corporation Income Taxes and the Cost of Capital: A Correction, in: American Economic Review, Vol. 53, 1963, S. 433–443.

Monks, R. A. G./Minow, N.: Watching the Watchers: Corporate Governance for the 21st Century, Oxford 1996.

Morgenson, G.: Stock Options Are Not a Free Lunch, in: Forbes Global Business & Finance, 18. Mai 1998, S. 50–55.

Mozes, H. A.: An Upper Bound for the Firm's Cost of Employee Stock Options, in: Financial Management, Vol. 14, Nr. 4, 1995, S. 66–77.

Mühlemann, L.: Wertsteigerungskonzepte zur Performance-Beurteilung des Managements, in: Der Schweizer Treuhänder, Nr. 12, 1995, S. 1047–1050.

Müller-Möhl, E.: Corporate Governance – Chance für institutionelle Investoren, in: Der Schweizer Treuhänder, Nr. 12, 1995, S. 1043–1046.

Murphy, K. J.: Corporate Performance and Managerial Remuneration: An Empirical Analysis, in: Journal of Accounting and Economics, Vol. 7, 1985, S. 11–42.

Myers, S. C.: Determinants of Corporate Borrowing, in: Journal of Financial Economics, Vol. 5, 1977, S. 147–175.

Myers, S. C.: The Capital Structure Puzzle, in: Journal of Finance, Vol. 39, Nr. 3, July 1984, S. 575–592.

Myers, S. C./Majluf, N. S.: Corporate Financing and Investment Decisions when Firms Have Information that Investors Do Not Have, in: Journal of Financial Economics, Vol. 13, 1984, S. 187–221.

Naef, M.: Immer mehr Aktien und Optionen statt Tantiemen, in: Finanz und Wirtschaft, Beilage Verwaltungsräte, 20. Dezember 1997, S. 7.

Narayanan, M. P.: Managerial Incentives for Short-term Results, in: Journal of Finance, Vol. 40, Nr. 5, December 1985, S. 1469–1484.

Narayanan, M. P.: Form of Compensation and Managerial Decision Horizon, in: Journal of Financial and Quantitative Analysis, Vol. 31, Nr. 4, December 1996, S. 467–491.

Nesbitt, S. L.: Long-term Rewards from Shareholder Activism: A Study of the «CalPERS Effect», in: Journal of Applied Corporate Finance, Vol. 6, Nr. 4, Winter 1994, S. 75–80.

Nobel, P.: Corporate Governance – Möglichkeiten und Schranken gesellschaftsrechtlicher Gestaltung, in: Der Schweizer Treuhänder, Nr. 12, 1995, S. 1057–1063.

Nobel, P.: Corporate Governance – Der Brückenschlag vom Aktionariat zum Verwaltungsrat zum Management, in: Index, Vol. 3, 1998, S. 8–13.

Noe, T. H./Rebello, M. J.: Asymmetric Information, Managerial Opportunism, Financing, and Payout Policies, in: Journal of Finance, Vol. 51, Nr. 2, June 1996, S. 637–660.

Noe, T. H./Rebello, M. J.: Renegotiation, Investment Horizons, and Managerial Discretion, in: The Journal of Business, Vol. 70, Nr. 3, July 1997, S. 385.

Noreen, E./Wolfson, M.: Equilibrium Warrant Pricing Models and Accounting for Executive Stock Options, in: Journal of Accounting Research, Vol. 19, Nr. 2, Autumn 1981, S. 384 bis 398.

Nowak, E.: On Investment Performance and Corporate Governance, Bank- und finanzwirtschaftliche Forschungen, Nr. 249, Bern/Stuttgart/Wien 1997.

o.V.: A Star to Sail by?, in: The Economist, 2.8. 1997a.

o.V.: Honorierung in Aktien allein reicht nicht. Interview mit Pierre Borgeaud, in: Finanz und Wirtschaft, Beilage Verwaltungsräte, 20. Dezember 1997b, S. 5.

O'Byrne, S. F.: Total Compensation Strategy, in: Journal of Applied Corporate Finance, Vol. 8, Nr. 2, Summer 1995, S. 77–86.

Opler, T. C./Sokobin, J.: Does Coordinated Institutional Activism Work? An Analysis of the Activitites of the Council of Institutional Investors, Working Paper, October 1995.

Osterloh, M.: Wertorientierte Unternehmensführung und Management-Anreizsysteme, in: Kumar, B. N./Osterloh, M./Schreyöff, G. (Hrsg.): Unternehmensethik und die Transformation des Wettbewerbs. Shareholder Value – Globalisierung – Hyperwettbewerb, Stuttgart 1999, S. 183–204.

Pagano, M./Panetta, F./Zingales, L.: Why Do Companies Go Public? An Empirical and Legal Analysis. National Bureau of Economic Research (NBER) Working Paper Nr. 5367, 1995.

Palepu, K.: Predicting Takeover Targets: A Methodological and Empirical Analysis, in: Journal of Accounting and Economics, Vol. 8, 1986, S. 3–35.

Parrino, R./Weisbach, M. S.: Measuring Investment Distortions Arising from Stockholder-Bondholder Conflicts, in: Journal of Financial Economics, Vol. 53, Nr. 1 1999, S. 3–42.

Pastega, N./Rutishauser, A.: Kader als Zwangsaktionäre, in: Handelszeitung, 18. Februar 1998, S. 11.

Paul, J. M.: On the Efficiency of Stock-based Compensation, in: The Review of Financial Studies, Vol. 5, Nr. 3, Fall 1992, S. 471–502.

Pavlik, E. L./Scott, T. W./Tiessen, P.: Executive Compensation: Issues and Research, in: Journal of Accounting Literature, Vol. 12, 1993, S. 131–189.

Peasnell, K./Pope, P./Young, S.: Corporate Governance – A New Model Board, in: Accountancy, Nr. 7, 1998, S. 115.

Pedrina, V.: «Führen in gemeinsamer Verantwortung» – aus gewerkschaftlicher Sicht, in: Der Schweizer Treuhänder, Nr. 12, 1995, S. 1037–1042.

Penman, S. H.: Abnormal Returns to Investment Strategies Based on the Timing of Earnings Reports, in: Journal of Accounting and Economics, Vol. 6, 1984, S. 165–183.

Petrachi, R.: Aktienderivate im Over-The-Counter-Markt in der Schweiz. Die Anwendung der Aktien-OTC-Derivate im Risikomanagement institutioneller Anleger, Bank- und finanzwirtschaftliche Forschungen, Nr. 252, Bern/Stuttgart/Wien 1997.

Porter, M. E.: Capital Choices: Changing the Way America Invests in Industry, in: Journal of Applied Corporate Finance, Vol. 5, Nr. 2, 1992a, S. 4–16.

Porter, M. E.: Capital Disadvantage: America's Failing Capital Investment System, in: Harvard Business Review, Vol. 5, September-October 1992b, S. 65–82.

Rappaport, A.: The Staying Power of Public Corporation, in: Harvard Business Review, Vol. 1, 1990, S. 96–104.

Rappaport, A.: Creating Shareholder Value: A Guide for Managers and Investors, New York et al. 1998.

Rappaport, A.: New Thinking on How to Link Executive Pay with Performance, in: Harvard Business Review, March-April 1999, S. 91–101.

Raviv, A.: Management Compensation and the Managerial Labor Market: An Overview, in: Journal of Accounting and Economics, Vol. 7, 1985.

Reitman, D.: Stock Options and the Strategic Use of Managerial Incentives, in: American Economic Review, Vol. 83, Nr. 3, 1993, S. 513–524.

Risi, A.: Mitarbeiteroptionen und -aktien – Bewertung – Rechnungslegung – Besteuerung, Bern/Stuttgart/Wien 1999.

Robinson/White: The Value of a Vote in the Market for Corporate Control. York University Working Paper, 1990.

Roll, R.: The Hubris Hypothesis of Corporate Takeovers, in: Journal of Business, 1986, S. 197 bis 216.

Rose, N. L.: Performance Pay in Executive Compensation: Promise and Pitfalls, in: Focus, Egon Zehnder International, Vol. 2, Spring 1998, S. 32–37.

Rosen, S.: Contracts and the Market for Executives, in: Werin, L./Wjikander, H. (Hrsg.): Contract Economics, London 1996, S. 181–211.

Ross, S./Westerfield, R./Jaffe, J.: Corporate Finance, 3. Auflage, Homewood 1993.

Ross, S. A.: The Economic Theory of Agency: The Principal's Problem, in: American Economic Review, Vol. 63, 1973, S. 134–139.

Rühli, E.: Shareholder- oder Stakeholder-Interessen, in: Neue Zürcher Zeitung, 15.11 1994.

Ryan, H. E./Wiggins, R. A.: Accounting-based versus Equity-based Incentives and Investment Choices, Working Paper, 28. September 1998.

Rydqvist: Takeover Bids and the Relative Prices of Shares that Differ in Their Voting Rights. Stockholm School of Economics Working Paper, 1992.

Saly, J. P.: Repricing Stock Options in a Down Market, in: Journal of Accounting and Economics, Vol. 18, 1994, S. 325–356.

Sanders, W. G./Carpenter, M. A.: Internationalization and Firm Governance: the Roles of CEO Compensation, Top Team Composition, and Board Structure, in: Academy of Management Journal, Vol. 41, Nr. 2, April 1998, S. 158.

Scharfstein, D.: The Disciplinary Role of Takeovers, in: Review of Economic Studies, Vol. 55, 1988, S. 185–199.

Schmidt, R. H./Terberger, E.: Grundzüge der Investitions- und Finanzierungstheorie. 3. Auflage, Wiesbaden 1996.

Scott, K.: The Role of Corporate Governance in South Korean Economic Reform, in: Journal of Applied Corporate Finance, Vol. 10, Nr. 4, Winter 1998, S. 8–15.

SEC: Executive Compensation Disclosure. Release No. 33-6962 (October 16), as corrected in Release No. 34-28869 (February 8), 1992.

SEC: Executive Compensation Disclosure. Release No. 33-7009 (August 6), 1993a.

SEC: Executive Compensation Disclosure. Release No. 33-7032 (November 22), 1993b.

Sharpe, W. F./Alexander, G. J./Bailey, J. V.: Investments, 6. Auflage, Englewood Cliffs 1998.

Shivdasani, A./Yermack, D. L.: CEO Involvement in the Selection of New Board Members: An Empirical Analysis, in: Journal of Finance, October 1999 (forthcoming).

Shleifer, A.: Corporate Finance; National Bureau of Economic Research's Program on Corporate Finance, in: NBER Reporter, Vol. 22. Juni 1998, S. 31.

Shleifer, A./Vishny , R. W.: Managerial Entrenchment: The Case of Manager-Specific Investments, in: Journal of Financial Economics, Vol. 25, 1989, S. 123–139.

Shleifer, A./Vishny , R. W.: A Survey of Corporate Governance, in: Journal of Finance, Vol. 52, Nr. 2, June 1997, S. 737–783.

Shleifer, A./Vishny, R. W.: Large Shareholders and Corporate Control, in: Journal of Political Economy, Vol. 94, 1986, S. 176–216.

Short, H./Keasey, K.: Managerial Ownership and the Performance of Firms: Evidence from the UK, in: Journal of Corporate Finance, Vol. 5, Nr. 1, 1999, S. 79–101.

Simon, H. A.: Administrative Behavior, 2. Auflage, New York 1961.

Sloan, R. G.: Using Earnings and Free Cash Flow to Evaluate Corporate Performance, in: Journal of Applied Corporate Finance, Vol. 9, Nr. 1, Spring 1996, S. 70–78.

Smith, C. W., Jr./Watts, R. L.: The Investment Opportunity Set and Corporate Financing, Dividend, and Compensation Policies, in: Journal of Financial Economics, Vol. 32, 1992, S. 263 bis 292.

Smith, M. P.: Shareholder Activism by Institutional Investors: Evidence from CalPERS, in: Journal of Finance, Vol. 51, Nr. 1, March 1996, S. 227–252.

Smithers & Co. Ltd. (Hrsg.): USA: The Impact of Employee Stock Option, Nr. 117, 1998.

Spence, M.: Job Market Signaling, in: The Quarterly Journal of Economics, 1973, S. 353–374.

Spremann, K.: Asymmetrische Information, in: Zeitschrift für Betriebswirtschaft, Vol. 60, 1990, S. 561–586.

Staub, Z.: Management komplexer Zinsrisiken mit derivativen Instrumenten: Eine Anwendung des Value-at-Risk-Konzeptes, Bank- und finanzwirtschaftliche Forschungen, Nr. 257, Bern/Stuttgart/Wien 1997.

Stein, J.: Efficient Capital Markets, Inefficient Firms: A Model of Myopic Corporate Behavior, in: Quarterly Journal of Economics, Vol. 104, 1989, S. 655–669.

Steinmetz, G./White, G.: DaimlerChrysler Is On a Collision Course Over Executive Pay, in: The Wall Street Journal Europe, 26. Mai 1998, S. 1–6.

Stern, J.: A Brief Introduction of EVA, Diskussionsbeitrag anlässlich des Stern Stewart Roundtable on EVA in Europe, in: Journal of Applied Corporate Finance, Vol. 11, Nr. 4, 1999, S. 98–121.

Stewart, B. G. I.: EVA: Fact and Fantasy, in: Journal of Applied Corporate Finance, Summer 1994, S. 78.

Stulz, R. M.: Managerial Control of Voting Rights: Financing Policies and the Market for Corporate Control, in: Journal of Financial Economics, Vol. 20, 1988, S. 25–54.

Stulz, R. M.: Managerial Discretion and Optimal Financing Policies, in: Journal of Financial Economics, Vol. 26, 1990, S. 3–27.

Suter, R./Volkart, R.: Zur WACC-Praxis grosser Schweizer Gesellschaften: Die Shareholder Value Konzepte sind im Vormarsch, in: Finanz und Wirtschaft, 17. Oktober 1998, S. 33.

Teall, J. L.: The One-Share-One-Vote-Rule and Managerial Compensation; Voting Rights of Shareholders, in: Review of Financial Economics, Vol. 6, Nr. 2, March 1997, S. 211.

Tehranian, H./Waegelein, J. F.: Market Reactions to Short-term Executive Compensation Plan Adoption, in: Journal of Accounting and Economics, Vol. 7, 1985.

Towers Perrin (Hrsg.): Worldwide Total Remuneration, 1998.

Tufano, P.: Who Manages Risk? An Empirical Examination of Risk Management Practices in the Gold Mining Industry, in: Journal of Finance, Vol. 51, Nr. 4, September 1996, S. 1097 bis 1137.

Uyemura, D. G./Kantor, C. C./Pettit, J. M.: EVA for Banks: Value Creation, Risk Management, and Profitability Measurement, in: Journal of Applied Corporate Finance, Vol. 9, Nr. 2, 1996, S. 94–113.

Vafeas, N.: Board Meeting Frequency and Firm Performance, in: Journal of Financial Economics, Vol. 53, Nr. 1, 1999, S. 113–142.

Vettiger, T.: Wertorientiertes Bankcontrolling: Das Controlling im Dienste einer wertorientierten Bankführung, Bank- und finanzwirtschaftliche Forschungen, Nr. 242, Bern/Stuttgart/Wien 1996.

Volkart, R.: Langfristige Shareholder-Orientierung, in: Neue Zürcher Zeitung, 5.7.1996, S. 23.

Volkart, R.: Strategische Finanzpolitik, Zürich 1997.

Volkart, R.: Wertorientierte Steuerpolitik, Zürich 1998a.

Volkart, R.: Shareholder Value & Corporate Valuation, Zürich 1998b.

Volkart, R.: Strategische Finanzpolitik, 2. Auflage. Auflage, Zürich 1998c.

Volkart, R.: Finanzmanagement, Beiträge zu Theorie und Praxis, Band I und II, 7. Auflage, Zürich 1998d.

Volkart, R.: Unnötiges Politikum in einer Umbruchsphase. Zur Frage nach einer Besteuerung privater Kapitalgewinne, in: Neue Zürcher Zeitung, 12. Januar 1998e, S. 9.

Volkart, R.: Unternehmensbewertung & Akquisitionen, Zürich 1999a.

Volkart, R.: High Yield Debt als Finanzierungsinstrument. Kapitalkosten, Risiko-Rendite-Struktur und Agency-Aspekte, in: Der Schweizer Treuhänder, Nr. 12, Dezember 1999b, S. 1233–1246.

Volkart, R./Labhart, P./Suter, R.: Unternehmensbewertung auf EVA-Basis – Neue Möglichkeiten der Informationsvertiefung, in: Der Schweizer Treuhänder, Nr. 4, April 1998, S. 355 bis 366.

Volkart, R./Suter, R.: Finanzpolitik und Kreditfinanzierung, in: Biland, S./Hilber, M. L. (Hrsg.): Verwaltungsrat als Gestaltungsrat, Zürich 1998, S. 147–158.

Vontobel, W.: Manager Value schlägt Unternehmerfleiss, in: Cash, 22. Mai 1998, S. 8–9.

Wälchli, A.: Strategische Anreizgestaltung – Modell eines Anreizsystems für strategisches Denken und Handeln des Managements, Schriftenreihe des Instituts für betriebswirtschaftliche Forschung an der Universität Zürich, Nr. 75, Bern/Stuttgart/Wien 1995.

Wallace, J. S.: Adopting Residual Income-based Compensation Plans: Do You Get What You Pay For?, in: Journal of Accounting and Economics, Vol. 24, Nr. 3, 1997, S. 275–300.

Watts, R./Zimmerman, J.: Towards a Positive Theory of the Determination of Accounting Standards, in: The Accounting Review, Vol. 53, 1978, S. 112–134.

Wechsler, G.: EVA als neues Finanzführungsinstrument. Praxisbericht über die Einführung von EVA in der Model-Gruppe, in: Der Schweizer Treuhänder, Nr. 9 1997, S. 819–826.

Weilenmann, R.: Value Based Compensation Plans, Bank- und finanzwirtschaftliche Forschungen, Nr. 297, Bern/Stuttgart/Wien 1999.

Werner, S./Tosi, H. L.: Other People's Money: The Effects of Ownership on Compensation Strategy and Managerial Pay, in: Academy of Management Journal, Vol. 38, Nr. 6, December 1995, S. 417.

Williamson, O. E.: The Economic Institutions of Capitalism, New York 1985.

Williamson, O. E.: Corporate Finance and Corporate Governance, in: Journal of Finance, Vol. 43, Nr. 3, July 1988, S. 567–592.

Williamson, O. E.: The Mechanisms of Governance, New York/Oxford 1996.

Winter, S.: Möglichkeiten der Gestaltung von Anreizsystemen für Führungskräfte, in: Die Betriebswirtschaft, Vol. 57, 1997, S. 615–629.

Winter, S.: A fact-based View of the Correlation between Compensation Systems and Corporate Success, in: Focus, Egon Zehnder International, Vol. 2, Spring 1998, S. 38–39.

Winter, S.: Zur Eignung von Aktienoptionsplänen als Motivationsinstrument für Manager, in: Zeitschrift für betriebswirtschaftliche Forschung, Nr. 12, 1998, S. 1120–1142.

Wiseman, R. M./Gomez-Mejia, L. R.: A Behavioral Agency Model of Managerial Risk Taking, in: Academy of Management Review, Vol. 23, Nr. 1, 1998, S. 133–153.

Wolfensohn, J.: A Battle for Corporate Honesty, in: The Economist, 19.11. 1998, S. 38.

Woolridge, J. R./Snow, C. C.: Stock Market Reactions to Strategic Investment Decisions, in: Strategic Management Journal, 1990, S. 353–363.

Wuffli, P. A./Hunt, D. A.: Fixing the Credit Problem: A Practical Guide to Rethinking the Organisation and Management of a Bank's Credit Processes, in: The McKinsey Quarterly, Nr. 2 1993, S. 93–106.

Yermack, D. L.: Do Corporations Award CEO Stock Options Effectively?, in: Journal of Financial Economics, Vol. 39, Nr. 2-3, 1995, S. 237–269.

Yermack, D. L.: Higher Market Valuation of Companies with a Small Board of Directors, in: Journal of Financial Economics, Vol. 40, Nr. 2, 1996a, S. 185–211.

Yermack, D. L.: Companies' Modest Claims About the Value of CEO Stock Option Awards, Working Paper, 1996b.

Yermack, D. L.: Good Timing: CEO Stock Option Awards and Company News Announcements, in: Journal of Finance, Vol. 50, Nr. 2, June 1997, S. 449–476.

Zimmermann, H.: Fristentransformation und Eigenkapitalkosten von Banken, in: Thommen, J.-P. (Hrsg.): Management-Kompetenz: Die Gestaltungsansätze des NDU/Executive MBA der Hochschule St. Gallen, Zürich 1995, S. 589–608.

Zingales, L.: The Value of Voting Right: A Study of the Milan Stock Exchange, in: Review of Financial Studies, Vol. 1, Spring 1994, S. 125–148.

Zingales, L.: Corporate Governance. National Bureau of Economic Research (NBER) Working Paper Nr. 6309, 1997.

Zulauf-Poli, D.: Umstrittene Zuteilung von Optionen an Spitzenkader, in: Finanz und Wirtschaft, 25. März 1998a, S. 15.

Zulauf-Poli, D.: Wie mässig ist ein mässiger Stock-Option-Plan? Eine Analyse am Beispiel des Liechtenstein Global Trust, in: Finanz und Wirtschaft, 18. April 1998b, S. 17.

Zulauf-Poli, D.: Zweckentfremdete Kader-Optionen – UBS-Manager ändern Regeln zu eigenen Gunsten ab, in: Finanz und Wirtschaft, 20.6.1999, S. 19.

# Stichwortverzeichnis

**A**

Absicherung 80
Abwälzung 80
Accounting 187
Accounting-Praktiken 148
Accounting-Standards 82
active investor 135
adverse selection 43
Akquisitionen 148
Aktionäre 23
Altruismus 58
Anreiz 27, 94
  Beförderung 27
  monetärer 28, 32
  Motivation 31
  Pay-for-Performance 27
  -probleme 36
  Ressourceneinsatz 31
  Risiko 31
  -setzung 23
  -situation 190, 202
  -system 54, 195
Anteil variable Entlöhnung 172
Arbeitsmarkt 132
Asset Beta 166
asymmetrische
  Informationsverteilung 46
Audit Committee 131, 184, 186
Ausschüttungspolitik 203
ausserstaatliche Mechanismen 132
Ausübungspreis 98, 101, 177

**B**

Balanced Scorecard 148
Banken 120
Beförderung 27
Beförderungspolitik 29, 195
Behavioral Decision Theory 98
Bemessungsgrundlage 172, 175
Bemessungsmassstab 177
Benchmark 89, 149, 172, 177
Benchmarkportfolio 101
Bereichskapitalstruktur 179
Bereichsrisiken 179
Bezugsberechtigte 204
Bindung 173
Bindungskosten 49
BK Vision 137
Black Box 36, 192
Black-Scholes 107
blockholder 48, 124
Bonusbank 164, 181
boundaries of the firm 36

bounded rationality ........... 52
Branchenindex ........... 98, 102
business risk ................ 66

**C**

Cadbury-Report .......... 116, 139
CalPERS ............... 125, 135
Cash Capital ............... 169
Certainty Equivalent .......... 177
chaebol .................... 120
Coefficient of relative risk aversion 93
combined code ............... 139
Compensation Committee .. 111, 131, 186
consumption on the job ......... 63
Corporate Control .... 120, 126, 133
Corporate Governance ...... 23, 115
  best practices ......... 134, 137
  Beurteilung ............... 190
  Definition ................ 116
  Effizienz ............. 120, 129
  Fremdkapital .............. 128
  Funktionsweise ............ 123
  Kapitalstruktur ............ 128
  Leitbild .................. 188
CRRA ...................... 93

**D**

Debt Agency ................ 48
Debt Capacity ............... 168
direction .................... 116
Discounted Cash-flow
  Methode ............. 153–154
Diversifikation ............. 64, 80
Diversifikationspolitik .......... 73
Dividendenpolitik ............. 78
  Agency Cost Modell ......... 78
  Dividend Signaling Modell ... 78
Downside-Risiko .............. 90

**E**

Economic Value Added 135, 148, 153, 158
effizienter Ressourceneinsatz ... 195
Effort ...................... 54
eigennütziges Verhalten ......... 59
Eigentum .................... 38
Eigentumsstrukur .............. 40
Entity-Approach .......... 154, 179
Entlöhnung .................. 150
Entlöhnungsausschuss ..... 184, 186
Entlöhnungsrisiko ......... 106–107
Entlöhnungsstruktur ............ 79
Equity-Methode .............. 154
Erfolgsrechnung .............. 111
estimation risk ................ 133
European Corporate Governance
  Network ................... 40
extrinsische Motivation .......... 28

**F**

Fachempfehlungen zur
  Rechnungslegung ........... 203
fantasy ..................... 152
Fehlallokation ................. 50
FER ........................ 203
Finance ..................... 117
Financial Accounting Standard
  Board ................ 110, 112
financial risk .................. 66
Finanzmarkttheorie ............ 149
fixed number policy ............ 91
fixed options ................. 103
fixed value policy .............. 91
Focus List ................... 135
Fokussierung .................. 73
Free Cash-flow ........... 128, 154
Free Cash-flow-Hypothese ...... 122
free-rider-Problem .......... 40, 124

**G**

Gehorsam .................... 61
Generalversammlung .......... 119
Gesetzgeber ................... 22
Gewinn ..................... 111
Gleichbehandlung ............. 138
Globalisierung ................ 205
Going Public ................. 132
Governance .................. 117
governance principles .......... 136
Greenbury-Committee ......... 139
Grossaktionäre ............... 119
growth firms .................. 72

**H**

Hampel-Committee . . . . . . . . . . . 139
Handlungsfreiheit . . . . . . . . . . . . . 64
hidden investment . . . . . . . . . . . . . 70
Hierarchiestufe . . . . . . . . . . . . . . . 182
high-powered incentive . . . . . 89, 202
Holdup . . . . . . . . . . . . . . . . . . . 43–44
Human-Kapital . . . . . . . . . . . . . . . 65
Hurdle Rate . . . . . . . . . . . . . 162, 179

**I**

illiquide Aktienmärkte . . . . . . . . . 124
Implementierung . . . . . . . . . . . . . 189
Indexieren . . . . . . . . . . . . . . . 107, 202
indexierte Option . . 90, 101, 104, 178
Informationsasymmetrie . . . . 49, 72, 133, 203
Informationseffizienz . . . . . . . . . . 151
Informationspolitik . . . . . . . . . 81, 203
inkomplette Kontrakte . . . . . . . . . . 52
institutionelle Investoren . . . 122, 124
Interessenkonflikt . . . . . . . . . 118, 186
interlocked boards . . . . . . . . . . . . . 63
internal rate of return . . . . . . . . . . 149
interne Kontrollsysteme . . . . . . . . 129
interne Überwachung . . . . . . . . . . 184
Invested Capital . . . . . . 156, 162, 179
Investitionsausgaben . . . . . . . . . . 163
Investitionspolitik . . . . . . . . . . . . . 66
Investment Opportunity Set . . . . . . 71
Investor Relations . . . . . . . . . . . . . 203
Irrelevanztheorem . . . . . . . . . . . . . 78

**J**

Joint-Hypotheses-Problem . . . . . . 152

**K**

Kapitalaufrechnungsdifferenz . . . 148
Kapitalgesellschaft . . . . . . . . . . . . . 39
Kapitalgewinn . . . . . . . . . . . . . . . 110
Kapitalkosten . . . . . . . . . . . . . . . . 164
  Analogie-Ansatz . . . . . . . . . . . 166
  analytischer Ansatz . . . . . . . . . 167
  Full Information-Ansatz . . . . . 166
  Pure Play-Ansatz . . . . . . . . . . . 166
  qualitativer Ansatz . . . . . . . . . . 165
Kapitalkostensatz . . . . . . . . . . . . . 179
Kapitalstruktur
  -gestaltung . . . . . . . . . . . . . . . 203
  Pecking Order Hypothese . . . . . 75
  -politik . . . . . . . . . . . . . . . . . . . 74
  Signalling-Modell . . . . . . . . . . . 75
  trade-off-Modell . . . . . . . . . . . . 75
Kapitalverwässerung . . . 23, 111, 113
keiretsu . . . . . . . . . . . . . . . . . . . . 120
Kernkompetenz . . . . . . . . . . . . . . 128
knock-in-Option . . . . . . . . . . . . . . . 99
knock-out-Option . . . . . . . . . . . . . . 99
Kommunikation . . . . . . . . . . . . . . 151
Konkurrenzsituation . . . . . . . . . . 182
kontraktbezogene Sichtweise . . . . . 36
Kontrolle . . . . . . . . . . . . . . . . . . . . 38
Kontrollproblematik . . . . . . . . . . . 39
Kontrollrechte . . . . . . . . . . . . . . . 123
Konversionen . . . . . . . . . . . . . . . . 158
Konzeptlosigkeit . . . . . . . . . . . . . 204
Korrelationskoeffizient . . . . . . . . 107
Korrumpierungseffekt . . . . . . . . . . 28
Kreis der Berechtigten . . . . . . . . . 172
Kündigung . . . . . . . . . . . . . . . . . . 173

**L**

Lagerbuchhaltung . . . . . . . . . . . . 148
latent asset . . . . . . . . . . . . . . . . . . 70
Leverage . . . . . . . . . . . . . . . . . . . . 76
Leveraged Buyout . . . . . 41, 127, 169
Leveraged Management Buyout . . 91
Lohngerechtigkeit . . . . . . . . . . . . . 28

**M**

Macht . . . . . . . . . . . . . . . . . . . . . . 73
Makrofaktoren . . . . . . . . . . . . . . . 102
Management Compensation . . . . . 87
  Kosten . . . . . . . . . . . . . . . . . . . 111
  Modellierung . . . . . . . . . . . . . . 92
Managementkapazität . . . . . . . . . 201
management myopia . . . . . . . . . . . 66
Managerial Agency . . . . . . . . . 48, 62
managerial entrenchment . . . . 64, 133
Managerial Reputation . . . . . . 68–69
Managerial Welfare
  Maximization . . . . . . . . . . 62, 195

Manager-Investoren-Konflikt .... 35
Market Value Added .......... 180
Markteffizienz ........... 151–152
Marktindex .......... 98, 102, 177
Marktliquidität ................ 41
Marktmechanismen ........... 187
Marktversagen ................ 36
matching .................... 29
mega grant ................... 91
Menschenbild ................ 56
  ökonomisches Modell ........ 56
  politisches Modell .......... 58
  psychologisches Modell ...... 57
  REMM .................. 58
  soziologisches Modell ....... 57
  Transaktionskostentheorie .... 59
Middle Management ...... 175, 179
Minderheitsaktionäre .......... 124
Minimalrenditeziele ........... 168
minority ..................... 48
Mittelallokation .............. 149
Mittelflussrechnung ........... 148
monetäre Anreize ........... 28, 32
monitoring ............... 41, 124
  -Kosten .................. 173
Moral Hazard .............. 43, 45
Motivation .................. 195

N

nature of man ................ 56
Neoklassische Theorie .......... 36
Neue Institutionenökonomik ..... 37
New Finance ............... 152
Noise ..................... 100
Nomination Committee .... 184, 186
Non-executive Directors ....... 139
NOPAT .................... 158
Normalverzinsung ............ 156
Nutzenfunktion ............... 93
Nutzentheorie ............... 202

O

OECD ................. 135, 137
one share-one vote ............ 41
Opportunismus ............... 60
Opportunitätskosten ........... 146
Optionszuteilung ............... 91
Organisation ................. 117
overinvestment ............. 68, 70

P

Pay-for-Performance .. 27, 95, 97, 178
Peer Group ................... 98
Pensionskassen ............... 125
Performance ............. 122, 145
  -messung ................. 150
Periodisierung ................ 153
Peter-Prinzip .................. 30
Political Agency ............... 48
Preismechanismus ........... 36, 50
Prestige ...................... 73
Prinzipal-Agenten-Theorie 23, 32, 37, 43, 202
  normative ............... 32, 47
  positive ................ 33, 47
Produktionsfunktion ............ 93
Property-Rights-Theorie ......... 37
Publikumsgesellschaften ........ 124

Q

Qualitätsunsicherheit ............ 43

R

Rahmenbedingungen .......... 133
Rationalität ................... 52
  beschränkte ................ 60
  organische ................ 60
  volle ..................... 60
Recheneinheit ................ 148
Rechnungslegung ..... 108, 148, 201
Regressionsanalyse ........ 166–167
Regressionsansatz ............. 166
Regulatoren ................... 22
regulatorisches Umfeld . 103, 108, 201
relative performance evaluation .. 101
Renditezielvorgabe ............ 101
Repricing ..... 98–100, 112, 173, 178
Reputation .................... 65
Residualanspruch ............. 147
Residualer Verlust ............. 49
Residual Income .......... 156, 162

Residual Value . . . . . . . . . . . . . . . 155
Residualwert . . . . . . . . . 155, 157, 160
Ressourcen-Allokation . . . . . . . . . 118
Ressourceneinsatz . . . . . . . . . . . . . 32
Ressourcenzuweisung . . . . . . . . . 149
REVA-Modell . . . . . . . . . . . . 169, 180
Review Committee . . . . . . . . . . . . 186
Revised Economic Value Added . 169
Risiko . . . . . . 32, 64, 70, 94, 164, 195
  -aversion 93, 96–97, 177, 182–183, 202, 206
  finanzielles . . . . . . . . . . . . . . . . 80
  Investitions- . . . . . . . . . . . . . . . . 80
  -landschaft . . . . . . . . . . . . . . . . 165
  -politik . . . . . . . . . . . . . . . . . . . . 80
  systematisches . . . . . . . . . . . . . . 64
  totales . . . . . . . . . . . . . . . . . . . . 64
Risk Capital . . . . . . . . . . . . . . . . . 169

**S**

Salarierung . . . . . . . . . . . . . . . . . 131
Sammelbecken . . . . . . . . . . . . . . . . 38
Schlüsselfaktoren . . . . . . . . . . . . . 201
Schulungsmassnahmen . . . . . . . . 192
SEC . . . . . . . . . . . . . . . . . . . 110–111
Securities and Exchange Commission . . . . . . . . . . . . . 110
Selbstinteresse . . . . . . . . . . . . . . . . 60
Sensitivität . . . . . . . . . . . . . . . . . . . 89
separation device . . . . . . . . . . . . . . 40
Shareholder-Bondholder-Konflikt . 75
Shareholder Value . . . . . . . . . . 62, 146
Shareholder Value Added . . . 158–159
Shareholder Value-Ansatz . . . . . . 146
Shareholder Value Loops . . . . . . . . 34
Signalling-Theorie . . . . . . . . . . . . . 78
Sitzungsfrequenz . . . . . . . . . . . . . 185
SMI . . . . . . . . . . . . . . . . . . . . . . . 104
Social Agency . . . . . . . . . . . . . . . . . 48
social victim . . . . . . . . . . . . . . . . . . 57
Sperrfrist . . . . . . . . . . . . . . . . . . . 173
Stakeholder-Ansatz . . . . . . . 138, 146
Stellenverlust . . . . . . . . . . . . . 64–65
steuerliche Rahmenbedingungen . 109
Steuern . . . . . . . . . . . . 108–109, 201
Stimmkraft . . . . . . . . . . . . . . . . 39, 41
Stimmrecht . . . . . . . . . . . . . . . . . . . 76
strategische Planung . . . . . . . . . . 149
strategische Unternehmensführung 149
Substanzwert . . . . . . . . . . . . . . . . . 72
Substitut zum Vertrag . . . . . . . . . . . 53
supervision . . . . . . . . . . . . . . . . . . 116

**T**

technische Analyse . . . . . . . . . . . 152
Theorie der inkompletten Kontrakte . . . . . . . . . . . . . 23, 118
Theorie der Unternehmung . . . 35–36
Top Management . . . . . . . . . 175, 177
Transaktionskosten . . . . . . . . . . . 108
Transaktionskostentheorie 23, 37, 118
  Governance-Richtung . . . . . . . . 50
  Measurement-Richtung . . . . . . 50
Transparenz . 133, 135, 187, 201, 205
Turnier . . . . . . . . . . . . . . . . . . . . . 29

**U**

Überdiversifikation . . . . . . . . . . . 127
Übergewinn . . . . . . . . . . . . . . . . . 156
Übergewinnverfahren . . . . . . 153, 156
Übernahmeboom . . . . . . . . . . . . . 135
Überwachung . . . . . . . . . . . . . . . . 129
Überwachungskosten . . . . . . . . . . . 49
Überwachungssystem . . . . . . . . . . 49
UBS AG . . . . . . . . . . . . . . . . . . . . 201
Unabhängigkeit . . . . . . . . . . . . . . 136
underinvestment . . . . . . . . . . . . . . . 68
unfreundliche Übernahme . . 119, 126
Unified Resource Locators . . . . . . 33
unlevered Betas . . . . . . . . . . . . . . 166
Unsicherheit . . . . . . . . . . . . . . . . . . 46
Unternehmensberater . . . . . . . . . . . 23
Unternehmenswert . . . . . . . . . . . . 146
Unvollständigkeit . . . . . . . . . . . . . . 52
up-front grant . . . . . . . . . . . . . . . . . 91
Upside-Potential . . . . . . . . . . . . . . 90
US-GAAP . . . . . . . . . . . . . . . . . . . 203

**V**

Valenz . . . . . . . . . . . . . . . . . . . . . 175
Value-at-Risk . . . . . . . . . . . . . . . . . 80
Value Based Management . . 146, 192

Value Driver . . . . . . . . . . . . . . . . 176
Value Reporting . . . . 24, 34, 134, 141, 151, 188, 190, 203
variable Entlöhnung, Gestaltungskriterien . . . . . . . . . 88
variable options . . . . . . . . . . . . . . 104
Verlustaversion . . . . . . . . . . . . . . . 98
Verwaltungsrat . . . . 89, 119, 129, 173, 184–185
  CEO . . . . . . . . . . . . . . . . . . . . 131
  Entlöhnung . . . . . . . . . . . . . . . 186
  Grösse . . . . . . . . . . . . . . . 131, 184
  Handlungsbedarf . . . . . . . . . . 131
  Information . . . . . . . . . . . 131, 186
  Organisation . . . . . . . . . . . . . . 185
  Transparenz . . . . . . . . . . . . . . 186
  Verantwortlichkeiten . . . . . . . . 138
  Zusammensetzung . . . . . . . . . 184
Verwässerungseffekt . . . . . . . . . . 201
visible investments . . . . . . . . . . . . 70

## W

WACC . . . . . . . . . . . . . . . . . . . . . . 165
Weighted Average Cost of Capital 165
Weltbank . . . . . . . . . . . . . . . . 135, 137
Wertbeitrag . . . . . . . . . . . . . . . . . . 162
Wertbewusstsein . . . . . . . . . . . . . . 192
Wertmassstab . . . . . . . . . . . . . . . . 164
wertorientierte Führung . . . . . . . . 149
  Einführung . . . . . . . . . . . . . . . . 192
  Festigung . . . . . . . . . . . . . . . . . 193
wertorientierte Kommunikation . . 203
Wertorientierung . . . . . . . . . . 115, 149
Wertrechnungen . . . . . . . . . . . . . . 175
Werttreiber . . . . . . . . . . . . . . . . . . 203
Wohlstandsmaximierung . . . . . . . . 118

## Z

Zeitwert des Geldes . . . . . . . . . . . . 148
Zieldivergenz . . . . . . . . . . . . . . . . . . 46
Zielkapitalstruktur . . . . . . . . . . . . . 168

# Autorenverzeichnis


## A

Ackermann, J. . . . . . . . . . . . . . . . . 146
Admati, A. . . . . . . . . . . . . . . . . . . . 41
Aggarwal, R. . . . . . . . 94, 96–97, 103
Aghion, P. . . . . . . . . . . . . . . . . . . . 41
Agrawal, A. . . . . . . . . . . . . . . . . . . 71
Akerlof, G. . . . . . . . . . . . . . . . 44, 121
Alchian, A. . . . . . . . . . . . . . 39, 46, 51
Amihud, Y. . . . . . . . . . . . . . . . . 74, 76
Angel, J. . . . . . . . . . . . . . . . . . . . 103
Auckenthaler, C. . . . . . . . . . . . . . 152

## B

Bacidore, J. . . . . . . . . . . . . . . 169, 180
Baiman, S. . . . . . . . . . . . . . . . . . . 133
Baker, G. . . . . . . . . . . . . . . . . . . 27–30
Barro, J. . . . . . . . . . . . . . . . . . . . . 103
Barro, R. . . . . . . . . . . . . . . . . . . . . 103
Becht, M. . . . . . . . . . . . . . . . . . . 40, 42
Becker, G. . . . . . . . . . . . . . . . . . . . . 59
Behm, U. . . . . . . . . . . . . . . . . . . . . 146
Berger, P. . . . . . . . . . . . . . . 64, 73, 76
Berle, A. . . . . . . . 38–41, 53, 124, 132
Bhagat, S. . . . . . . . . . . . . . . . . 127–128
Bizjak, J. . . . . . . . . . . . . . . . . . . 68, 72
Boldt, B. . . . . . . . . . . . . . . . . . . . . 135
Boquist, J. . . . . . . . . . . . . . . . 169, 180
Botosan, C. . . . . . . . . . . . . . . . . . . 134
Brealey, R. . . . . . . . . . . . . . . . . 74, 130
Brennan, M. . . . . . . . . . . . . . . . . 56, 70
Brenner, B. . . . . . . . . . . . . . . . . . . 137
Brenner, M. . . . . . . . . . . . . . . . . . . . 99
Brickley, J. . . . . . . . . . . . . . . . . 68, 72
Brown, K. . . . . . . . . . . . . . . . . . . . 103
Bruner, R. . . . . . . . . . . . . . . . . . . . 168
Buffet, W. . . . . . . . . . . . . . . . . . . . . 22
Bühlmann, B. . 43, 64–65, 75, 80–81, 146

## C

Carpenter, J. . . . . . . . . . . . . . 104, 112
Coase, R. . . . . . . . . . . . . . . . . 46, 50–52
Coles, J. . . . . . . . . . . . . . . . . . . 68, 72
Comment, R. . . . . . . . . . . . . . . . . . . 73
Cook, P. . . . . . . . . . . . . . . . . . . . . . 29
Copeland, T. 64, 93, 95, 146, 154–156, 161, 165–168
Crystal, G. . . . . . . . . . . . . . . . . . . 100

**D**

de Pury, D. . . . . . . . . . . . . . . 123, 137
Dechow, P. . . . . . . . . . . . . . . 68, 112
DeFusco, R. . . . . . . . . . . . . . . . . . 71
Demsetz, H. . . . . . . . . . . . 39, 46, 51
Denis, D. . . . . . . . . . . . . . . . . . . . 73
Diggelmann, P. . . . . . . . . . . . . . . 80
Dodd, D. . . . . . . . . . . . . . . . . . . 151

**E**

Eades, K. . . . . . . . . . . . . . . . . . . 168
Easterbrock, F. . . . . . . . . . . . . . . 126
Eberle, M. . . . . . . . . . . . . . . . . . 152

**F**

Fama, E. 39, 64, 76, 94, 130, 132, 151
Felton, R. . . . . . . . . . . . . . . . . . . 129
Fischel, D. . . . . . . . . . . . . . . . . . 126
Forstmoser, P. . . . . . . . . . 38, 40, 129
Foster, T. . . . . . . . . . . . . . . . . . . 104
Foulkes, F. . . . . . . . . . . . . . . . . . 100
Frank, R. . . . . . . . . . . . . . . . . . . . 29
French, K. . . . . . . . . . . . . . . . . . 130
Frey, B. . . . . . . . . . . . . . . . . . . . . 28

**G**

Gaver, J. . . . . . . . . . . . . . . . . . . . 72
Gaver, K. . . . . . . . . . . . . . . . . . . . 72
Gibbons, R. . . . . . . . . . . . . . 67, 103
Gilson, S. . . . . . . . . . . . . . . . . . . 101
Gisler, M. . . . . . . . . . . . . . . . . . . . 22
Gomez-Mejia, L. . . . . . . . . . . . . . 98
Graham, B. . . . . . . . . . . . . . . . . 151
Grossman, S. . . . . . 39, 41, 47, 92, 96

**H**

Hall, B. . 31–32, 90–93, 96, 103, 108, 192
Hallock, K. . . . . . . . . . . . . . . 63, 131
Hamner, W. . . . . . . . . . . . . . . . . . 28
Harlow, W. . . . . . . . . . . . . . . . . . 103
Harris, M. . . . . . . . . . . . . . . . . 76–77
Harris, R. . . . . . . . . . . . . . . . . . . 168
Hart, O. 36–37, 39, 41, 47, 53, 92, 96, 118–119, 124, 129, 132
Haubrich, J. . . . . . . . . . . . . . . . . . 96
Haugen, R. . . . . . . . . . . . . . . . . . 152
Healey, P. . . . . . . . . . . . . . . . . . . . 82
Helbling, C. . . . . . . . . . . 156, 186, 204
Hellwig, M. . . . . . . . . . . . . . . . . . 137
Hemmer, T. . . . . . . . . . . . . . . . 97, 104
Heusser-Bachmann, C. . . . . . . . . . 204
Higgins, R. . . . . . . . . . . . . . . . . . 168
Hill, W. . . . . . . . . . . . . . . . . . . . . 137
Hirshleifer, D. . . . . . . . . . . . 69–71, 73
Hofacker, M. . . . . . . . . . . . . . . . . . 80
Holly, G. . . . . . . . . . . . . . . . . . . . 137
Holmstrom, B. . . . . . . . 47, 92, 96, 102
Horner . . . . . . . . . . . . . . . . . . . . . 121
Hostettler, S. . . . . . 163–164, 169, 181
Hudnut, A. . . . . . . . . . . . . . . . . . . 129
Hull, J. . . . . . . . . . . . . . . . . . . 97, 104
Hunt, D. . . . . . . . . . . . . . . . . . . . . 44
Hutton, A. . . . . . . . . . . . . . . . . . . 112

**J**

Jaffee, J. . . . . . . . . . . . . . . . . . . . 135
Janakiraman, S. . . . . . . . . . . . . . . 103
Jarell, G. . . . . . . . . . . . . . . . . . . . . 73
Jensen, M. . 27–31, 38–39, 41, 45–49, 56–59, 63, 73, 77, 79, 94–96, 103, 117–118, 121–123, 126–131, 137, 184–185, 192
Jensen, W. . . . . . . . . . . . . . . . . . . . 63
Johnson, R. . . . . . . . . . . . . . . . . . . 71
Johnson, W. . . . . . . . . . . . . . . . . . . 74
Jolls, C. . . . . . . . . . . . . . . . . . . . . . 79

**K**

Kalay, A. . . . . . . . . . . . . . . . . . . . . 82
Kantor, C. . . . . . . . . . . . . . . . . . . 169
Kaplan, R. . . . . . . . . . . . . . . . . . . 148
Kaplan, S. . . . 119, 122–123, 127–128
Kohn, A. . . . . . . . . . . . . . . . . . . . . 28
Koller, T. . . . . 154–156, 161, 165–168
Koogler, P. . . . . . . . . . . . . . . . . . . 104
Kose, J. . . . . . . . . . . . . . . . . . . 48, 73
Kossbiel, H. . . . . . . . . . . . . . . . . . 175
Kross, W. . . . . . . . . . . . . . . . . . . . . 82

## L


La Porta, R. . . . . . . . . . . . . . . . . . 42
Labhart, P. . 24, 34, 72, 133–134, 141, 149, 151–152, 158, 161, 180, 188–189
Lambert, R. . . . . . . . . . . . . . . . 79, 103
Lanen, W. . . . . . . . . . . . . . . . . . . . 79
Lang, H. . . . . . . . . . . . . . . . . . . . . 73
Larcker, D. . . . . . . . . . . . . . . . 79, 103
Lazear, E. . . . . . . . . . . . . . . . . . . . 29
Lease, R. . . . . . . . . . . . . . . . . . . . 121
Lev, B. . . . . . . . . . . . . . . . . . . . 74, 76
Levy, A. . . . . . . . . . . . . . . . . 100, 121
Liebman, J. . . 31–32, 93, 96, 103, 108
Lintner, J. . . . . . . . . . . . . . . . . . . . 78
Long, M. . . . . . . . . . . . . . . . . 109–110
Lopez-de-Silanes, F. . . . . . . . . . . . 42
Lowenstein, U. . . . . . . . . . . . . . . . 82


## M


Macey, J. . . . . . . . . . . . . 120–122, 191
Machiavelli, N. . . . . . . . . . . . . . . . 61
Magee, R. . . . . . . . . . . . . . . . . . . . 74
Majluf, N. . . . . . . . . . . . . . . . . . . . 75
Mandelker, G. . . . . . . . . . . . . . . . . 71
Maranghino-Singer, B. . . . . . . . . 149
Marshall, A. . . . . . . . . . . . . . . . . 156
Maslow, A. . . . . . . . . . . . . . . . . . . 57
Matsunaga, S. . . . . . . . . . . . . . . . 104
Maug, E. . . . . . . . . . . . . . . . . . . . 124
May, D. . . . . . . . . . . . . . . . . . . . . 74
McCabe, D. . . . . . . . . . . . . . . . . 103
McConnell . . . . . . . . . . . . . . . . . 121
Meade, J. . . . . . . . . . . . . . . . . . . . 60
Means, G. . . . . . . 38–41, 53, 124, 132
Meckling, W. 31, 38–39, 45–46, 48–49, 56–59, 63, 94, 121
Megginson, W. 39, 44, 47, 74, 78–79, 119, 121, 152, 168
Meyer-Hayoz, A. . . . . . . . 38, 40, 129
Mikkelson . . . . . . . . . . . . . . . . . . 121
Milbourn, T. . . . . . . . . . . . . 169, 180
Milgrom, P. . . . . . . . . . . . . . . . 92, 96
Miller, M. . . . . . . . . . . . . 74, 78, 146
Mills, R. 148, 156, 165–166, 168–169
Minow, N. . . . . . . . . . . . . . . . . . . 129
Minton, B. . . . . . . . . . . . . . . . . . 122
Minuz, M. . . . . . . . . . . . . . . . . . . 137
Modigliani, F. . . . . . . . . . . 74, 78, 146
Monks, R. . . . . . . . . . . . . . . . . . . 129
Morgenson, G. . . . . . 22–23, 111, 134
Mühlemann, L. . . . . . . . . . . 137, 147
Müller-Möhl, E. . . . . . . . . . . . . . 137
Murphy, K. 27–30, 67, 73, 94–96, 100, 103
Murrin, J. . . . 154–156, 161, 165–168
Myers, S. . . . . . . . . 74–75, 128, 130


## N


Nagarajan, N. . . . . . . . . . . . . . . . . 74
Narayanan, M. . . . . . . . . . . . . 67–68
Nesbitt, S. . . . . . . . . . . . . . . . . . 125
Newman, H.A. . . . . . . . . . . . . . . . 74
Norton, D. . . . . . . . . . . . . . . . . . 148
Nowak, E. . . . . . . . . . . . . . . . . . . 36


## O


Ofek, E. . . . . . . . . . . . . . . 64, 73, 76
Osterloh, M. . . . . . . . . . . . . . . . . . 28


## P


Pagano, M. . . . . . . . . . . . . . . . . . 121
Palepu, K. . . . . . . . . . . . . . . . . . . 126
Panetta, F. . . . . . . . . . . . . . . . . . 121
Pavlik, E. . . . . . . . . . . . . . . . . . . . 71
Peasnell, K. . . . . . . . . . . . . . . . . 139
Penman, S. . . . . . . . . . . . . . . . . . . 82
Pettit, J. . . . . . . . . . . . . . . . . . . . 169
Pfleiderer . . . . . . . . . . . . . . . . . . . 41
Pope, P. . . . . . . . . . . . . . . . . . . . 139
Porter, M. . . . . . . . . . . . . . . . . . . . 67


## R


Rappaport, A. 101, 128, 146, 148–150, 153, 156, 158, 162–163, 176, 178–179, 193
Raviv, A. . . . . . . . . . . . . . . . . . 76–77
Risi, A. . . . . . . . . . . . . . . . . . . . 108
Robbinson . . . . . . . . . . . . . . . . . . 121
Roll, R. . . . . . . . . . . . . . . . . . . . . . 70
Rosen, S. . . . . . . . . . . . . . . . . . 29, 96
Ross, S. . . . . . . . . . . . . . . . . 43, 135
Rühli, E. . . . . . . . . . . . . . . . . . . . 137
Ryan, H. . . . . . . . . . . . . . . . . . 67, 72
Rydqvist . . . . . . . . . . . . . . . . . . . 121

**S**

Saly, J. . . . . 100–101
Samwick, A. . . . . 94, 96–97, 103
Sarin, A. . . . . 73
Scharfstein, D. . . . . 126
Schmidt, R. . . . . 37
Schroeder, D. . . . . 82
Scott, T. . . . . 71
Senbet, L. . . . . 48
Shevlin, T. . . . . 104
Shleifer, A. . 41–42, 74, 116–117, 120, 126–128
Simon, H. . . . . 60
Sloan, R. . . . . 68, 112
Smith, A. . . . . 38
Smith, C. . . . . 72–73
Smith, M. . . . . 125
Snow, C. . . . . 70
Spence . . . . . 44
Spremann, K. . . . . 43, 45
Starks, L. . . . . 103
Stein, J. . . . . 68
Steinmetz, G. . . . . 21
Stewart, B. . . . . 162
Stulz, R. . . . . 73, 76–77
Sundaram, R. . . . . 99
Suter, R. 149, 158, 161, 168, 179–180

**T**

Terberger, E. . . . . 37
Thakor, A. . . . . 180
Thakor, J. . . . . 169
Tiessen, P. . . . . 71
Tirole, J. . . . . 41
Tufano, P. . . . . 81

**U**

Uyemura, D. . . . . 169

**V**

Vafeas, N. . . . . 185
van Heeckeren, J. . . . . 129
Verrechia, R. . . . . 133
Vetsuypens, M. . . . . 101
Vettiger, T. . . . . 62, 146–147
Vickrey, D. . . . . 104
Vishny, R. 41, 74, 116–117, 120, 126–128
Volkart, R. . . 44, 62, 66, 80, 129, 146–149, 154, 158, 161, 165, 168–169, 179–180

**W**

Wälchli, A. . . . . 88
Watts, R. . . . . 72–73, 82
Weilenmann, R. . . . . 88, 147, 174, 204
Westerfield, R. . . . . 135
Weston, F. . . . . 64, 93, 95, 146, 166
White, G. . . . . 21, 121
Wiggins, R. . . . . 67, 72
Williamson, O. . 37, 50–52, 54, 60–61
Winter, S. . . . . 93, 98, 101–102, 110
Wiseman, R. . . . . 98
Wolfensohn, J. . . . . 118, 137–138
Woolridge, J. . . . . 70
Wuffli, P. . . . . 44

**Y**

Yermack, D. . 63–64, 76, 82, 99, 110–111, 129, 131, 184
Young, S. . . . . 139

**Z**

Zechner, J. . . . . 41, 207
Zimmerman, J. . . . . 82
Zingales, L. . . . . 116–117, 120–121
Zorn, T. . . . . 71
Zulauf-Poli, D. . . . . 99, 203

# *Lebenslauf*

Reto Suter (1971) studierte Betriebswirtschaft und absolvierte ein Doktorandenstudium mit Schwerpunkt Banking und Finance an der Universität Zürich. Nach einem Forschungsaufenthalt am MBA-Programm der Business School der University of Washington in Seattle und dem Lizentiat begann er seine Tätigkeit als wissenschaftlicher Assistent von Prof. Dr. Rudolf Volkart am Institut für schweizerisches Bankwesen der Universität Zürich, wo er hauptsächlich in den Bereichen finanzielle Führung von Unternehmen, Bewertung und Corporate Governance tätig ist. Neben Forschung und Lehre ist Reto Suter auch in der Beratung und der beruflichen Weiterbildung tätig.